성경에 답이 있다

성경에 물어봐!

| 김윤기 지음 |

쿰란출판사

추천사

추천자가 저서를 읽어 보고 느낀 것을 말한다면, 저자는 목회자이면서 보통 학자가 아니라는 사실이다. 저자가 쓴 글들은 창의적일 뿐만 아니라 다른 학자들이 소재로 다루지 않는 것을 많이 담고 있다.

본서의 추천자와 저자는 신학적으로 다른 부분도 있지만 교단과 저자의 생각이 다르기 때문에 다를 수 있는 것이며, 꼭 같을 이유도 없다. 물론 신학적으로나 학문적으로 틀렸다고 말할 수 있는 것은 하나도 없다.

오늘날 기존의 방법으로는 성서의 새로운 진리를 발견하기 어려우나 저자는 창의적인 새로운 방법으로 접근하여 연구했으니 상당히 의도가 신선하다. 특별히 족보와 관련해 구약과 신약의 비슷한 단락들끼리 문제 있는 것을 모아서 잘 정리했다고 본다.

본 저서는 목회학 박사 논문보다 좋다고 생각하여 보다 많은 사람들이 읽었으면 좋겠기에 이에 기꺼이 추천한다.

2010년 12월 10일

현 샌프란시스코 신학대학원 은퇴명예교수

전 장로회신학대학 구약학교수

문 희 석 박사

Cyris H. Moon

추천사

건전한 교회의 교인들에게는 성경 내용을 신·구약 전체의 맥락에서 성경 그 자체를 구성적으로 이해하고, 성경적 복음으로 무장한 신앙인이 되는 과정이 필요하다.

한국교회에서는 성경에 대한 문화적 배경, 심리학적 분석, 인본주의적 이론 전개, 그리고 개인의 경험 등에 근거한 내용 등의 특성 설교가 많기 때문에 평신도들은 신·구약 전체 성경 그 자체에서의 복음 이해에 아쉬움을 갖게 된다.

성경 신·구약 전체의 내용 구성에는 이미 모든 인간이 갖는 질문과 대답이 분명하게 나타나 있음에도 다른 신학자들의 사상에서 찾으려는 것이 일반적인 경향이다. 그러나 김 목사님의 저서는 성경 내용을 전체적으로 읽다보면 가볍게 넘어갈 수 있는, 그러나 아주 중요한 문제점들도 성경 안에서 그것의 대답을 찾아주고 있다. 신앙적 성숙의 갈증과 신·구약 전체의 내용 맥락에서 형성된 성경에 대한 지적 욕구를 동시에 충족시킬 수 있는 책이다. 즉 성경을 읽으면서 생기는 의문의 뜻과 해결을 성경 전체의 구성과 맥락에서 답을 찾아주는 것이 목사님의 저서이기 때문에 추천하는 것이다.

목회자 개인의 주관적 해석에서 갖는 편견과 학자들 간의 논쟁적

갈등에서 벗어나게 할 뿐만 아니라 교인들이 가질 수 있는 성경에 대한 무지 등을 해결하는 길, 교인들이 신앙적으로 성숙해 갈 수 있는 바람직한 성경 연구의 길을 제시하고 있다.

그 때문에 이 책은 건전한 신앙생활을 원하는 교회 교인들에게 필요하고도 참신한, 대단히 독창적 접근 태도 위에서 전개된 도전적인 내용의 저서라고 평가할 수 있다.

그러므로 모든 교회 구성원들이 반드시 읽고 건전한 신앙생활에 도움이 되기를 바란다.

2010년 12월 5일

한남대학교 철학전공 명예교수
대전 주향장로교회 은퇴장로
김 수 철 Ed.D

추천사

김윤기 목사의 저서에 대한 한마디

김윤기 목사님의 글들이 한 권의 책으로 묶어져 세상에 나오게 된 것을 참으로 축하한다. 오랜 세월 동안 함께 교제해 오면서 목사님의 진면목을 잘 알하고 있는 필자로서는 정말 사필귀정이라 할 정도로 목사님의 책은 아주 자연스럽게 세상을 향해 발걸음을 내딛는 것이라고 생각한다. 왜냐하면 잔이 차면 넘치듯 목사님의 지식세계가 매우 단단히 차곡차곡 채워져서 이젠 그 지식이 둑을 넘을 정도의 상황이 되었기 때문이다. 그 점에서 정말 시의적절 하게 타임을 잘 맞춰서 목사님의 책이 빛을 보게 된 것은 다행스럽고 축하해야 할 일이라 본다.

필자가 평택대학교에서 1993년에서 1996년까지 봉사하고 있을 때 대전의 인동교회 목사님의 서재에서 몇몇 사역자들에게 헬라어를 지도한 적이 있었다. 그때부터 목사님의 열정을 익히 알고 있는 필자로서는 목회자의 모습이 선비형이 되어야 한다는 선배들의 주장에 동의할 수 있었다. 이미 작고한 분이시지만 필자의 신학대학 은사께서 항상 성경책과 함께 평소에 독서하는 책이 손에 들려 있게 하라는 충고를 해주신 것이 기억이 난다. 그런데 그런 좋은 충고를 실천해 온 대표적인 목회자가 김윤기 목사님이다. 그리고 무엇보다도 성경 본문에 충실하려고 하는 말씀 사역자라는 점에서 정말 칭찬받아 마땅한 목사님이라 생각한다.

목사님의 글들의 내용을 살펴보면, 하나님 말씀에 대한 존경심을 확실히 알 수 있을 정도로 깊이 있는 부분까지 접근해, 역사 문법적이면서도 교훈 윤리적이고 더 나아가 하나님과 우리의 코이노니아가 풍성해지는 영성적 의미까지 잘 들춰 주는 설득력 있는 전개를 독자들은 확실히 발견할 것이다. 그 같은 목사님의 기지는 말씀에 대하여 어떻게 이리도 깊이 있는 탐구열을 가졌는가하는 질문을 던지게 한다.

그래서 이 책을 읽으면서 필자도 주저없이 그 질문을 던지지 않을 수 없었다. 그러자 반응은 의외였다. 그저 성경에 대한 애착을 갖다 보니 그런 호기심이 발동하였고 이 책과 같은 결론에 도달했다고 말이다.

그래서 목사님을 매개로 하여 우리는 그의 탐구를 통해 해결받고 난 지식과 지혜들을 성경의 난해 구절, 사람들이 쉽게 오해 내지는 곡해하기 쉬운 구절, 의미가 불명확한 부분들에 좀 더 수월하게 접근할 수 있다. 과연 목사님의 책은 우리에게 성경 이해의 좋은 길라잡이가 될 것임을 의심치 않는다.

여러 다양한 주제들 중 특히 눈에 띄는 것은 가나안 여인(수로보니게 여인)에 관한 사건을 다룬 성경 본문이다. 정말 이 부분은 한국 강단에서 반드시 이해되어 선포되어야 할 중요한 메시지가 담긴 부분이 아닐 수 없다. 정확한 성서 대구들에 대한 제시와 설명들, 그리고 해설들, 더 나아가 역사 비평적 접근 등이 두드러진다. 그러면서 예수의 이방인에 대한 관심이 얼마나 애틋한지에 대한 관심 등을 그림처럼 읽게 해준다.

그리고 예수의 족보에 대한 분석은 정말 우리가 역사적 예수냐 신앙적 예수냐, 하는 역사적 예수 연구에 대한 관심을 다시금 자극시켜 줄 뿐 아니라 한국교회 강단에서 외쳐지는 역사적 예수에 대한 이해에 방향을 제시해 주는 좋은 설명이 담겨 있다.

그 외에 목사님이 취급한 한 주제, 한 주제가 결코 기독교 신앙의 핵심부분에서 빼놓을 수 없는 사안들이다. 그러하기에 책을 들고 읽기 시작하는 분들은 첫 페이지에서부터 눈을 뗄 수 없는 흡인력을 느끼게 될 것이라고 확신한다.

한편 비평적 시각으로 읽는 분들도 심층적인 이해의 길로 나아가게 될 것이라 내다본다. 그래서 또 다른 한 권의 목사님의 노력의 결실이 우리 곁에 찾아와 우릴 즐겁게 해주었으면 하는 바람이다.

김윤기 목사님의 성서 읽기, 그리고 성서 본문에 충실한 설교 작성, 더 나아가 설교의 실천 등은 우리 모든 사역자들에게 중요한 자세를 잘 보여 주고 있다. 그 점에서 목사님이 저술한 이 책은 목회자들 모두에게 도움이 되는 중요한 자료가 될 것이며, 또한 한국 강단을 지키는 모든 사역자들에게 더욱 깊이 있는 성서적 설교 작성에 박차를 가할 수 있는 좋은 참고 자료가 될 것이다. 강단의 풍성한 주석 설교가 결국 교회를 찾는 믿음의 사람들의 영혼을 풍성케 하며, 그들을 통해 온 세상이 더욱 말씀으로 변화되는 파급 효과를 이루기를 기대해 본다.

끝으로 김윤기 목사님이 지금 출간해 내는 귀한 설교집이라면 설교집, 신앙 수상록이라면 수상록, 그리고 성경 연구라면 성경 연구라 할 이 귀한 서적이 독자 여러분께 많은 도움이 되길 바란다.

2010년 11월 30일

서울신학대학교 역사신학 교수

Ph. D 주 승 민

머리말

먼저 이런 글을 쓸 수 있도록 건강과 시간을 주시고 은혜를 주신 하나님께 진심으로 감사와 찬송과 영광을 돌립니다.

그동안 신앙생활 하면서 성경을 읽고 설교를 들을 때마다 늘 의문으로 여겨졌던 문제들을 한번 연구하여 더 확실하게 알고 싶은 욕망이 일어났습니다. 좀처럼 용기가 나지 않아 주저하다 나름대로 얻은 결론을, 우문(愚問)을 연구했다고 하지 않을까 하는 세평에 대한 두려움에 망설이다가 용기를 내어 발표해 봅니다.

애초에 한 주제를 가지고 책을 출판하기 위하여 쓴 글이 아니기 때문에 저자가 관심을 가졌던 분야분야의 질문들을 하나씩 아티클 형식으로 쓰는 것을 옆에서 보고 책으로 묶어서 출판하는 것이 좋겠다고 권해서 졸고이지만 이제 책으로 엮어 보았습니다. 그러므로 독자들이 처음부터 전체를 다 읽기보다는 자기 관심 분야에 따라 하나씩 읽어나가도 좋을 것입니다.

그동안 미천한 저를 위해 사부(師父)로서 지도해 주시고 앞길을 열어 인도해 주신 문희석 박사님, 그리고 감수를 맡아 학교 강의로 바쁜 일과 중에도 시간을 할애하여 원고 한 자 한 자 읽으며 지도해 주신 동료인 주승민 박사님, 그리고 논문 형식에 따라 두 번씩이나 정독하시며 많은 가르침과 수정을 해주신 존경하는 김수철 박사님, 그리고 NYTS 동기이면서 모든 글에 아낌없는 조언과 멘트로 용기를 주신 김성찬 목사님, 또한 교정을 보신 이혜숙 전도사님과 홍미영 선교사님, 또 물심양면으로 협력해 주신 강진옥 권사님과 가족들, 묵묵히 뒤에서 기도와 협조를 아끼지 않으신 당회원과 성도님, 그리고 컴퓨터 작업을 도운 청년회원들과 모든 고통을 인내하며 기도하며 기다려 준 사랑하는 아내와 용기를 준 아들에게도 감사를 드립니다.

특히 졸고를 마다하지 않고 받아 출판을 허락해 주신 쿰란출판사 이형규 사장님과 수고해 주신 직원들께도 심심(甚深)한 사의(謝意)를 표하는 바입니다.

끝으로 불효자를 위해 새벽마다 기도해 주시고 미수(米壽)를 넘겼어도 토요일이면 교회 강대상 닦으시면서 성경을 200독 이상 통독하신 어머니, 그리고 먼저 하늘나라에 가 계신 아버지께 이 글을 바칩니다.

2010년 11월 28일

김 윤 기

차례

제1장

예수 그리스도 족보에 관한 연구

(마 1: 1-17을 중심으로)

(1)아브라함과 다윗의 자손 예수 그리스도의 세계라 (2)아브라함이 이삭을 낳고 이삭은 야곱을 낳고 야곱은 유다와 그의 형제를 낳고 (3)유다는 다말에게서 베레스와 세라를 낳고 베레스는 헤스론을 낳고 헤스론은 람을 낳고 (4)람은 아미나답을 낳고 아미나답은 나손을 낳고 나손은 살몬을 낳고 (5)살몬은 라합에게서 보아스를 낳고 보아스는 룻에게서 오벳을 낳고 오벳은 이새를 낳고 (6)이새는 다윗왕을 낳으니라 다윗은 우리야의 아내에게서 솔로몬을 낳고 (7)솔로몬은 르호보암을 낳고 르호보암은 아비야를 낳고 아비야는 아사를 낳고 (8)아사는 여호사밧을 낳고 여호사밧은 요람을 낳고 요람은 웃시야를 낳고 (9)웃시야는 요담을 낳고 요담은 아하스를 낳고 아하스는 히스기야를 낳고 (10)히스기야는 므낫세를 낳고 므낫세는 아몬을 낳고 아몬은 요시야를 낳고 (11)바벨론으로 이거할 때에 요시야는 여고냐와 그의 형제를 낳으니라 (12)바벨론으로 이거한 후에 여고냐는 스알디엘을 낳고 스알디엘은 스룹바벨을 낳고 (13)스룹바벨은 아비훗을 낳고 아비훗은 엘리아김을 낳고 엘리아김은 아소르를 낳고 (14)아소르는 사독을 낳고 사독은 아킴를 낳고 아킴은 엘리웃을 낳고 (15)엘리웃은 엘르아살을 낳고 엘르아살은 맛단을 낳고 맛단은 야곱을 낳고 (16)야곱은 마리아의 남편 요셉을 낳았으니 마리아에게서 그리스도라 칭하는 예수가 나시니라 (17)그런즉 모든 대 수가 아브라함부터 다윗까지 열네 대요 다윗부터 바벨론으로 이거할 때까지 열네 대요 바벨론으로 이거한 후부터 그리스도까지 열네 대러라 (마 1:1-17).

마태는 복음서 서문을 족보로 문을 열고 있다. 마태복음 1장 1-17절은 구약의 총정리요 결론이다. 구약에서 오시리라고 한 그 메시아가 드디어 오셨기 때문이다. 그리고 저자 마태는 마태복음 1장에서 단순한 족보의 흐름을 쓴 것이 아니다. 마태복음은 그 족보 속에 나타난 하나님의 뜻을 찾아 마태 자신의 신학을 넣어 정교하게 짠 심오한 신학적 작품이다. 그러나 신약성서의 첫 장을 접하는 독자에게는 이 무미건조한 예수 그리스도 가문의 족보 이름의 나열은 오히려 흥미를 잃게도 한다. 그럼에도 불구하고 마태가 서문 대신 기록한 족보에는 여러 가지 저자의 의도와 교훈이 있다.

마태복음 1장을 읽을 때마다 독자는 대개 흥미도 없고 저자의 의도도 알 수 없어 대충 읽는다. 그러면서 마태는 왜 이 흥미 없는 족보를 맨 서두에 놓아서 성경을 읽기도 전에 질리게 하는가 하고 불평도 하고 투덜거린다. 그리고 보편적으로 마태복음 1장을 개념적으로만 족보 장으로 보면서 믿음의 조상 아브라함부터 시작하고 메시아 전통을 세우기 위해 다윗을 강조하고 무리하게 기교적으로 14대씩 3회에 걸쳐 나눠 족보를 세대구분하고 네다섯 명의 여자를 언급하면서 더구나 별로 내놓을 것 없는 인물들을 쓴 책 정도로 생각하고 있다.

그러나 마태복음 1장 족보 장에는 마태의 신학이 있다. 마태는 구약에 정통했다. 마태복음에서 구약을 인용한 횟수가 40회[1]나 되며 마태가 구약에 대한 해박한 지식을 가진 사람이기에, 예수의 족보에서도 신학적 관점을 가지고 인물들을 선별하여 예수 그리스도의 족보에 등재(登載)하고 제외시키는 것에 확신을 갖고 기록했다.

---

1) 김득중, 《복음서 신학》(서울: 컨콜디아사, 1991), p. 53.

Ⅰ. 예수의 족보에 등재해 준 인물이 있다

마태는 족보를 기록하면서 뜻밖의 인물을 등재했다. 마태복음 1장의 그리스도의 족보 장에 역대상 1장 28절-2장 15절에도 없는 인물들을 마태는 예수의 족보에 등재해 놓은 것이다. 이것은 마태가 아무렇게나 등재한 것이 아니라 어떤 의도를 가지고 등재한 것이다. 마태의 숨은 의도를 찾아보면 다음과 같다.

1) 유다의 형제

마태복음 1장은 예수 그리스도를 중심으로 한 구속사의 가계보(家系譜)이다. 가계보(家系譜)이기 때문에 구속사에서 선택된 족보(族譜)의 직계(直系)를 쓰고 있다. 그러나 때로는 방계(傍系)를 등재했을 때 이것은 저자의 숨은 의도가 있다는 것이다. 독자는 저자의 숨은 의도를 밝혀야 하는 것이다. 마태복음 1장 2절 "아브라함이 이삭을 낳고 이삭은 야곱을 낳고 야곱은 유다와 그의 형제를 낳고"에서, 마태가 방계(傍系)인 형제를 족보에 등재해 놓은 이유가 있다. 본 내용은 역대상 2장 1-2절 "이스라엘의 아들은 이러하니 르우벤과 시므온과 레위와 유다와 잇사갈과 스불론과 단과 요셉과 베냐민과 납달리와 갓과 아셀이더라"에서 즉 야곱의 열두 아들이 이스라엘 공동체의 열두 지파(支派)가 되고 이것이 구속사(救贖史)에 도움이 되기 때문에 저자는 유다뿐 아니라 그의 형제들까지 등재(登載)했다.

2) 세라

마태복음 1장 3절의 "유다는 다말에게서 베레스와 세라를 낳고"에서 마태는 구속사의 맥으로 볼 때 직계인 베레스 하나만을 기록해야 한다. 그런데 직계가 아닌 방계인 그의 동생 세라까지 족보에 등재한 의도가 과연 무엇일까? 그 유명한 이삭의 쌍둥이 아들인 에서와 야곱도 마태는 "이삭은 야곱을 낳고"라고 야곱 한 사람으로 줄였는데 왜 베레스의 동생 세라까지 등재했는지 의문이다. 이 문제는 해석하기 쉽지 않다. 왜냐하면 이에 대한 성경의 자료가 별로 없기 때문이다.

(1) 이에 대한 성경의 자료를 살펴보면 다음과 같다.

> "(27)임산하여 보니 쌍태라 (28)해산할 때에 손이 나오는지라 산파가 가로되 이는 먼저 나온 자라 하고 홍사를 가져 그 손에 매었더니 (29)그 손을 도로 들이며 그 형제가 나오는지라 산파가 가로되 네가 어찌하여 터치고 나오느냐 한 고로 그 이름을 베레스라 불렀고 (30)그 형제 곧 손에 홍사 있는 자가 뒤에 나오니 그 이름을 세라라 불렀더라"(창 38:27-30).

> "(4)유다의 며느리 다말이 유다로 말미암아 베레스와 세라를 낳았으니 유다의 아들이 모두 다섯이더라 (5)베레스의 아들은 헤스론과 하물이요 (6)세라의 아들은 시므리와 에단과 헤만과 갈골과 다라니 모두 다섯 사람이요"(대상 2:4-6).

> "(30)솔로몬의 지혜가 동양 모든 사람의 지혜와 애굽의 모든 지혜보다 뛰어난지라 (31)저는 모든 사람보다 지혜로워서 예스라 사람 에단과 마홀의 아들 헤만과 갈골과 다르다보다 나으므로 그 이름이 사방 모든 나라에 들렸더라"(왕상 4:30-31).

역대상 2장 4-6절과 열왕기상 4장 30-31절에 나오는 인물들이 거의 같은 인물들임을 알 수 있다. 즉 이들의 계보는 같다고 본다.

(2) 마태 저자가 본 그리스도의 구속사의 족보 속에 직계도 아닌

방계인 세라를 등재한 이유는 무엇인가? 이에 대한 필자의 의견은 다음과 같다.

① 유다의 쌍둥이 동생 세라는 세 명의 생명을 살렸기 때문이다.

세라는 어머니인 다말과 형인 베레스와 또 본인 세라의 생명을 살린 것이다. 왜냐하면 의학상으로 산모의 출산 시에 아기의 한 손이 먼저 나올 때에 산모와 아기가 살 수 있는 확률은 희박하다. 이러한 출산을 난산 또는 역산(逆産)이라고 한다. 의학적으로 볼 때 그 당시 역산(逆産)으로 출산할 때 생명을 살리는 것은 불가능한 일이다. 이는 하나님의 도우심 없이는 불가능하다. 의학 상식으로 보아도 출산 시에 아기의 손이 먼저 나오면 산모와 아기 모두 죽는다. 또 기왕 나온 아기의 손이 다시 들어갈 확률은 얼마나 될 것인가? 이것은 더 불가능한 일이다. 아기의 지혜나 힘으로는 절대 불가능한 일이다. 이 사건은 형이 될 뻔했던 세라의 손이 들어가는 바람에 구속사의 맥을 이을 수가 있었다는 사실을 성서 기자가 인정한 것이다. 그러면 이 베레스와 세라 쌍둥이보다 더 위대한 쌍둥이 에서는 왜 족보에서 이름이 제외되었는가? 야곱과 에서는 쌍둥이인데 이들은 태어날 때부터 서로 먼저 나오려고 다투었고, 자라는 과정에서도 험할 정도로 암투(暗鬪)가 있었다.

② 그러나 세라는 주어진 하나님의 섭리를 그대로 인정하고 순응했기 때문에 그의 이름이 예수의 족보에 등재되었다.

창세기 38장 27-30절의 세라는 형으로 태어나다가 손이 먼저 나오는 바람에 그 손을 도로 들이게 되었고, 어머니와 동생을 살려주는 순간에 그만 동생인 베레스가 먼저 나오니 어쩔 수 없이 동생이 되고 말았다. 그러나 이 형제는 야곱의 쌍둥이 형제와는 다르게 문제가 전혀 없었다. 동생 세라는 주어진 하나님의 섭리를 그대로 인정하고 순응(順應)했다. 이것을 하나님은 귀하게 보셨다.

③ 그래서 세라는 후손이 지혜의 축복을 받았다. 이러한 인물이기 때문에 예수의 족보에 등재되었다.

역대상 2장 6절에 "세라의 아들은 시므리와 에단과 헤만과 갈골과 다라니 모두 다섯 사람이요"라고 기록되어 있다. 이렇게 세라의 아들들은 다섯 명인데 "솔로몬의 지혜가 동양 모든 사람의 지혜와 애굽의 모든 지혜보다 뛰어난지라 저는 모든 사람보다 지혜로워서 예스라 사람 에단과 마홀의 아들 헤만과 갈골과 다르다보다 나으므로 그 이름이 사방 모든 나라에 들렸더라"(왕상 4:30-31)고 기록했다. 시므리를 제외한 에단과 헤만과 갈골과 다라니는 세라의 먼 후손일 것이다(Keil).[2)]

> 역대상 2장 6절에 나타난 에단과 헤만과 갈골과 다라니(히브리어로 '벤'은 아들 또는 후손으로도 번역)의 이름의 순서가 열왕기상 4장 31절에 언급된 네 사람의 이름의 순서와 동일한 점에 비추어 볼 때 이들이 동일인임은 거의 확실하다.[3)]

할레이 성서 핸드북에서 창세기의 골자는 '천지창조의 찬가'와 9개의 '전기'(傳記)이다. 이것은 하나님의 인도로 모세가 보충 설명하여 구체화한 것이다. 그 11개의 기록 가운데[4)] '이스마엘의 전기(25:12-18)'와 '에서의 전기(36:1-43)'가 구속사의 방계이면서 이들의 계보와 역사가 들어 있다. 그러나 이런 창세기의 족장에 전혀 들어가지도 못하며 구속사의 직계도 아닌데 마태 기자는 예수 그리

---

2) 제자원, 《그랜드 종합 주석 7권 역대상-에스더》(서울: 성서교재간행사, 1991), p. 47.

3) Ibid.

4) 할레이 저 / 박양조 역 《최신 성서 핸드북》(서울: 교문사, 1973), p. 67.

스도의 족보에 이스마엘과 에서를 제외했음에도 불구하고 세라의 이름을 등재한 이유는 무엇일까?

세라의 아들들은 솔로몬의 지혜에 견줄 만한 인물로 역사에 기록되고 있다. 이것은 세라에 대한 하나님의 보상이다. 성서 기자인 마태는 이를 의롭게 보고 예수님의 족보 중 직계(直系)만 따라 기록하는 자리에 방계(傍系)로서 유일하게 세라의 이름을 등재해주었다. 이것이 세라가 구속사의 족보에 등재된 이유이다.

3) 여인들의 이름

> 예수의 족보를 화려한 왕가로 묘사했지만 족보에 어울리지 않는 네 여인의 이름이 언급된다(마 1:2-17). 원래 여인은 족보에 싣지도 않는 시대였고, 게다가 이 여인들은 가문을 빛낼 만큼 지체가 높거나 역사에 남을 위대한 일을 한 이들도 아니다. 이 여인들은 한결같이 비정상적인 방법으로 아들을 잉태한 여인들이거나 본인 또는 남편이 이방인 출신이다. 이 여인들은 감히 나설 수 없는 사회 속에서도 적극적으로 자신들의 운명을 바꾸어 놓은 여성들이다. 복음서 기자는 이들을 '약속의 아들-메시아'로 향하는 역사의 맥이 끊이지 않도록 이어온 여인들로 부각한다. 메시아의 가계가 끊어지려는 순간에도 하느님께서는 불가사의한 방법으로 가계를 유지하셨다고 풀이하며 마침내 그 불가사의의 극치로 마리아는 처녀의 몸으로 예수를 잉태하여 낳는다(마 1:18-25).[5]

여기 예수의 족보 속에 네 명의 여인들이 들어 있다는 주장은 이 네 명의 여인들이 이방인이라는 것을 강조하기 위하여 네 명만

5) 한국신학연구소 성서교재위원회 저/김성재 펴냄. 《함께 읽는 신약성서》, (서울: 한국신학연구소출판사, 1993), pp. 30-31.

을 강조하고 있는 것 같은 인상을 준다. 그러나 이는 예수의 족보인 마태복음 1장 1-16절에 예수의 어머니인 마리아가 바로 메시아 출현 앞에 자리하고 있는 것을 간과하는 이유에 대해 설명이 없다. 필자가 보기에는 마태가 말하려는 의도는 이 네 명의 여인보다도 마리아라는 여성이 더 중요하다는 것이다. 마태는 마리아를 제외한 이 네 명의 여인들을 강조하고 있는 것이 아니다. 예수의 족보에 나와 있는 여인을 말할 때는 네 명이 아니라 마리아까지 포함해서 다섯 명이고, 이 다섯 명의 공통점이 무엇인가를 밝히는 것이 독자에게 명확하게 설명이 되는 것이다. 마태는 이 다섯 명의 여인들이 이방인이라고 말하려고 의도적으로 예수의 족보 속에 여인들의 이름을 등재한 것이 아니다. 마리아를 부정한 여인들과 차별화하기 위해 이 여인들의 이름을 등재한 것이다. 이는 다시 다음 장에서 부연하겠다.

이스라엘의 족보를 기록한 역대상 1장 28절-2장 15절에는 이 여인들의 이름이 없으나, 마태가 여인들의 이름을 남편 곁에 등재해 준 이유는 마리아를 변호해 주기 위함이다.

(1) 다말(창 38:26)

"유다가 그것들을 알아보고 가로되 그는 나보다 옳도다 내가 그를 내 아들 셀라에게 주지 아니하였음이로다 하고 다시는 그를 가까이 하지 아니하였더라"고 기록하고 있다. 창세기 기자는 다말의 이 부정함을 '의롭다'고 인정하고 있다. 다말의 행동을 음행죄나 부정한 여인으로 시아버지인 유다가 본 것이 아니라 '옳도다', 즉 '차드카 밈멘니!'[6]라고 인정했다. 그 뜻은 "너의 의(義)가 나보다 낫구나!"이

6) 김이곤, 《구약성서의 고난신학》, (서울: 한국신학연구소, 1991), p. 428.

다. 그러면 유다의 며느리 다말이 옳은 이유는 무엇인가?

> 유다 민족의 대표적 족장 유다는 '의'라는 말, '체데카'라는 말을 '다말의 행위'에 대해서 쓰고 있다. 여기서는 분명 '의'라는 것을 결코 어떤 '순수 개인 윤리'라는 차원에서 보지 않고 '공동체의 윤리'라는 맥락 안에서 이해하고 있음이 분명하다. 즉 성서 기자는 여기서 '의'의 문제를 한 여인의 섹스 모랄이라는 차원에서 보지 않고 한 가문의 흥망과 한 민족의 미래라는 차원에서 보았던 것이다.7)

(2) 라합(수 2:8-14)

라합은 믿음으로 순종함으로써 정탐꾼과 자기 가족과 이스라엘 백성을 구원했다. 라합의 신분은 이방인 여자로서 기생(약 2:25)이다. 그녀의 신앙은 들려오는 얘기만 듣고도 믿은 신앙이며(수 2:10-11), 또한 그녀의 신앙고백은 하나님을 "너희 하나님 여호와는 상천하지에 하나님이시니라"(수 2:11)고 고백한 것이다. 이는 모세(신 4:39)와 솔로몬(왕상 8:23)이 한 신앙고백과 같다. 또한 그녀의 신앙은 여리고 성의 멸망 때 가족 전체를 구원했다(수 6:23). 이러한 라합의 행함을 의롭다고 인정했다(약 2:25).

(3) 룻(룻 1:15-18)

룻은 이방인 모압 여인으로서 시모인 나오미를 따라올 만큼 효부였다.

원래 여인들은 족보에 싣지 않는 시대였고, 게다가 이 여인들이 가문을 빛낼 만큼 지체가 높거나 역사에 남을 위대한 일을 한 것도

---

7) Ibid.

아니다.

이 여인들은 한결같이 비정상적인 방법으로 아들을 잉태한 여인들이거나 본인 또는 남편이 이방인 출신이다. 이 여인들은 감히 여성이 나설 수 없는 사회 속에서도 적극적으로 하나님의 섭리를 따라 자신들의 운명을 바꾸어 놓은 여성들이다. 위에 기록된 이 세 명의 여인들은 성적으로 불결한 여인들이다. 모두 남자를 아는 여인들이다. 이들은 씨의 흐름이 구속사로 향하는 역사의 맥이 끊어지지 않도록 계승한 여인들이다. 메시아의 가계가 끊어지려는 순간에도 하나님은 불가사의한 방법으로 이 여인들을 통해서 가계를 계승시키셨다. 그래서 마태 기자는 이들의 행위를 의롭게 보고 예수의 족보 속에 등재해 주었다. 즉 룻은 시모 나오미를 이방 땅 모압에서부터 따라온 여인으로, 그녀의 효를 바탕으로 한 믿음을 의롭게 보아서 예수의 족보에 이름을 기록했다.

(4) 우리야의 아내(삼하 11:1-21)

"이새는 다윗 왕을 낳으니라 다윗은 우리야의 아내에게서 솔로몬을 낳고"(마 1:6)에서 성서 기자가 의도적으로 우리야의 아내의 이름인 밧세바를 삭제하고 그의 남편인 우리야를 대신 등재한 의도가 있다. 사무엘하 11장 1-21절에서 보면 밧세바는 다윗이 유혹할 때 유부녀로서 아무런 저항 없이 다윗에게 몸을 허락했다. 그리고 그녀의 남편 우리야가 의롭게 죽었다. 성서 기자는 마태복음 1장 16절에서 "야곱은 마리아의 남편 요셉을 낳았으니 마리아에게서 그리스도라 칭하는 예수가 나시니라"고 기록했다. 의로웠던 남편 요셉의 이름보다도 정혼한 여인인 마리아의 이름을 남편의 이름 앞에 놓은 것과는 좋은 대조가 된다. 이것은 더럽게 산 밧세바의 이름을 빼고 의롭게 살다가 죽은 우리야를 구속사에서 볼 때 더 가치 있는 삶으로 보았기 때문에 저자는 밧세바의 이름을 삭제하고 오히려 그 구속사의 맥을 잇는 여인의 그 자리에 남편의 이름을 등재해 놓은 것이다. 거룩한 예수 그리스도의 족보 속에 의롭지 못한 밧세바의 이름을 기록하기보다는 영문도 모르고 죽은 남편 우리야가 더 의롭기 때문에 그의 이름을 기록한 것이다.

(5) 마리아(마 1:16)

"야곱은 마리아의 남편 요셉을 낳았으니 마리아에게서 그리스도라 칭하는 예수가 나시니라"(마 1:16)에서 '야곱은 요셉을 낳고'라고 기록하지 않고 '마리아의 남편 요셉을 낳았으니'라고 기록하고 있다. 왜 마태는 등재하지 않아도 말이 되는 곳에 마리아를 등재해 주고 또 주객이 전도되어 남편 앞에 마리아의 이름을 먼저 등재해 놓았을까? 이러한 의도가 무엇인지를 이 글을 읽는 독자는 관심을 가져야 한다. 뿐만 아니라 사실 예수의 족보상 요셉을 빼도 문제가 되지 않지만 만약에 요셉을 빼버리면 예수는 아비 없는 자식이 되며 또한 그리스도가 다윗의 혈통으로 와야 하기 때문에 마리아의 남편 요셉을 등재해 넣은 것이다.

4) 마태복음 1장 11절의 "바벨론으로 이거할 때에 요시야는 여고냐와 그의 형제를 낳으니라"에서 또 형제를 등재했다.

마태복음 1장 11절 본문 중 "여고냐와 그의 형제를 낳으니라"고 기록되어 있다.

여기서 'καὶ τοὺς ἀδελφούς'는 '형제들'이란 의미가 될 수 없다. 여고냐에게는 형제가 하나뿐이었다(그에 대하여서도 우리들이 알 수가 없다). '형제들'이란 말은 여고냐와 그의 뒤를 이어 왕위에 올랐던 삼촌을 포함해서 친척들을 말한다. 마태가 11절에서 단순히 여호야김이란 이름과 함께 요시야를 따르지 않고 12절에서 단순히 또 하나의 이름인 여고냐라는 이름을 계속 쓰면서 대신 마태는 얽히고설킨 비극의 역사를 전체로 기록해 넣었다. 유대인 독자들은 모두 'καί τοὺς ἀδελφ ού ς'가 요시야와 여고냐 사이의 세력, 즉 여고냐에 앞서 왕위에 올랐던 요시야의 두 아들과 그의 뒤에 왕위에 올랐던 한 아들을 말하고 있음을 즉시 이해했을 것이다.[8] 손자는 종종 아들이라고 불리었다.[9]

2. 족보에 이름을 등재하지 않은 인물이 있다

마태는 구약에 정통했다. 마태복음에 열한 번[10]씩 구약의 성취 "이루려 하심이니라"고 적어 놓고 있기 때문이다. 마태는 인물을 선택할 때에 신중했다. 마태가 실수로 사람의 이름을 잊어버렸거나 제외한 것이 아니라 의도적으로 제외시켰다는 뜻이다. 마태는 예수의 족보를 나눌 때에 단순히 14대씩 나누기 위하여 무작위로 인물을 제외시키지 않았다. 어떤 의도를 가지고 제외시키고, 등재하여 쓰고 있다는 것이다. 그러면 그 의도가 무엇인가?

마태는 족보를 기록할 때 역대기서나 어떤 족보의 자료를 참조했을 것이다. 먼저 마태는 왜 14대로 예수의 족보를 구분했는지 질문할 수 있다. 이에 대한 여러 학설 가운데 유력한 것은 14는 7의

---

8) 매튜 헨리 저/고영민 역, 《성경주석 마태복음》(상)(서울: 기독교문사, 1990), p. 31.
9) 렌스키 저/문창수 역, 《성경주석 마태복음》(상) (서울: 백합출판사, 1973), p. 31.
10) 이상훈, 《신약개론》, (서울: 한밭출판사, 1983), p. 57. "이루려 하심이니라"로 표현함.

배수이므로 이는 유대인의 성수(聖數)와 관련된다고 보는 것이 일반적이다. 이 수는 다윗의 이름을 구성하는 세 자모자의 수가(數價, 다렌이 4, 와우가 6, 다렌이 4)와 관련시켜서 계산한 것이다.[11] 마태는 예수의 족보에 남왕국 유다 20명의 왕과 통일왕국 2명의 왕 합계 22명의 왕 중 15명의 왕을 선택하여 기록했다.

1) 예수 족보에서 마태가 의도적으로 등재하지 않은 네 명의 왕이 있다.

마태는 의도적으로 ① 6대 아하시야(5대 여호람과 아달랴의 아들), ② 7대 아달랴, ③ 8대 요아스, ④ 9대 아마샤 왕의 이름을 제외시켰다. 제외시킨 이유를 찾아보면 다음과 같다.

(1) "하나님이 우상 섬긴 죄를 갚되 3, 4대까지 이르게 한다는 계명 때문이라는 것"이다.

> "그것들에게 절하지 말며 그것들을 섬기지 말라 나 여호와 너의 하나님은 질투하는 하나님인즉 나를 미워하는 자의 죄를 갚되 아비로부터 아들에게로 삼사 대까지 이르게 하거니와" (출 20:5).

> 기억을 쉽게 하기 위하여 그리스도의 조상의 대수를 14대씩 세 번으로 줄이는 것이 마태의 의도였는데, 두 번째 14대(다윗에서부터 바벨론 이거까지)의 경우에는 불가불 세 사람을 뺄 수밖에 없었는데 아합의 우상숭배를 다윗의 집에 끌어 들여 그 낙인이 그 가문에 찍히게 되고 그 죄악에 대한 형벌이 '3, 4대까지 미치게' 된 아달리아의 직계 자손인 이 세 왕이 가장 적합했기 때문이 아닌가 한다. 이 세 왕 중, 둘은 배교자였다.

> 이와 같이 하나님께서는 이 세상에서도 그의 노하심을 나타내신다. 이 세 왕은 모두 살해당하였다.12)

> 마태복음에서 그들이 생략되는 것을 원치는 아니했겠지만 실질적으로 그들의 명단이 생략된 것은 어쩔 수 없는 일이다. 그들의 이름이 생략된 이유를 구체적으로 들게 된다면 그 당사자들이 이세벨의 후손이라는 사실에서 쉽게 이해가 된다. 제2계명에 따르면 아비의 죄 때문에 자손은 사 대까지 고통을 당하는 것으로 되어 있고 이 때문에 유대인의 편집자에게도 이와 같은 이름의 제거는 심각한 문제가 되지도 않았을 것이다.13)

필자가 역사적인 내용을 다시 부연하면 이렇다. 남왕국의 왕들인 5대 여호람(요람)과 웃시야 왕에 대해서 우리는 중요한 사실을 발견하게 된다. 역대상 3장 11-12절의 "그 아들은 요람이요 그 아들은 아하시야요 그 아들은 요아스요 그 아들은 아마샤요 그 아들은 아사랴요 그 아들은 요담이요"를 마태복음(마 1:8-9)의 족보와 비교해 보면 "아사는 여호사밧을 낳고 여호사밧은 요람을 낳고 요람은 웃시야를 낳고 웃시야는 요담을 낳고 요담은 아하스를 낳고 아하스는 히스기야를 낳고"라고 되어 있다.

여기서 아사랴는 10대 왕인 웃시야를 말한다. 5대 여호람(요람)에서 10대 웃시야까지 네 명의 왕이 제외되었다. 6대 아하시야, 7대 아달랴, 8대 요아스, 9대 아마샤, 네 명의 왕이 그리스도의 족보에서 제거된 것이다. 왜 제외시켰을까? 마태 기자가 의도적으

---

11) BEC 벧엘 컴퓨터, 《할렐루야 8》, 마 1:17의 주석
12) 매튜 헨리 저/고영민 역, 《성경주석 마태복음》(상) (서울: 기독교문사, 1990), p. 30.
13) 풀핏 주석/송종섭 역, 《마태복음》(상) (대구: 보문출판사, 1977), p. 42.

로 이 네 명의 왕의 이름을 뺀 이유는 과연 무엇일까?

북왕국 이스라엘 왕 아합은 왕후 이세벨로 인하여 성경에서 가장 악한 왕으로 알려진 사람이다. 또한 이세벨도 성경에 나오는 여인 중에서 가장 사악한 여자이다. 이세벨은 바알을 섬겼기 때문에 우상과 관련하여 남편 아합 왕을 부패시켰으며, 하나님의 백성을 망하게 하였다.

그들은 딸 아달랴를 낳아서 남왕국 유다 왕 5대 여호람(요람)과 결혼시켰다. 이 아달랴는 여호람(요람) 왕에게 우상인 바알을 가르쳤다. 따라서 그의 가족은 부패되었다. 그래서 출애굽기 20장 5절에 의거하여 여호람(요람)의 자손 3대가 그리스도의 계보에서 끊어졌다. 유다의 악한 왕들은 모두 그리스도의 족보에 포함되었지만, 우상숭배하는 자의 죄를 갚되 3-4대까지 이르게 한다는 율법에 의하여 5대 여호람(요람) 자손의 4대는 그리스도의 족보에서 끊어졌다.

(2) 18대 왕 여호야김을 등재하지 않았다. 그 이유는 다음과 같다.

"바벨론으로 이거할 때에 요시야는 여고냐와 그의 형제를 낳으니라"(마 1:11)라고 되어 있다. 여기서 16대 요시야 왕은 19대인 여고냐와 그의 형제를 낳았다고 한다. 16대 왕인 요시야는 18대 왕 여호야김의 아버지이다. 여호야김은 그의 아들 19대인 여호야긴에게 왕위를 물려주었다(그 19대 왕인 여호야긴이 마태복음의 족보에서 말하는 여고냐이다).

여고냐는 왕이 된 지 겨우 3개월 만에 바벨론에 포로로 잡혀갔기 때문에 그의 형제 시드기야(20대)가 대신하여 예루살렘에서 최후까지 유다 나라를 통치했다. 그래서 마태는 여고냐와 그의 형제라고 썼다. 그러나 다윗의 혈통이 시드기야가 아닌 여고냐로 이어지기 때문에 시드기야의 이름은 기록되지 않았다. 그러면 18대 왕 여호야김은 왜 제외되었을까? 그는 애굽의 바로에 의하여 왕으로 세움을 받고 바로를 위해 세금을 늑봉했고(왕하 23:34-35), 우상을 숭배했기 때문에 예수의 족보에서 제외되었다(대하 36:8 이하).

이를 다시 짧게 요약해 보면 다음과 같다.

〈유다의 마지막 다섯 왕들〉[14]

① 16대 요시야
31년 통치
(B.C. 640-609)

② 17대
여호아하스(살룸)
3개월 통치
(B.C. 609)
파라호 네코에 의해서
애굽에 포로로
잡혀갔다.

③ 18대
여호야김(엘리야김)
11년 통치
(B.C. 609-598)
예루살렘에서 죽음.

⑤ 20대 시드기야
11년 통치
(B.C. 597-586)
느부갓네살에 의해
바벨론에 포로로
잡혀감.

④ 19대 여호야긴(여코냐, 코냐)
3개월 통치
(B.C. 598년 12월 9일-597년 3월 16일)
느부갓네살에 의해 바벨론에
포로로 잡혀감.

앞의 도표 중에서 ② 17대 여호아하스(살룸) 왕과 ⑤ 20대 시드기야 왕은 직계가 아닌 방계이기 때문에 제외되었고, ③ 18대 여호야김(엘리야김)은 앞에서 말한 대로 직계이지만 ㉠ 그는 애굽의 바로

14) 토머스 칸스터블 저/ 문동학 · 이명준 역, 《열왕기상 · 하 6》 (서울: 도서출판 두란노, 1994), p. 259.

에 의하여 왕으로 세움을 받고 ㉡ 바로를 위해 세금을 늑봉했고(왕하 23:34-35) ㉢ 우상을 숭배했기 때문이다(대하 36:8 이하). 그래서 예수 족보 기자인 마태는 "바벨론으로 이거할 때에 요시야는 여고냐(19대 여호야긴)와 그의 형제를 낳으니라"고 기록하고 있다.

또한 특이한 것은 유대 20명의 왕 중 가장 악한 왕은 14대 므낫세 왕으로(왕하 21:1-18) 55년간 통치를 했으나 악행이 아달랴보다 더 심했다. 심지어 성전 내에 아세라 목상을 세울 정도로 악했다(왕하 21:7)고 열왕기서 역사가는 평하고 있다. 그러나 역대서에서는 다른 평가를 하고 있다. 역대하 33장에서 그는 하나님을 버렸기 때문에 심판 당하여 앗수르 나라에 의해 코에 갈고리가 끼워져서 바벨론으로 끌려갔다. 므낫세 왕은 여기서 하나님께 간구하고 겸비함으로(대하 33:11-12) 하나님이 바벨론에서 고국인 예루살렘으로 돌아오게 하시자 여호와가 하나님이신 줄 바로 알고(대하 33:13) 바른 예배제도를 회복하여 여호와께 드렸다. 우상숭배에서 돌이켜 하나님께만 제사를 드린 것이다(대하 33:14-17). 이러한 이유로 성서 기자는 가장 악한 왕이었어도 므낫세를 예수의 족보에 등재시켰다. 성서 기자는 우상숭배자(예: 5대 여호람 왕)들을 제일 악한 왕으로 보았다. 그리고 아무리 악한 왕이라도 회개하고 돌이키면 용서(예: 므낫세 왕)하는 입장에서 보았다.

2) 바벨론으로 이거한 때부터 그리스도까지(마 1:12-16) 14대 중에서 몇 명이 등재되지 못했다.

그 인물들은 누구인지 정확하게 몰라도 제외시켰다는 사실이다.

그러면 성서 기자는 왜 그들의 이름을 고의적으로 제외시키고 있는가 하는 질문을 갖게 된다. 성서 기자가 단순히 14대씩 나누기 위하여 무작위로 제외시키고 있는 것인가 그렇지 않으면 어떤 의도를 가지고 기록하고 있는 것인가? 그러면 그 의도는 무엇인가? 그 이유는 더 연구되어야 한다.

3. 족보에 강조된 인물이 있다

마태는 1장 1-17절에서 42명의 인물을 선정했다. 그리고 하향식으로 '낳고'(γενέσεως, 조상의 뜻도 있음)라는 말을 쓰고 있는데 이는 꼭 실부(實夫)를 의미하지는 않는다. 그리고 마태는 예수의 족보 속의 42명 가운데 3명을 강조하고 있다.

보편적으로 성서 기자가 인물을 열거하였을 때 강조하는 방법이 있다.

① 본문에 나오는 성서 인물의 이름이 많이 나올 때 강조하는 것이다.

② 성서 인물의 차서(次序)를 바꿀 때는 앞에 있는 인물을 강조하기 위함이다.

③ 그 인물이 꼭 있어야 할 부분에 이름을 제외시킬 때와 등재해 줄 때는 반드시 저자의 의도가 있어서 인물의 이름을 제외시키고 등재해 준다는 것이다. 이런 관점에서 성서를 관찰해 보면 다음과 같은 사실을 알 수 있다.

1) 먼저 다윗 왕을 중요한 인물로 보고 있다.

"아브라함과 다윗의 자손 예수 그리스도의 세계(世系)라"(마 1:1). 이는 마태가 마태복음을 집필하면서 유대인을 위한 복음서로서 1장 1절을 본서의 서론이요 결론이고 강조점으로 예수 그리스도가 다윗의 자손으로 오셨으므로 메시아임을 증거하기 위하여 기록한 것이다.

마태복음 1장 1절에서 "다윗의 자손과 아브라함의 자손 예수 그리스도의 세계라"고 헬라 원문에 쓰고 있는 책이 있다.

① 〔개역한글〕 아브라함과 다윗의 자손 예수 그리스도의 세계라.

② 〔KJV〕 The book of the generation of Jesus Christ, the son of David, the son of Abraham.

③ 〔헬라어 사본〕 Nestle: 마 1:1에 네슬본은 콤마가 없다.

Βίβλος γενέσεως 'Ιησοῦ Χριστοῦ υἱοῦ Δαυὶδ υἱοῦ 'Αβραάμ.

④ 〔Aland, stephen본〕 마 1:1에 콤마가 두 개가 있다.

Βίβλος γενέσεως 'Ιησοῦ Χριστοῦ, νἱοῦ Δανείδ, νἱοῦ 'Αβραάμ.

구두점(句讀點)은 네 가지가 있는데, 쉼표(,)와 마침표(.)는 우리나라의 그것들과 기법(記法)이나 작용이 같으며[15]라고 되어 있다. 이 원칙에 따라 stephen본을 해석하면 "다윗의 자손과 아브라함의 자손 예수 그리스도의 계보라"가 된다.

마태복음 1장 1절에서 마태가 강조하여 말하려고 하는 것은 예수 그리스도가 다윗의 혈통으로 태어났다는 것이다. 그래서 아브라함과 다윗의 자손이라는 해석보다는 오히려 다윗과 아브라함의 자손이라고 해석하는 것이 더 자연스럽다고 생각한다.

(1) 마태복음 1장 1절에서는 아브라함을 강조하지 않고 다윗을 강조하고 있기 때문에 족보상 다윗의 이름을 아브라함의 이름 앞에 기록했다고도 볼 수 있다.

(2) 마태복음 1장 6절에서도 이새는 다윗을 낳았다고 쓰지 않고 다윗 왕을 낳았다고 하면서 왕을 강조하여 기록하고 있다. 이는

---

15) 박창환 역편, 《신약성서 희랍어교본》 (서울: 大韓基督教書會, 1962), p. 18.

본문에 나와 있는 15명의 왕 가운데 다윗이 출생할 때 다윗에게만 왕이라는 칭호를 하나 더 붙여 주는 성서 기자의 의도를 보면 알 수 있다. 이것은 다윗을 강조하기 위함이다.

(3) 또 마태복음 1장 1-17절까지 다섯 번씩이나 다윗의 이름이 나오고 있다는 것은 다윗을 강조한다는 것이다.

(4) 마태복음에서 아브라함과 다윗을 사용한 횟수를 비교하면

① 마태복음에서 아브라함의 이름을 사용한 횟수(6회)[16]

② 마태복음에서 다윗을 사용한 횟수(15회)[17]/(족보에 5회 /치유 4회)이다.

그러면 성서 기자가 다윗 왕을 강조하는 이유는 무엇인가? 그것은 다윗 성군 때에 가장 태평성대를 이루고 ① 구약에서 약속하신 앞으로 오실 메시아 왕의 표상이 되기 때문이며, ② 앞으로 다윗의 후손에서 의로운 왕이 태어나기 때문이다.

2) 마리아를 강조하고 있다.

그러면 마태가 마리아를 강조한 이유는 무엇이었을까?

> "(12)바벨론으로 이거한 후에 여고냐는 스알디엘을 낳고 스알디엘은 스룹바벨을 낳고 (13)스룹바벨은 아비훗을 낳고 아비훗은 엘리아김을 낳고 엘리아김은 아소르를 낳고 (14)아소르는 사독을 낳고 사독은 아킴을 낳고 아킴은 엘리웃을 낳고 (15)엘리웃은 엘르아살을 낳고 엘르아살은 맛단을 낳고 맛단은 야곱을 낳고 (16)야곱은 마리아의 남편 요셉을 낳았으니 마리아에게서 그리스도라 칭하는 예수가 나시니라"(마 1:12-16).

---

16) 마 1:1, 2, 17, 3:9, 8:11, 22:32

17) 마 1:1, 6, 17, 20, 9:27, 12:3, 23, 15:22, 20:30, 31, 21:9, 15, 22:42, 43, 45

(1) 먼저 많은 학자들은 마태복음 1장 12-16절의 여고냐에서 예수까지를 13대라고 주장하고 있다. 하지만 마태는 예수의 족보를 14대씩 셋으로 구분하여 기록하고 있다.

이중에서 문제가 되는 것은 세 번째 구분이다. 여기에 대해 학자인 요아힘 예레미야스[18]와 레온 모리스[19]는 마태복음 1장 12-16절의 여고냐에서 예수까지를 13대라고 주장하고 있다. 그 밖에 이상근 주석[20]에서도 13대밖에 되지 않는 점을 주장하는 이유를 11절을 본문의 오기로 보고 요시야와 여고냐 사이에 여호야김을 첨가하는 길(Weiss, Meyer, Clarke, Allen)과 다윗을 중복(重複)으로 계산하는 길(Alford, De Wette, Begel, Delitzsch)이 있다. 또 렌스키는 "셋째 그룹의 열네 번째를 채우기 위하여 요셉에게 추가해서 마리아를 별도로 계산하려는 사람도 역시 없을 것이다"[21]라고 말하고 있다. 그래서 마태복음 1장의 족보에 나와 있는 인물은 42명이 아니고 41명이라는 것이다.

(2) 그러나 필자는 이 주장에 대해 마태의 의도는 이것이 아니라고 지적하고 싶다.

마태의 족보는 모든 대수(代數)가 14대라고 되어 있다. 성서 해석

---

18) 요하임 예레미야스. 《예수 시대의 예루살렘》(서울: 한국신학연구소), p. 371. 마태복음에는 세 가지 오류가 있다고 주장한다. 그중 세 번째 주장은 마 1장 17절의 주장과는 달리 세 번째 집단은 14개의 이름이 아닌 13개의 이름으로 되어 있다는 것이다. 그 이유가 마태복음은 여고냐를 두 번 세었던 것이다. 본래 여고냐는 두 번째 집단의 마지막 인물로만 세어야 했는데 잘못하여 세 번째 집단의 첫 번째 인물로 또다시 세었던 것이다. 그러므로 마태복음 내지 마태복음의 자료에 나오는 오보는 정확하게 작성되지 않은 셈이거나 14의 수를 맞추려는 도식 때문에 부정확하게 작성된 셈이다.

19) 레온 모리스, 《신약신학》(서울: 기독문서선교회), p. 190.

20) 이상근, 《신약주해 마태복음》(서울: 예장총회교육부, 1977), p. 37.

21) 렌스키 저/문창수 역, 《성경주석 마태복음 상》(서울: 백합출판사, 1973), p. 30.

의 중요한 방법은 성서 기자가 주장하는 본문 그대로 해석하는 것이 성서 기자의 의도를 밝히는 좋은 방법이라고 본다. 마태는 의도적으로 "바벨론으로 이거한 후부터 그리스도까지 열네 대러라"(마 1:17)고 하면서 14대임을 분명히 밝히고 있다. 이에 대해 필자는 마리아가 여성이기 때문에 족보의 대수에 계산될 수 없으므로 그 이름을 삭제하여 13대라는 주장에 동의할 수가 없다. 왜냐하면 본문은 마태가 마태복음 1장 16절에서 "야곱은 마리아의 남편 요셉을 낳았으니 마리아에게서 그리스도라 칭하는 예수가 나시니라"고 기록하면서 예수가 요셉에게서 낳은 것이 아니라 여자인 마리아에게서 났다고 하였기 때문이다. 마태가 본서에서 자식을 낳은 자 명단을 그동안 남자 중심으로 기록하다가 유독 예수만은 여자인 마리아에게서 났다고 기록한 의도는 마리아를 예수 그리스도를 낳은 자로 한 대수 넣어서 열네 대를 만들기 위함이라는 주장이다.

(3) 다시 이에 대하여 좀 더 필자의 견해를 부연하려고 한다.

마태복음 1장 18-25절에서 보면 마태는 마리아를 통해 성령으로 잉태된 예수는 시공을 초월한 하나님의 초자연적인 사건으로 보았다. 그래서 마태는 씨(잉태·낳고)의 생김에서 마리아를 한대(一代)로 포함하여 넣었기 때문에 14대가 된다는 신학이다. 마태는 1장 16절에서 "야곱은 마리아의 남편 요셉을 낳았으니 마리아에게서 그리스도라 칭하는 예수가 나시니라"고 기록하고 있다. 마태복음 1장의 예수 족보상 위의 모든 인물은 남자가 자식을 낳는 것으로 기록했으나 유독 예수만은 여자인 마리아에게서 출생한 것으로 기록한 마태의 의도가 있는 것이다.

마태는 마태복음 1장 1-15절까지에 쓰던 '자식을 낳고' (γεννάω, 겐나오)라는 능동태 표현 대신에 마태복음 1장 16절에서는 '나시니라'(ἐγέννήθη, 에겐네세)는 수동태를 쓰고 있다. 이렇게 남자가 후손을 낳은 것이 41명이고 유일하게 여자인 마리아도 후손을 한 명 낳아 총합 사람의 수가 42명이다. 여기에서 마리아로 한 대(一代)를 추가하는 이유는 무엇인가? 그 이유는 마리아가 예수를 잉태할 때 인간적 방법의 노력이나 성적 결합의 결과로써 잉태한 것이 아님을 암시하기 위함이다.[22] 만약에 예수가 정상적인 부부관계로 잉태했으면 굳이 마리아를 족보의 한 대(一代)로 추가할 이유가 없다. 예수는 인간의 씨가 아닌 하나님의 씨이기 때문에 마태는 마리아를 예수의 족보에서 한 대(一代)로 추가하였다.

그러면서 마태는 마리아의 이름을 남편 요셉 이름 앞에 기록하고 있다(마 1:18). 마태는 이 사실을 부연하기 위하여 마태복음 1장 18-25절을 기록했다. 예수 족보 중 마리아 외의 다른 네 명의 여인들인 다말, 라합, 룻, 우리야의 아내의 이름은 남편의 이름 뒤에 등재해 준 인물이기 때문에 그 여인 자체가 족보의 한 대수로 계산하지 않았다. 어디까지나 남편만을 예수 족보의 한 대수로 계산했다. 유대 족보나 역대기 족보는 남성 중심의 족보이지만 예수의 족보에서 마태는 마태복음 1장 16, 18, 19절에서 여인의 이름인 마리아를 그 남편 될 요셉의 이름 앞에 등재해 놓았다. 이 사실을 예수의 족보를 읽는 독자는 충분히 고려해야 한다. 즉 족보는 먼저 나온 사람의 이름이 아무리 여자라도 주(主)가 되기 때문에 마리아를 한 대(一代) 추가해야 한다(마 1:16). 왜냐하면 동일 사건에서 여인의 이름인 마리아를 남편 앞에 세 번씩이나 기록한 것은 족보 기록상 초유(初有)이며 파격적이고 획기적인 사건으로, 마태가 본 하나의

22) 제자원, 《그랜드 종합주석 12권 마태복음 마가복음》(서울: 성서교재간행사, 1992), p. 142.

신학이기 때문이다. 그러나 육적 · 법적으로는 예수가 요셉의 아들이기 때문에 마태는 또 하나 유대의 족보 기록의 전통에 따라 마리아의 남편 요셉도 한 대(一代)를 추가해서 유사 이래 유일하게 남편과 아내가 족보에 2대를 구성하도록 만들었다. 이는 마태의 의도가 담긴 신학이라는 것이다. 부부 모두를 족보에 기록하여 2대가 되어서 한 명을 제외하고 마리아만 족보에 넣고 남편인 요셉을 빼는 경우도 허락할 수 없는 것이 마태의 입장이다. 왜냐하면 요셉은 예수의 법적(육적 호적상) 부친이기 때문이다. 그런데 예수가 마리아에게서 법적 부친인 다윗의 혈통인 요셉 없이 태어났다면 예수는 하나님의 약속에 의한 다윗의 자손이 될 법적 권리를 상실하기 때문에 부부 둘이 다 같이 족보에서 서로 한 대씩 계산되고 있는 것이다.

만약에 여고냐로부터 예수까지 13대라고 주장한다면 그 13대 속에 마리아와 요셉 중 한 사람만 들어가야 한다. 그러면 예수의 부모 중 누가 들어갈 수 있느냐의 질문에 아마 아버지인 요셉을 족보에 넣고 어머니인 마리아를 빼야 한다고 생각하겠지만, 마태는 요셉은 제외시켜도 마리아는 제외시킬 수 없다는 것이다. 왜냐하면 그것은 예수가 태어나기까지 요셉은 아무런 필요가 없었음을 다음 18-25절에서 밝히고 있기 때문이다.

저자인 마태가 사람의 수를 셀 때 여자는 세지도 않고 뺀다는 마태복음의 기록도 그렇다. 사회의 통념을 알고 있으면서도 이것을 깨고 마리아를 족보 속에 한 대로서 추가한다는 것이 그 당시 사람들로서는 전혀 이해할 수 없는 일이기 때문에 예수의 족보를 말하면서 보이지 않게 마리아를 등재하고 있는 것이 아닐까 싶다.

그러면 마태는 왜 예수의 족보 속에 다섯 명의 여인을 등재해 놓았느냐고 질문하게 된다. 이에 대해 김득중은 《복음서 신학》에서 다음과 같이 설명하고 있다.

다음으로 우리는 마태가 소개하고 있는 예수의 족보(1:2-17)에서 여인들의 이름이 열거된 점에 주목해야 한다. 사실상 제1세기 유대교에서는 족보에 여인의 이름을 집어넣는 것이 대단히 진귀한 일이었다. 물론 성경에서 여인의 이름이 족보에 나타나고 있는 예외적인 경우가 있기는 하다(예를 들면 대상 3:1-10). 그러나 거기서는 다윗의 다섯 아들을 각각 설명하기 위해 그 다섯 아들을 낳은 다섯 어머니를 따로따로 언급해야 하는 어쩔 수 없는 필요성 때문이었다. 오히려 마태의 족보와 비슷한 구약의 족보(룻 4:18-22와 대상 2:5-15, 3:10-19)에서는 여인의 이름이 전혀 등장하고 있지 않으며, 그것은 극히 자연스런 일이었다. 따라서 마태가 복음서의 첫 부분에서 예수의 족보를 제시하면서 여인들의 이름을 등재한 것은 실로 놀라운 일이 아닐 수 없다. 더욱더 놀랍게 생각되는 것은 족보에 언급된 여인들이 모두 이방인 혹은 외국인과 관련된 여인들이라는 점이다. 성경에 의하면 이 여인들 중 세 사람은 분명히 이스라엘 사람이 아닌 이방인이었으며(다말, 라합, 룻), 네 번째 여인인 밧세바는 그녀의 이름이 "우리야의 아내"라고만 언급되었는데, 그 이유는 비록 밧세바가 이스라엘의 여인이었지만 그 남편이 성경에서는 항상 "헷 사람"(the Hittite)으로 언급되고 있기 때문이다(삼하 11:3).

누가와는 달리 예수의 족보에 여인들을, 그것도 이방인 여인들의 이름을 등재한 마태의 목적은[23] 무엇이었을까? 아마도 그들의 이름을 예수의 족보에 등재시킨 마태의 목적은, 마태복음 서두(1:1)에서 예수를 '아브라함의 자손'이라고 규정한 것과 관계가 있는 것으로 보인다.

즉 마태는 이방인 여인들을 족보에 등재시킴으로써 예수의

23) E. Schweizer, *The Good News According to Matthew* (John Knox Press, 1975), p. 25 : "Probably all four are mentioned because they are aliens."

> 혈통이 이방인 여인들을 통해 이어졌다는 점, 그리고 하나님이 메시아의 탄생을 준비하신 것이 유대인만을 위해서가 아니라 이방인도 위한 것이었다는 점을[24] 암암리에 강조하기 위해서였을 것으로 생각된다. 예수의 족보는 이방인 여인들을 통해서도, 그리고 이방인 지역을 통해서도 이어져 내려오고 있다는 것을 말하려는 것이 마태의 의도였고, 만일 마태가 '이방인을 위한 복음'을 쓰려고 마음먹은 사람이라면 이것은 너무나 마태다운 기록이라고 생각될 수 있다.[25]

그러나 마태가 족보에서 이방인을 위한 복음을 고려했다는 주장에 대해 필자의 주장은 이렇다. 세 명의 여인과 한 명의 이방인 남편의 공통분모가 이방인이라는 데 초점을 맞춘 것이고, 그래서 우리야의 아내라고 표현했다는 것은 마태 저자의 순수한 의도를 잘 파악하지 못한 것이라고 본다. 우리야와 밧세바 둘을 놓고 비교할 때 누가 더 의로운가는 불문가지(不問可知)이다. 예수 족보에서 마태 기자가 족보 속에 밧세바라고 하지 않고 우리야라는 남편의 이름을 의도적으로 등재해 놓은 다른 의도가 있다는 것이다. 결코 이 네 명의 여인들이 단순히 이방인과 관계가 있기 때문이 아니다.

또 하나는 예수의 족보이기 때문에 그의 어머니인 마리아까지 예수의 족보 속에 등재하여 다섯 명의 여인이 들어 있다. 그리고 가장 중요시되는 여인이 바로 마리아이다. 그런데 예수의 족보를 말할 때 보편적으로 네 명의 여인만 말하는 것은 정확하게 마태의 의도를 읽지 못했다고 본다. 왜냐하면 마리아가 예수의 족보에 나

---

24) R. E. Brown (ed.), *Mary in the New Testament* (Philadelphia: Fortress Press, 1978), pp.79-80 : 이 책에서는 여인의 이름이 등재된 목적을 네 가지 이론으로 나누어 소개하고 있는데 그중 첫 번째가 이것이다. cf. E. Schweizer, *The Good News According to Matthew*, p. 25에서도 똑같은 견해를 보여 주고 있다.

25) 김득중, 《복음서 신학》(서울: 컨콜디아사, 1991), pp. 56-57.

오는 네 명의 여인보다 더 중요한 위치에 있기 때문이다. 그렇기 때문에 마태의 의도가 이방인 선교를 의도하여 예수의 족보에 이 네 명의 여인을 넣었다고 주장하는 데 다른 의견이 있을 수 있다.

필자는 위의 의문점에 대해 이렇게 생각한다. 마태가 이방인의 선교를 위해 미리 예수의 족보 속에 이방인 여인들을 등재해 준 것이라기보다는 마태 기자가 동정녀인 마리아가 처녀의 몸으로 아기를 잉태하여 예수를 낳게 되니 이를 변호하기 위해 예수의 족보 속에 이 네 명의 여인이 필요했다고 본다.

이 네 명의 여인들은 부정 속에 긍정을 담고 있는 여인들이다. 마태는 마리아를 이 네 명의 여인들이 갖고 있는 부정적인 면에 대해 차별화하였다. 이 네 명의 여인들은 과거든 현재든 남자를 아는 여인이고 불륜(不倫)의 여자요 더러운 여자들이라고 말한다. 마태가 마리아를 예수의 족보에 등재해 준 이유가 있는데, 이는 마리아를 이 네 명의 여인들과 부정함에서 대비시키고, 차별화시킴으로써, 즉 마리아는 상기 네 명의 여인과는 달리 남자를 모르는 순결한 처녀요, 불륜(不倫)도 없는 깨끗한 여자요, 이방인도 아닌 이스라엘 여인이라는 것을 말하려고 했다는 것이다. 즉 마태가 네 명의 여인을 족보에 넣은 강조점은 원래 남자를 알지 못하는 처녀인 마리아가 혼전 임신한 것은 상기의 부정(不淨)하고 부정(不貞)한 네 명의 여인과는 달리 깨끗하다는 것으로 마리아를 변호해 주기 위하여 이런 네 명의 여자들을 선택했다는 것이다.

이에 대해 H. C. 웨첸의 《마태복음 연구 사람됨의 기원과 운명》이라는 책에[26] 설명되어 있다.

---

26) H. C. 웨첸 저/강요섭 옮김, 《마태복음 연구 사람됨의 기원과 운명》 (서울: 대한기독교출판사, 1994), p. 55.

또 마태 저자는 예수의 기원을 이렇게 성령의 창조적 활동에 의해서 이루어진 신적 기원으로 묘사하고 있다. 마리아는 남편을 가지지 않았다. 단지 요셉과 약혼했을 뿐이다. 그런데 요셉은 "마리아가 아들을 낳을 때까지 그녀를 알지 않았다." 마리아가 임신하여 아이를 낳을 아무 방도가 없었다. 그녀가 임신한 것은 성령 창조의 직접적 행위에 의하여 된 것이다.

16절과 18절에서 마리아라는 여인과 연결되어 있다. 다른 네 여인들처럼(다말, 라합, 룻, 우리야의 아내) 마리아는 이스라엘 역사 속에서 또 하나의 변칙을 상징한다. 마태복음의 구문 자체가 보여 주는 차이점들로 미루어 보아 마리아의 임신은 전체 족보의 비정상성을 암시하고 있다. 마리아에 앞선 네 여인들은 'εκ'(~로부터)라는 목적 전치사로 되어 있다. "…… 살몬은 라합에게서 보아스를 낳고 보아스는 룻에게서 오벳을 낳고…… 다윗은 우리야의 아내에게서 솔로몬을 낳고"의 식으로 서술하였다. 이와는 달리 요셉은 마리아로부터 예수를 낳은 것이라고 서술되어 있지 않다.[27]

또 다른 학자의 글을 소개하겠다.

그것은 룻기가 '룻'이라는 이방 여인을 그토록 위대한 인물로 묘사는 하였지만, 그 책 끝에 덧붙여진 족보에서는 '룻'이라는 이름이 빠져 있다는 점[28]에서도 (감히?) 다말, 라합, 룻, 그리고 우리야의 아내인 밧세바와 같은 여인들이 들어오게 된 데에는 마태복음 기자의 신학적 의도가 게재되어 있었으리라는 것이 오랫동안 학자들 간에 추측되어 왔었다. 그러므로 이러한 상황을 고려하지 않은 채, 이 "마태복음 1장의 족보를 가볍게 일축해 버리는 태도는 경솔한 것"[29]이라고 하겠으며, 일

---

27) Ibid., p. 53.
28) 김이곤, 룻기의 구원사적 맥락, 〈신학사상〉, 51 (1985, 겨울), p. 787.
29) W. F. Albright & C. S. Mann, *Matthew, The Anchor Bible* (New York: Doubleday

반적으로 마태복음 1장의 메시아 족보 속에 등장하는 이 네 여인은 모두 나름대로의 스캔들을 지니고 있었기 때문에 '사라'니 '리브가'니 하는 선조 할머니들도 등장하지 못하는 그 자리에, 시아버지의 씨를 잉태했던 이방 여인 다말, 기생 신분의 이방 여인 라합, 이방 여인 룻, 그리고 이방인 헷 장수 우리야의 아내이면서 다윗의 첩이 되었던 밧세바 같은 여인 등이 감히 거기에 들어올 수 있었다는 것은 이 족보를 구상했던 자의 신학적 의도의 한 창작으로 오랫동안 인식되어 왔다.

그런 점에서 볼 때 대체로 이 네 여인이 여기서는 철저히 동정녀 마리아의 선주자(forerunner)들로 간주되었던 것임이 분명하다고 하겠다.[30]

즉 이스라엘의 하나님 야훼는 무한한 능력과 모든 것을 초월하는 깊이의 사랑을 가졌기 때문에 이러한 여인들을 통하여서도(!) 다윗과 솔로몬 그리고 여러 열왕들(마 1:6-7)이 태어나도록 하였듯이, 따라서 메시아 예수도 역시 하나님의 이러한 권능과 사랑의 한 결과로 온 것이지 결코 단순히 요셉의 혈육적 아들만은 아니라는 것,[31] 오히려 하나님은 이 예수를 신정적 왕조(theocratic monarchy)의 계승자로 세운 것이라는 점을 알려 주려는 의미가 있었다고 하겠다.[32]

3) 그러므로 마태복음 1장은 마리아의 처녀 잉태를 변호하면서 마리아가 주인공이 되어 있는 장이다.

마태복음 1장을 보통 예수님의 족보 장이라고 한다. 그러나 자세

& Company, 1971, 1978), p. 6.

30) W. C. Allen, *A Critical and Exegetical Commentary on Gospel According to St. Matthew, ICC* (Edinburgh: T. & T. Clark, 1907, 1965), p. 2: Albright & Mann, op. cit. p. 6.

31) 김이곤, 《구약성서의 고난신학》(서울: 한국신학연구소, 1991), p. 419-420.

32) S. E. Johnson, I. B. op. cit., p. 252

히 연구해 보면 그 예수님의 족보를 쓴 동기가 있다. 성서 기자는 의로운 남편 요셉(마 1:19 - "그 남편 요셉은 의로운 사람이라")보다 더 의로운 자가 마리아라는 사실을 강조하고 있다. 왜냐하면 남편 요셉의 이름보다 아내 마리아의 이름의 차서(次序)가 세 번 바뀌고 있기 때문이다.

지금으로부터 2천 년 전 가족 중 이름을 써내려갈 때 항상 남편의 이름을 서열상 먼저 쓰고 다음에 부인의 이름을 써내려가는 것이 사회 통념상 지켜진 질서였다. 그런데 신약을 여는 마태복음 1장에서 남편과 장차 아내 될 사람의 이름의 차서가 바뀌어 있다는 것은 하나의 획기적인 것이다.

(1) 마태복음 1장 예수의 족보에서 마리아와 요셉의 이름의 차서가 바뀐 경우를 살펴보면 다음과 같다.

① 예수의 족보에서 다음의 네 명의 여자들은 여자의 이름이 남편 뒤에 나오고 있다.

다말(마 1:3): "유다는 다말에게서 베레스와 세라를 낳고"/'εκ'(~로부터)

라합(마 1:5): "살몬은 라합에게서 보아스를 낳고"/'εκ'(~로부터)

룻(마 1:5): "보아스는 룻에게서 오벳을 낳고"/'εκ'(~로부터)

우리야의 아내(마 1:6): "다윗은 우리야의 아내에게서 솔로몬을 낳고."

② 여자인 마리아는 남편 요셉의 이름 앞에 나온다(마 1:16): "야곱은 마리아의 남편 요셉을 낳았으니 마리아에게서……."

마태 기자는 '야곱은 요셉을 낳고'라고 기록할 수 있음에도 불구하고 "야곱은 마리아의 남편 요셉을 낳았으니"라고 의도적으로 요셉의 아내인 마리아를 남편 이름 앞에 먼저 기록하였다. 마태복음

1장 18절과 마태복음 1장 19절도 이하동문이다.

> "예수 그리스도의 나심은 이러하니라 그 모친 마리아가 요셉과 정혼하고 동거하기……"(마 1:18).
> "그 남편 요셉은 의로운 사람이라……"(마 1:19).

(2) 신약에서 남편과 부인의 차서가 바뀐 경우가 또 있다. 사도행전 18장에서 브리스길라와 아굴라가 바뀌었다.

① 사도행전 18장 2절에 "아굴라라 하는 본도에서 난 유대인 하나를 만나니 글라우디오가 모든 유대인을 명하여 로마에서 떠나라 한 고로 그가 그 아내 브리스길라와 함께 이달리야로부터 새로 온 지라 바울이 그들에게 가매"라고 남편의 이름이 먼저 나온다.

② 그러나 사도행전 18장 18절에서 부인인 브리스길라를 먼저 기록하고 다음에 남편인 아굴라를 기록하고 있기도 한다.

> "바울은 더 여러 날 유하다가 형제들을 작별하고 배 타고 수리아로 떠나갈새 브리스길라와 아굴라도 함께 하더라 바울이 일찍 서원이 있으므로 겐그레아에서 머리를 깎았더라."

③ 사도행전 18장 26절에서도 부인인 브리스길라를 먼저 기록하고 있다.

> "그가 회당에서 담대히 말하기를 시작하거늘 브리스길라와 아굴라가 듣고 데려다가 하나님의 도를 더 자세히 풀어 이르더라."

이렇게 두 곳에서 부부의 이름의 차서가 바뀌고 있다. 이렇게 이름이 바뀐 이유는 의도적으로 차서의 앞에 놓인 인물을 강조하기 위함이다. 즉 본문에서 마태 기자는 예수의 족보 중 예수의 아버지인 요셉이 아니라 마리아를 강조하고 있다. 성서 기자는 '의로운 남편 요셉'(마 1:19)보다 더 의로운 자가 마리아라는 사실을 강조하기 위한 것이다.

(3) 그러면 당시 사회의 통념을 깨고 처녀 마리아를 이렇게 파격적으로 우대하고 있는 이유가 무엇인가? 마태는 여기에 대한 분명하고도 확신에 찬 구약 이해를 갖고 있다. 마태는 유대인의 전통과 구약에 명시되어 있는 확실한 예언 구절의 성취를 믿고 있다. 창세기 3장 15절에 "내가 너로 여자와 원수가 되게 하고 너의 후손도 여자의 후손과 원수가 되게 하리니 여자의 후손은 네 머리를 상하게 할 것이요 너는 그의 발꿈치를 상하게 할 것이니라 하시고"라고 기록되어 있다. 창세기 3장 15절 "여인의 후손의 일차적인 의미는 장차 동정녀(童貞女)의 몸에서 탄생하실 인류의 구속자 '예수 그리스도'를 가리킨다."[33] 또 이사야 7장 14절에 "그러므로 주께서 친히 징조로 너희에게 주실 것이라 보라 처녀가 잉태하여 아들을 낳을 것이요 그 이름을 임마누엘이라 하리라"고 기록했는데, 여기에서 처녀라는 말로 '베툴라'를 사용하지 않고 '알마'(젊은 여인 등)를 사용한 것 때문에 문제를 제시하고 있다.

> "그 처녀"라는 표현은 이사야 7장 14절의 70인역(LXX)에 의거한 것이다. 그러나 히브리어 원문은 그러한 정관사를 붙이고 있지 않다. 그리고 그 말은 반드시 '처녀'를 지칭하는 전문용어가 아니다. 히브리어 원문은 처녀를 의미하는 'bethulah'라는 말을 쓰지 않고 'almah'라는 말을 쓰고 있는데 그 뜻은 젊

33) 제자원, 《그랜드 종합주석 1, 성경총론 성경교리 창세기》(서울: 성서교재간행사, 1991), p. 360.

은 여인이라는 뜻이다.[34)]

그러나 '알마'를 처녀로 해석하는 근거는 ① 구약성경 전체에서 '알마'가 단수 형태로 모두 7회 사용되었는데 그중에 처녀성을 상실한 여인을 가리키는 경우는 단 한 번도 없었다는 점이다. ② '알마'와 같은 어근을 갖는 남성명사 '알람'이 구약성경에 두 번 사용되었는데 모두 미혼 남자를 가리키는 말로 쓰였다는 점이다.[35)]

이런 문제점을 들어 알마를 처녀로 해석하여 과연 하나님의 아들인 메시아가 탄생하셨는데 성경말씀대로 처녀인 마리아에게서 출생하게 됨을 확신하고 이 예언 구절의 성취를 증명하기 위하여 마태는 마태복음 1장에서 예수의 족보로 문을 연 것이다.

(4) 마태복음 1장에서 마리아와 요셉 이름을 사용한 빈도수를 보면 다음과 같다.

• 마리아

① 고유명사: 3회를 기록했다.[36)]

② 인칭대명사: 1회(마 1:19- "그 남편 요셉은 의로운 사람이라"), '그'는 (헬)αὐτός (저를)her

③ 구약 인용: 1회("보라 처녀가 잉태하여 아들을 낳을 것이요.")

• 요셉

① 고유명사: 5회 나온다.[37)]

---

34) H C. 웨첸 저/강요셉 옮김, 《마태복음 연구 사람됨의 기원과 운명》 (서울: 대한기독교출판사, 1994), p. 60.

35) 제자원, 《그랜드 종합주석 9권, 잠언 전도서 아가 이사야》 (서울: 성서교재간행사, 1994), p. 716.

36) 마 1:16, 18, 20

37) 마 1:16, 18, 19, 20, 24

4) 예수가 메시아이심을 강조하고 있다.

예수 그리스도를 다윗의 후손이라고 마태는 9회[38]기록했다.

그리스도는 다윗의 후손으로 오기 때문에 마태 기자는 마태복음에서 9회씩이나 예수를 다윗의 자손으로 호칭하고 있다. 그리스도는 일생을 통해서 걸인 혹은 소경에게(마 9:27, 20:30) 혹은 군중에게(마 12:23 눈멀고 벙어리 된 자 고쳐 줌) 혹은 이방인에게(마 15:22) 혹은 예루살렘 성민에게(마 21:9 예루살렘 입성 시 호산나 다윗의 자손) 이렇게 "다윗의 자손"이라고 반복하여 불리었다.

◆ 결론

마태 기자는 하나님의 아들 예수 그리스도의 족보에 기록될 인물들을 계보(系譜)대로 아무렇게나 기록한 것이 아니라 분명한 신학을 갖고 기록하였다. 하나님의 아들 예수 그리스도의 족보에 기록되는 영광을 아무렇게나 선정한 것이 아니라는 것이다. 영광이 될 인물들을 선정한 것이다. 오직 직계만이 기록되는 메시아의 족보 속에 파격적인 것은 예상 외의 인물들이 속해 있기 때문이다.

방계인 세라가 기록된 것은 자기에게 주어진 삶을 하나님의 주권하에 이루어진 일로 받아들여 형이 아우로 바뀐 삶을 수용한 의로움 때문이다. 밧세바의 남편 우리야는 충성스런 신하요 군인으로 그의 부인 밧세바보다 한결 더 의로웠기 때문이다. 비록 부정(不淨)한 두 명(다말, 라합)의 여인들이지만 올바르게 살아가며 신앙을 지킨 이방 여자들조차도 하나님 앞에 그들의 의가 인정되어 메시아의 족보에 영광스럽게 등재되었다는 것이다.

---

38) 마 1:1, 20, 9:27, 12:23, 15:22, 20:30, 31, 21:9, 15

또 유대 역사에 20명의 왕 가운데 가장 악독한 왕인 므낫세가 등재된 것은 자기의 우상숭배 등 잘못을 깨닫고 하나님께로 돌이켰다는 사실 때문이다.

그러나 하나님 앞에 아무리 직계이더라도 말씀에 불순종을 하면 족보에 등재하지 아니했다.

이 뜻은 우리가 하나님의 자녀요 하나님의 나라 백성들이라는 의미이다. 그 자격은 외형적인 것이나 당연함보다도 자기의 잘못을 시인하고 돌이키는 자, 어려운 환경 속에서도 하나님의 뜻을 따라 의롭게 살아가는 자에게 그 자격이 주어지며, 그 영광의 자리에 서게 된다는 것이다.

1. 성경은 하나님의 약속인 씨가 구원사를 어떻게 이루어나가는가를 밝히면서, 하나님의 약속은 반드시 어떠한 경로를 통해서든 성취된다는 것을 보여 준다.

2. 그 하나님의 약속이 다윗의 씨를 통해 이루어질 때 왕통으로 이어지지만, 부정한 이방인 여인들을 통해서도 이루어졌다면, 끝내 구원사의 그 씨가 이스라엘의 정결한 처녀인 동정녀 마리아를 통하여 여인의 후손인 메시아가 출생한 것은 당연하다는 것이다.

제2장

씨 뿌리는 자의 비유에서 마태와 마가의 수확 비율 순서 배열의 차이에 관한 연구

(마 13:1-9; 막 4:1-9)

(1)그날에 예수께서 집에서 나가사 바닷가에 앉으시매 (2)큰 무리가 그에게로 모여들거늘 예수께서 배에 올라가 앉으시고 온 무리는 해변에 섰더니 (3)예수께서 비유로 여러 가지를 저희에게 말씀하여 가라사대 씨를 뿌리는 자가 뿌리러 나가서 (4)뿌릴새 더러는 길가에 떨어지매 새들이 와서 먹어버렸고 (5)더러는 흙이 얇은 돌밭에 떨어지매 흙이 깊지 아니하므로 곧 싹이 나오나 (6) 해가 돋은 후에 타져서 뿌리가 없으므로 말랐고 (7)더러는 가시떨기 위에 떨어지매 가시가 자라서 기운을 막았고 (8)더러는 좋은 땅에 떨어지매 혹 백 배, 혹 육십 배, 혹 삼십 배의 결실을 하였느니라 (9)귀 있는 자는 들으라 하시니라(마 13:1-9).

(1)예수께서 다시 바닷가에서 가르치시니 큰 무리가 모여들거늘 예수께서 배에 올라 바다에 떠 앉으시고 온 무리는 바다 곁 육지에 있더라 (2)이에 예수께서 여러 가지를 비유로 가르치시니 그 가르치시는 중에 저희에게 이르시되 (3)들으라 씨를 뿌리는 자가 뿌리러 나가서 (4)뿌릴새 더러는 길 가에 떨어지매 새들이 와서 먹어 버렸고 (5)더러는 흙이 얇은 돌밭에 떨어지매 흙이 깊지 아니하므로 곧 싹이 나오나 (6)해가 돋은 후에 타져서 뿌리가 없으므로 말랐고 (7)더러는 가시떨기에 떨어지매 가시가 자라 기운을 막으므로 결실치 못하였고 (8)더러는 좋은 땅에 떨어지매 자라 무성하여 결실하였으니 삼십 배와 육십 배와 백 배가 되었느니라 하시고 (9)또 이르시되 들을 귀 있는 자는 들으라 하시니라(막 4:1-9).

씨 뿌리는 자의 비유가 마태복음 13장 1-23절, 마가복음 4장 1-20절, 누가복음 8장 4-8절, 외경 도마 말씀 9절에 기록되어 있는데, 재미있는 것은 네 개의 기록문서 가운데 좋은 땅에 떨어진 결실의 결과 수확량의 숫자 순서 배열이 다 각기 다르다는 것이다. 마태는 백 배-육십 배-삼십 배, 마가는 삼십 배-육십 배-백 배, 누가는 백 배, 도마는 육십 배-백 배-이백 배라고 수확의 비율의 순서를 서로 다르게 쓰고 있다. 이 네 개의 문서가 각기 다르게 숫자 배열을 하고 있는 것에 대한 의문에서부터 본 연구는 시작된다.

> "예수가 말했다. 보라 씨 뿌리는 자가 나갔다. 그는 (씨들을) 그의 손에 가득 채웠고 뿌렸다. 어떤 것들은 길 위에 떨어졌다. 새들이 와서 그것들을 쪼아 먹었다. 어떤 것들은 바위 위에 떨어졌다. 그것들은 땅속에 뿌리를 내릴 수가 없었고 하늘을 향하여 이삭들을 내지 못하였다. 어떤 것들은 가시덤불 가운데 떨어졌다. 가시덤불이 저들을 질식시켰고 벌레가 그것들을 먹어 치웠다. 그러나 어떤 것들은 좋은 땅에 떨어졌다. 그것은 좋은 열매를 내었다. 그것은 60배, 100배, 200배의 열매를 맺었다"(도마복음말씀 9).[39]

그러면 왜 마태는 하향식으로 백 배, 육십 배, 삼십 배라고 기록하고 마가는 상향식으로 삼십 배, 육십 배, 백 배라고 기록했는가 하는 의문을 갖게 된다.

구약성경을 기록했던 히브리인들은 상당수가 기록의 방법을 거의 통일성 있게 기록했음을 볼 수 있다. 즉 두 개 이상의 수(數)를

39) 도마복음은 나그 하마디(Nag Hammadi) 도서관에서 발견된 콥틱어 도마복음의 단편은 1897년에 영국 학자 그렌펠과 헌트에 의해 이집트 카이로 남쪽 100마일 정도 떨어져 있는 옥시린쿠스(Oxyrhynchus)라 불리는 곳에서 발굴되었고, 1945년에 이집트의 나그 하마디(Nag Hammadi)에서 완벽한 번역본이 발견되었다.

정렬(整列)할 때의 방법은 큰 수가 앞에 나오고 작은 수가 뒤에 나오도록 정렬했다. 특히 히브리인들이 두 개 이상의 동종(同種)의 물량을 숫자로 정렬할 때는 관행적(慣行的)으로 거의 이런 원칙에 따라 사용한 용례(用例)들을 발견할 수 있다. 구약뿐만 아니라 신약에서도 이런 용례가 나타난다. 이렇게 큰 수부터 시작하여 작은 수로 하향(下向)식으로 정렬해 간 용례를 찾아보면 다음과 같다.

1. 성경에서 큰 수를 앞에, 작은 수를 뒤에 놓은 용례

1) 구약성경에서 사용한 용례

(1) 군대의 조직을 말할 때 큰 숫자부터 시작하여 작은 숫자로 하향식으로 말한다.

> "그대는 또 온 백성 가운데서 재덕이 겸전한 자 곧 하나님을 두려워하며 진실무망하며 불의한 이를 미워하는 자를 빼서 백성 위에 세워 천부장과 백부장과 오십부장과 십부장을 삼아"(출 18:21).
>
> "이스라엘 무리 중에서 재덕이 겸전한 자를 빼서 그들로 백성의 두목 곧 천부장과 백부장과 오십부장과 십부장을 삼으매"(출 18:25).
>
> "천부장과 백부장들이 여호와께 드린 거제의 금의 도합이 일만 육천칠백오십 세겔이니"(민 31:52).
>
> "내가 너희 지파의 두령으로 지혜가 있는 유명한 자들을 취하여 너희의 어른을 삼되 곧 각 지파를 따라 천부장과 백부장과 오십부장과 십부장과 패장을 삼고"(신 1:15).

(2) 짐승의 수를 말할 때이다.

"암염소가 이백이요 숫염소가 이십이요 암양이 이백이요 숫양이 이십이요 젖 나는 약대 삼십과 그 새끼요 암소가 사십이요 황소가 열이요 암나귀가 이십이요 그 새끼 나귀가 열이라"(창 32:14-15).

"그 소유물은 양이 칠천이요 약대가 삼천이요 소가 오백 겨리요 암 나귀가 오백이며 종도 많이 있었으니 이 사람은 동방 사람 중에 가장 큰 자라"(욥 1:3).

(3) 향품을 셀 때이다.

"너는 상등 향품을 취하되 액체 몰약 오백 세겔과 그 반수의 향기로운 육계 이백오십 세겔과 향기로운 창포 이백오십 세겔과"(출 30:23).

2) 신약성경에서 사용한 용례

(1) 마태복음 13장의 씨 뿌리는 자의 비유에서 백 배, 육십 배 삼십 배라고 기록했다.

"더러는 좋은 땅에 떨어지매 혹 백 배, 혹 육십 배, 혹 삼십 배의 결실을 하였느니라"(마 13:8).

"좋은 땅에 뿌리웠다는 것은 말씀을 듣고 깨닫는 자니 결실하여 혹 백 배, 혹 육십 배, 혹 삼십 배가 되느니라 하시더라"(마 13:23).

(2) 마태복음 25장의 달란트의 비유에서도 기록되어 있다(다섯 달란트, 두 달란트, 한 달란트).

"다섯 달란트 받은 자는 바로 가서 그것으로 장사하여 또 다섯 달란트를 남기고 두 달란트를 받은 자도 그같이 하여 또

두 달란트를 남겼으되 한 달란트 받은 자는 가서 땅을 파고 그 주인의 돈을 감추어 두었더니"(마 25:16-18).

(3) 마태복음 14장의 오병이어의 사건이다(동종이 아닌 타종에서도 사용).

"무리를 명하여 잔디 위에 앉히시고 떡 다섯 개와 물고기 두 마리를 가지사 하늘을 우러러 축사하시고 떡을 떼어 제자들에게 주시매 제자들이 무리에게 주니"(마 14:19).

(4) 용서의 장인 마태복음 18장 22절에서이다.

① 헬라어 원전

Λέγει αὐτῷ ὁ Ἰησοῦς· οὐ λέγω σοι ἕως ἑπτάκις, ἀλλὰ ἕως ἑβδομηκοντάκις ἑπτά.

② 개역한글

"예수께서 가라사대 네게 이르노니 일곱 번뿐 아니라 일흔 번씩 일곱 번이라도 할지니라"(마 18:22).

③ 개역개정

"예수께서 이르시되 네게 이르노니 일곱 번뿐 아니라 일곱 번을 일흔 번까지라도 할지니라"(마 18:22).

위의 성경 개역한글판은 "일흔 번씩 일곱 번이라도"로 번역을 했고, 개역개정판은 "일곱 번을 일흔 번까지라도"라고 번역하여 서로

상이(相異)함을 볼 수 있다. 물론 두 번역 성경의 의미야 엎어 치나 메치나 다 같지만 성경을 연구하는 사람들은 이렇게 번역을 하면 연구를 할 수가 없다. 히브리인과 마태의 숫자 정렬 방법대로 따라야 한다고 필자는 주장한다. 따라서 마태가 두 개 이상의 수(數)를 정렬(整列)할 때의 방법은, '개역한글성경'에서 "예수께서 가라사대 네게 이르노니 일곱 번뿐 아니라 일흔 번씩 일곱 번이라도 할지니라"고 한 번역이 저자의 의도를 정확하게 나타냈다고 본다.

3) 기타(구약)

"다윗이 마루턱을 조금 지나니 므비보셋의 사환 시바가 안장 지운 두 나귀에 떡 이백과 건포도 일백 송이와 여름 실과 일백과 포도주 한 가죽 부대를 싣고 다윗을 맞는지라"(삼하 16:1).

"말이 칠백삼십육이요 노새가 이백사십오요"(스 2:66).

"말이 칠백삼십육이요 노새가 이백사십오요"(느 7:68).

"왕은 후비가 칠백 인이요 빈장이 삼백 인이라 왕비들이 왕의 마음을 돌이켰더라"(왕상 11:3).

예외적으로 두 개 이상의 숫자를 작은 수부터 앞에 놓은 경우도 있다.

"이 갓 자손이 군대 장관이 되어 그 작은 자는 일백 인을 관할하고 그 큰 자는 일천 인을 관할하더니"(대상 12:14).

2. 문서의 기록에 왜 차이가 나는가 하는 질문이다.

1) 마태

마태는 두 개 이상의 동종(同種)의 물량을 숫자로 말할 때는 거의 예외 없이 철저하게 유대주의자처럼 구약의 기록 방법인 하향식을 따르고 있다. 심지어 족보에서도 위에서부터 아래로 하향식으로 기록하고 있다.

"이방인 누가가 이방인을 위해 누가복음을 쓴 것처럼, 유대인인 마태가 동족 유대인들을 위해 복음서를 전개하고 있기에 결국 마태복음을 신약세계의 문이라고 보는 것도 우연한 일은 아니다"[40]라고 주장한다면 마태가 족보를 충실하게 하향식으로 기록하고 있는 것은 구약의 전통에서 역대기를 답습한 것 같다. 이것은 히브리인들의 관행적(慣行的)인 표현으로서 구약에 친숙한 히브리인들을 위한 복음인 마태복음은 모두 위에서부터 아래로, 큰 수부터 작은 수로 기록하고 있다.

2) 마가

그러나 이방인을 위한 복음인 마가복음은 씨 뿌리는 자의 비유에서 삼십 배, 육십 배, 백 배라는 상향식으로 기록했다. 마태와 마가는 복음서에서 수의 다수가 나올 때 서로 다른 하향과 상향이라는 방법으로 기록했다. 이유는 마가복음은 이방인 로마인들을 위한 복음으로서 그 독자는 히브리인이 아니며 이방인들이다. 그렇기 때문에 베드로의 통역을 맡았던 마가는 로마의 문화를 알고 로마의 숫자 기록법인 상향식을 적용하여 마가복음을 기록한 것 같다.

> "더러는 좋은 땅에 떨어지매 자라 무성(茂盛)하여 결실하였으니 삼십 배와 육십 배와 백 배가 되었느니라 하시고"(막 4:8).

---

40) 이상훈, 《신약개론》(서울: 기독교방송, 1983), pp. 53-54.

"좋은 땅에 뿌리웠다는 것은 곧 말씀을 듣고 받아 삼십 배와 육십 배와 백 배의 결실을 하는 자니라"(막 4:20).

그러나 예외도 있다.

마가복음 6장 40절 '오병이어 사건'에서 그들을 자리에 앉힐 때에 보면 "떼로 혹 백(ἑκατὸν)씩, 혹 오십(πεντήκοντα)씩 앉은지라"고 되어 있다. 이것은 동종의 숫자이면서 반대로 하향식이다.

3)누가

누가는 족보에서 이방인들이 쉽게 이해할 수 있도록 상향식으로 기록하고 있다. 그리고 마태의 '달란트 비유'를 누가는 '열 므나 비유'(눅 19:11-27)로 기록하면서 열 명에게 모두 한 므나씩 똑같이 분배한 것으로 마태와 다르게 기록하고 있다. 또 탕감 받은 여인의 이야기인 누가복음 7장 41절에서는 "가라사대 빚 주는 사람에게 빚진 자가 둘이 있어 하나는 오백 데나리온을 졌고 하나는 오십 데나리온을 졌는데"라고 하면서 하향식으로 기록하기도 했다.

"더러는 좋은 땅에 떨어지매 나서 백 배의 결실을 하였느니라 이 말씀을 하시고 외치시되 들을 귀 있는 자는 들을지어다"(눅 8:8).

4) 이방인들을 위한 복음서 기자인 마가와 누가가 숫자를 상향식과 하향식으로 혼용해 쓰고 있는 이유가 무엇일까?

그 이유는 이렇게 해석해 본다. '예수의 어록'을 기록하고 있는 저자들은 두 자료들을 인용하며 때에 따라서는 읽는 독자들을 고려하고, 또 그 나라 문화에 맞게 상향식으로 기록하기도 하고 원래대로 하향식으로 놓기도 한 것 같다. 이 문제는 더 연구해 볼 만한 가치가 충분히 있다고 본다.

3. 씨 뿌리는 자의 비유에서 좋은 땅에 떨어진 결과의 숫자를 예수는 원초적으로 어떤 순서로 배열했을까 하는 질문이다

씨 뿌리는 자의 비유 네 개의 문서에 대해 두 가지의 질문이 있다. 하나는 원초적으로 예수가 사용한 숫자의 배열은 과연 무엇일까 하는 의구심이다. 그리고 두 번째는 성서 기자들이 네 개의 문서에서 각각 다른 숫자의 배열을 써야 했던 이유는 무엇인가에 대한 질문이다.

마태복음은 마태가 유대인을 위한 복음서로 기록한 책으로, 이 것을 추론해 보면 이렇다. 예수의 씨 뿌리는 자 비유에서 숫자의 순서 배열은 마가의 문서보다는 마태의 문서 쪽이 더 예수의 원초적인 문서일 것이다. 왜냐하면 예수는 히브리인이기 때문에 상기(上記)에 기록된 숫자에 대한 용례를 큰 수부터 시작하여 하향식으로 말씀했을 것이기 때문이다. 즉 마태가 "더러는 좋은 땅에 떨어지매 혹 백 배, 혹 육십 배, 혹 삼십 배의 결실을 하였느니라"고 한 기록이 원초적이다.

4. 히브리인들이 두 개 이상의 동종의 수를 표현할 때 큰 수를 앞에다 놓은 이유는 무엇일까?

> "하나님이 그들에게 복을 주시며 그들에게 이르시되 생육하고 번성하여 땅에 충만하라, 땅을 정복하라, 바다의 고기와 공중의 새와 땅에 움직이는 모든 생물을 다스리라 하시니라"(창 1:28).

하나님이 인간을 창조하시고 "생육하고 번성하여 땅에 충만하라, 땅을 정복하라"고 말씀하셨기 때문이다. 즉 생육하고 번성하여 충만한 것이 하나님의 뜻을 이루는 것처럼 보인다. 그래서 히브리인들은 큰 수를 먼저 표현하고 있다.

1) 하나님은 수에 관심이 많으셨다.

(1) 야곱의 가족 70명(창 46:27)이 애굽으로 이주할 때, 야곱의 자부들과 손자들과 손부들이 누락되었는데, 430년 만에 출애굽한 장정의 수가 603,550명이고(민 1:46)대략 백성 전체는 200만 명이 된다. 그러나 당시 미약했던 야곱의 가족이 큰 민족을 이룬 것은 하나님을 믿은 아브라함의 후손들에게 하나님이 함께하신 증거이며 "생육하고 번성하여 땅에 충만하라, 땅을 정복하라"는 말씀의 성취인 것이다. 히브리인들의 인구 증가는 말더스(Malthus, 1766-1834)의 과학적 인구 증가 이론과도 조화를 이룬다. 즉 그는 피임이나 전쟁 같은 요인이 없다면 매 25년마다 인구는 2배로 증가한다고 주장했다.[41] 이러한 말더스의 방법에 의하여 70명이 25년 후에 2배로 증가하여 400년의 세월이 지난 시간으로 계산할 때 2,293,760명이며 425년이면 4,587,520명이다. 그러나 애굽의 바로 왕의 히브인들의 인구 억제정책(출 1:22) 때문에 40년 이상은 인구 증가에 많은 영향을 주었으리라 추정한다.

(2) 민수기를 쓴 목적을 살펴보면 이렇다. 민수기 1장 1-2절(광야 행군 및 군대조직 편성)과 26장 1-2절(군대조직 재편성 및 가나안 땅 기업 분배)는 광야에서 두 번이나 인구 조사의 명령과 수행을

41) 제자원, 《그랜드 종합주석 3권 민수기 신명기》(서울: 성서교재간행사, 1991), pp. 29-30.

기록하고 있다. 이것은 하나님이 수에 대해 관심이 많으시다는 증거이다. 출애굽을 한 세대 20세 이상 603,550(민 1:46)명이 광야생활 38년 동안 거의 다 죽고 다시 태어난 2세대의 20세 이상을 총 계수할 때 601,730명(민 26:51) 즉 1,820명이 줄었다. 즉 출애굽 1세대들은 하나님의 저주로 광야에서 거의 다 죽고 출애굽 2세대의 생존자 수와 비슷한 것은 하나님이 이스라엘을 축복하셨음을 보여 주고 있다.

(3) 창세기 기자가 기록한 방법을 하나 더 예증(例證)하면 다음과 같다.

> "(14)아비멜렉이 양과 소와 노비를 취하여 아브라함에게 주고 그 아내 사라도 그에게 돌려보내고 (15)아브라함에게 이르되 내 땅이 네 앞에 있으니 너 보기에 좋은 대로 거하라 하고 (16)사라에게 이르되 내가 은 천 개를 네 오라비에게 주어서 그것으로 너와 함께한 여러 사람 앞에서 네 수치를 풀게 하였노니 네 일이 다 선히 해결되었느니라 (17)아브라함이 하나님께 기도하매 하나님이 아비멜렉과 그 아내와 여종을 치료하사 생산케 하셨으니"(창 20:14-17).

그랄은 블레셋 나라이다. 그랄의 왕은 아비멜렉이다. 창세기 기자는 성경을 기록하면서 신학 내지 철학 또는 별도의 기록 방법이 있었다. 의도적으로 기록상 둘 내지 셋 이상을 기록할 때는 정확하게 의도를 가지고 차서를 구별하여 기록했다.

아브라함이 사라가 너무 예쁘므로 이복누이인 사라를 처(妻)라고 말하지 않고 자기 목숨을 위하여 누이라 했으므로 아비멜렉이 취하였다가 하나님이 꿈에 현몽하여 책망하시므로 아브라함을 불러서 사라를 되돌려보낼 때의 성경의 기록을 살펴보면 이렇게 표현되어 있다. "아비멜렉이 양과 소와 노비를 취하여 아브라함에게 주고 그 아내 사라도 그에게 돌려보내고"(창 20:14). 이때 왜 아비멜렉은 아브라함에게 사라부터 먼저 주고 그 다음에 짐승인 큰 것부터 노비, 소, 양의 순서로 주지 않고 왜 낮은 것부터 시작하여 주었을까? 아비멜렉은 아브라함에게 짐승인 양과 소와 노비를 먼저 취하여 주고 사라를 맨 나중에 돌려보냈다. 이방인인 아비멜렉은 가장 작거나 약하거나 시원찮은 것부터 주었다. 이렇게 인간은 가장 작거나 약하거나 시원찮은 것부터 숫자를 세기 시작하여 점점 많거나 크거나 강한 것으로 숫자를 세어가고 있다. 인간은 이런 방법으로 숫자를 셈하기 시작한다. 그러나 하나님은 그렇지 않다. 아브라함이 하나님께 기도하매 하나님이 아비멜렉과 그 아내와 여종을 치료하사 생산케 하셨으니"(창 20:17)라고 기록했다. 하나님은 먼저 귀중한 것, 좋은 것, 많은 것, 큰 수부터 세시며 기록하신다. 즉 아브라함이 기도를 했더니 하나님께서 먼저 가정의 대표인 아비멜렉부터 치료하시고 그다음에 그 아내, 그리고 맨 나중에 여종을 치료하셨다. 우선 순위가 남편, 그리고 아내, 다음에 여종 순으로 역사했음을 기록하고 있다.

2) 무자(無子)히 죽으리라.

히브리인에게 있어 다산(多産)은 곧 하나님의 축복이다.

사실 고대 세계에서 다산은 곧 번영의 척도가 되었다(욥 1:2, 42:13).[42] 또한 히브리인에게 있어 다산은 곧 하나님의 축복을 뜻한다(창 1:26-28). 따라서 자식이 없이 죽음을 맞이한다는 것은 하나님의 커다란 저주로 여긴다.[43]

---

42) 제자원, 《그랜드 종합주석 5권. 사무엘상 · 하》(서울: 성서교재간행사, 1992), p. 529.

인간에게 주어진 최초의 축복은 많은 자손을 통해 땅을 다스리고 지배하는 것이었다(창 1:26-28). 따라서 많은 후사를 얻는 것은 하나님의 축복 가운데 최고의 축복으로 여겨졌고(창 35:5; 시 127:3-5; 잠 17:6), 반면 자식이 없는 것은 엄청난 저주로 여겨져 이스라엘 백성 가운데서도 소외되었다. 따라서 자식이 없이 죽는 것은 하나님으로부터 저주 받은 자의 표본으로 간주되었다. 후사가 없이 죽은 형을 위해 동생이 대신하여 대를 이어주는 형사취수제(兄死取嫂制)는 이런 히브리인들의 의식 구조를 잘 반영해 준다 하겠다.[44]

> "(3)자식은 여호와의 주신 기업이요 태의 열매는 그의 상급(賞給)이로다 (4)젊은 자의 자식은 장사의 수중의 화살 같으니 (5)이것이 그 전통(箭筒)에 가득한 자는 복되도다 저희가 성문에서 그 원수와 말할 때에 수치를 당치 아니하리로다"(시 127:3-5).

이와 마찬가지로 짐승의 수가 많은 것, 재화가 많은 것을 하나님의 축복으로 여겼다고 볼 수 있다.

◆ 연구의 과제

문제는 성서 기자들이 각기 네 개의 문서(마태복음, 마가복음, 누가복음, 도마)에서 각각 다른 숫자의 순서 배열을 써야 했던 이유는 무엇인가에 대한 질문이다.

---

43) 《큰 글자 라이프 성경》(기독지혜사, 1997), p. 178, 레 20:20 밑 해석.
44) 제자원, 《그랜드 종합주석 2권 출애굽기 레위기》(서울: 성서교재간행사, 1991), p. 756, 레 20:20 주석.

1. 마태는 유대인을 위한 복음서를 기록하면서 유대인의 숫자 순서 배열 표현법인 두 개 이상의 동종(同種)의 물량을 숫자로 사용할 때 사용하는 하향식을 사용했을 것이다.

2. 마가는 이방인인 로마 사람들을 위한 복음서를 기록할 때 히브리 사람들이 아닌 이방 사람들을 위한 배려로 로마 사람들의 문화에 맞는 표현을 사용했을 것이다.

여기서 로마 사람들이 두 개 이상의 동종(同種)의 물량을 숫자로 사용할 때 작은 수부터 시작하여 상향식으로 기록하는지는 또 연구할 문제이다(연구 ①).

3. 누가는 성경의 저자 가운데 유일한 이방인이며 안디옥(Antioch)에 거주하던 헬라인 의사였다.[45] 그렇기 때문에 그는 자연적으로 이방인을 위한 복음서인 누가복음을 집필할 때 이방인 독자를 위해 이방인들이 사용하는 언어를 사용했다. 누가는 성경에 화폐의 이름을 말할 때도 그 수신자의 나라에서 사용하는 현 화폐의 이름을 그대로 사용해 주고 있다. 누가복음 21장 2절의 '렙돈'과 누가복음 15장 8절의 '드라크마'는 헬라 나라의 화폐이다. 이 '드라크마'라는 화폐 용어는 신약성경에서 유일하게 누가복음에만 나오는 헬라 화폐 명칭으로서, 당시 한 드라크마는 로마의 한 데나리온과 같이 노동자의 하루 품삯이었다.[46] 누가는 이방인 독자를 위해 렙돈과 드라크마라는 용어를 선별하여 사용했다.

히브리인들을 위한 마태복음에는 렙돈(Lepton), 고드란트, 드라크마(Drachma)라는 헬라의 화폐 단위가 없다. 단지 이방인들을

45) 제자원, 《그랜드 종합주석 13권 누가복음 요한복음》(서울: 성서교재간행사, 1992), p. 16.
46) Ibid., p. 348.

위한 복음인 마가복음과 누가복음에서만 이 화폐 단위가 사용되는 것을 알 수 있다. 다음 도표는 성경시대에 이스라엘에서 통용되던 헬라의 화폐 종류이다.

〈성경시대에 이스라엘에서 통용되던 헬라의 화폐 종류〉

헬라	렙돈(Lepton)	로마 고드란트의 1/2	막 12:42 눅 21:2
	드라크마(Drachma)	하루 품삯	눅 15:8

누가는 복음서를 기록할 때 굳이 유대인들이 사용하지 않아서 이해가 덜 되는 어려운 표현보다는 백 배라는 비교할 수 없을 만큼 아주 많음의 뜻을 나타내는 용어를 사용했으리라 사료된다(이것도 연구 ②의 대상이다).

4. 도마 복음은 애굽 사람들이 이해가 되고 문화에 맞는 숫자의 표현을 찾았을 것이다. 그러나 조태연 박사의 소논문 〈땅의 애가(哀歌), 땅의 연가(戀歌)〉에서 이집트 등지에서는 보통 일백 배 정도를 산출한다고 밝히고 있어[47] 애굽 사람들에게 백 배는 일상적인 수확이기에 배가 되는 이백 배를 사용했을 것이다. 그러나 성경 어디에도 이백 배라는 숫자의 표현은 없다. 그렇기 때문에 도마는 아마 애굽 사람들의 문화에 가장 잘 맞고 이해되는 표현인 이백 배(혹 이 숫자도 기하학이 발달한 애굽인들은 이백 배가 최대 최고의 수인지 연구③의 대상이다) 수치라는 말을 사용하여 좋은 밭에 대한 애굽인들의 이해를 도왔으리라 생각된다(다른 도마 복음에는 60배, 120배로 되어 있는 책도 있다).

47) Pliny, *Natural History* 18.21.95 (LCL 5:249); Scott, *Hear Then the Parable,* p. 357.

성경 기자는 예수의 가르침인 교훈이나 비유, 경구 등을 기록하면서 원래의 말씀에서 벗어나지 않는 범위에서 그 나라의 문화에 맞고 이해가 되는 숫자 표현의 방법을 택하였다고 본다. 이런 방식으로 기록하다 보니 성서 기자들의 기록들이 서로 다른 것처럼 보이지만 그것이 아니라 문화와 접근하고 접촉된 이해라고 볼 수 있을 것이다.

그러나 두 개 이상의 타종(他種)의 물량을 숫자로 사용할 때는 다르다.

> "그 소유물은 양이 칠천이요 약대가 삼천이요 소가 오백 겨리요 암나귀가 오백이며 종도 많이 있었으니 이 사람은 동방 사람 중에 가장 큰 자라"(욥 1:3).
>
> "유다 왕 히스기야가 수송아지 일천과 양 칠천을 회중에게 주었고 방백들은 수송아지 일천과 양 일만을 회중에게 주었으며 성결케 한 제사장도 많았는지라"(대하 30:24).

(다른 종류일 때는 그 종자 간을 비교하여 큰 것이 숫자가 적어도 먼저 앞에 있게 기록하였다).

그 이유에 대해서도 연구의 대상이다(연구 ④). 혹 부정적인 이유를 밝힐 때이든지, 두 그룹의 사람의 수를 계수할 때 큰 수가 먼저 나오는가, 작은 수가 먼저 나오는가에 대한 것은 연구할 과제이다.

◆ 결론

성서 기자는 각 복음서를 기록할 때 분명한 목적의식을 가지고 집필했다. 또한 복음서를 읽을 대상자들인 수신자까지 고려하여 집필한 것이다. 그렇기 때문에 성경을 읽는 독자들은 성서 기자의 집필 의도를 먼저 알아야 하고, 그 시대의 배경이나 상황과 문화와 관습 등이 이해되지 않으면 성서 기자가 성서를 통해 말하려고 했던 의도를 잃어버리게 된다.

마태는 유대인으로서 유대인을 위하여 마태복음을 집필했고, 마가는 유대인이지만 로마에 살고 있는 기독교인들을 위하여 마가복음을 집필했다. 그렇기 때문에 마태는 구약성경의 사상에 젖어 있는 유대인들의 관습 또는 관행에 따라 마태복음을 집필하면서 자연스럽게 구약성경에서 여러 개의 숫자를 셀 때에 사용하던 방법대로 먼저 큰 수부터 세고 작은 수로 하향식으로 세어나가는 유대인의 관행을 따랐다. 그리하여 유대인들이 마태복음서를 읽을 때 아무 거부감 없이 읽도록 했다. 또한 마가는 똑같은 예수님의 말씀을 그 독자요 수신자들인 로마인들의 관습에 따라 숫자를 세어나갈 때는 작은 수부터 시작하여 상향식으로 기록한 것이다.

그러면 왜 유대인들과 이방인들의 숫자를 세는 방법에 차이가 있는가? 유대인들의 사유는 구약성경과 하나님과 밀접한 관계 속에서 영향을 받았기 때문에 성경의 원리가 그대로 적용되어서 삶 속에 묻어나는 것이다. 그래서 하나님은 먼저 귀중한 것, 좋은 것, 많은 것, 큰 수부터 세시며, 하나님이 함께하시면 모든 것은 형통하고 승리와 번영을 이룬다는 것, 그리고 첫 것에 대한 축복과 사람의 이름도 차서를 바꾸어 놓으므로 첫째 자리가 선하다는 원리가 성서 기자의 집필에 그대로 반영된 것이다.

그렇기 때문에 성경을 읽는 독자들은 먼저 그 시대의 배경과 상황 그리고 문화, 관습 등을 이해하여 성서 기자가 원래 말하려고 했던 의도를 깨닫고 진리를 발견하려는 노력이 필요하다고 천명(闡明)하는 바이다.

제3장

일곱 제자의 명단에 없는 가룟 유다 이름

(요한복음에서)

시몬 베드로와 디두모라 하는 도마와 갈릴리 가나 사람 나다나엘과 세베대의 아들들과 또 다른 제자 둘이 함께 있더니(요 21:2).

(21)예수께서 이 말씀을 하시고 심령에 민망하여 증거하여 가라사대 내가 진실로 진실로 너희에게 이르노니 너희 중 하나가 나를 팔리라 하시니 (22)제자들이 서로 보며 뉘게 대하여 말씀하시는지 의심하더라 (23)예수의 제자 중 하나 곧 그의 사랑하시는 자가 예수의 품에 의지하여 누웠는지라 (24)시몬 베드로가 머릿짓을 하여 말하되 말씀하신 자가 누구인지 말하라 한대 (25)그가 예수의 가슴에 그대로 의지하여 말하되 주여 누구오니이까 (26)예수께서 대답하시되 내가 한 조각을 찍어다가 주는 자가 그니라 하시고 곧 한 조각을 찍으셔다가 가룟 시몬의 아들 유다를 주시니 (27)조각을 받은 후 곧 사단이 그 속에 들어간지라 이에 예수께서 유다에게 이르시되 네 하는 일을 속히 하라 하시니 (28)이 말씀을 무슨 뜻으로 하셨는지 그 앉은 자 중에 아는 이가 없고 (29)어떤 이들은 유다가 돈궤를 맡았으므로 명절에 우리의 쓸 물건을 사라 하시는지 혹 가난한 자들에게 무엇을 주라 하시는 줄로 생각하더라 (30)유다가 그 조각을 받고 곧 나가니 밤이러라(요 13:21-30).

가룟 유다는 요한복음에서 다른 제자에 비하여 많이 등장하고 활동을 했다. 그러나 요한복음의 저자 사도 요한은 악역도 배역임에도 불구하고 가룟 유다를 요한복음의 일곱 제자의 명단에서 제외시켰다. 그 이유를 찾아보려고 이 연구를 시작했다. 그는 왜 일곱 제자 명단에 들어가지 못했는가?

공관복음에서는 예수 그리스도의 제자의 수를 공히 모두 열둘이라고 기록하고 있다. 그 명단도 소개하고 있으며 열두 제자 또는 사도(눅 6:13)라고 부르기도 한다. 사복음서에서 열두 제자가 나오는 횟수는 마태복음 7회, 마가복음 10회, 누가복음 7회, 또 요한복음에는 4회가 나온다. 그러나 요한복음에는 열두 제자 명단은 없고 일곱 제자 명단만 나온다. 요한복음에서 그 일곱 제자 이름의 횟수를 조사해 보면 다음과 같다. ① 베드로와 시몬 포함 35회,[48] ② 빌립 12회,[49] ③ 가룟 유다 10회,[50] ④ 도마 8회,[51] ⑤ 나다나엘 6회,[52] ⑥ 사랑하시는 제자 4회,[53] ⑦ 안드레 4회,[54] ⑧ 세베대의 아들 1회,[55] 유다[56] 1회[57]가 나온다.

---

48) 요 1:40, 41(시몬), 42, 44, 6:8, 68, 13:6, 8, 9, 24, 36, 37, 18:10, 11, 15, 16, 17, 18, 25, 26, 27, 20:2, 3, 4, 6, 21:2, 3, 7, 11, 15, 16(시몬), 17, 19, 20, 21

49) 요 1:43, 44, 45, 46, 48, 6:5, 6, 7, 12:21, 22, 14:8, 9

50) 요 6:71, 12:4, 13:2, 26, 27, 29, 30, 18:2, 3, 5

51) 요 11:16, 14:5, 20:24, 25, 26, 27, 28, 21:2

52) 요 1:45, 46, 47, 48, 49, 21:2

53) 요 13:23, 19:26, 21:7, 20

54) 요 1:40, 44, 6:8, 12:22

55) 요 21:20

56) BEC 벧엘 컴퓨터, 《할렐루야 8》, 눅 6:16 참조
마태와 마가는 '다대오'(Thaddaeus)라고 부른다. RSV에는 야고보의 아들 유다(Judas the son of James), KJV에는 야고보의 형제 유다(Judas the brother of James)라고 되어 있다. 공관복음에는 그의 말이나 활동이 기록되어 있지 않다. 다만 요한복음의 최후의 만찬석에서 가룟인 아닌 유다가 예수께 질문한 적이 있는데(요 14:22), 이 제자가 야고보의 아들 유다, 곧 다대오일 가능성이 있을 뿐이다.

이처럼 요한복음에서 가룟 유다는 그의 이름의 횟수가 3위로 많이 등장하는 인물인데, 일곱 제자의 명단에 등재해 주지 않았다. 그러면 왜 요한복음의 저자는 가룟 유다를 제자들이 등장하는 무대에 등장시키고 일곱 제자의 명단에는 등재해 주지 않았는가? 드라마에서도 등장하는 인물들은 악역도 배역이기 때문에 나오는 사람들의 명단에 그 이름이라도 반드시 넣어 준다. 악역을 맡았던 가룟 유다는 공관복음의 명단에는 등재해 주었는데, 왜 요한복음의 저자는 요한복음에서 가룟 유다를 악역으로 배역을 시키고 마지막 나오는 인물에는 아예 제자의 수에 등재해 주지도 않고 제외해 버렸을까 하는 신앙적인 이유를 찾아보는 것이다. 과연 그 이유는 무엇이었을까?

1. 가룟 유다는 예수 그리스도의 제자로서 신앙고백이나 증언이 없다.

필자는 요한복음에 나타난 제자들의 특징 중 가장 두드러진 것은 예수에 대한 신앙고백 및 증언이라고 생각한다. 요한은 이것을 대단히 중시했다. 이런 면에서 요한 사도는 요한복음을 기록하면서 열두 명의 제자들의 이름 중 제한적으로 신앙고백 및 증언을 한 제자 여섯 명만 선택했다(요한복음에는 요한의 형제 야고보는 신앙고백이 없고 그의 이름도 없다. 다만 세베대의 아들들로 복수로 기록했기 때문에 일곱 제자의 명단에 들어감). 그들의 이름은 ① 베드로 ② 도마 ③ 나다나엘 ④⑤ 세베대의 아들들 ⑥ 빌립 ⑦ 안드레이다(요 21:2). 그리고 가룟 유다는 그의 이름이 요한복음에서

57) 요 14:22

10회씩이나 기록되어 있어 당연히 3위의 자리에 올라 있음에도 불구하고 신앙고백이나 그리스도의 증인으로서 타인에게 증언한 사실이 없다.

열두 명의 예수 제자 중 요한복음에서 아홉 명의 제자의 이름은 등재를 했으나 다른 세 명의 제자의 이름은 전혀 언급조차 없다. 뿐만 아니라 공관복음에서 제자 서열(8-12위)은 신앙고백이나 예수에 대한 증언조차 없다. 그리고 일곱 명 제자 명단 중 베드로를 제외한 다섯 명의 신앙고백 및 증언은 요한복음에서만 찾아볼 수 있다. 그렇기 때문에 요한복음에서 전혀 신앙고백이나 증언도 없고 이름도 거론되지 않은 제자의 이름들을 명예스러운 일곱 제자의 명단에 넣을 수는 없었다고 본다.

그리고 요한복음에서 일곱 제자 명단 중 마지막 이름을 밝히지 않은 또 다른 제자 둘은 빌립과 안드레이다. 왜냐하면 빌립과 안드레는 요한복음에서 예수에 대한 증언을 밝히고 있고(요 1:41, 45), 이 둘의 이름은 앞에서 말한 것처럼 빌립의 이름은 12회, 안드레의 이름은 4회나 등장하고 있기 때문에 당연히 또 다른 제자 둘의 이름은 빌립과 안드레이다.

심지어 가룟 유다는 예수를 주라고 호칭하지도 않았다. 그러나 완전한 이방인인 헬라인이요 수로보니게 족속의 여인도 예수를 주(κύριε)로 고백하는데(막 7:28; 마 15:27) "마가복음에서 예수님을 '주'라고 호칭한 사람은 수로보니게 족속의 여인뿐이다. 여기 언급된 '주여'란 단순히 상대방에 대한 존칭이지만 그 이면에는 예수의 절대적인 주권과 능력을 인정하는 참 신앙이 마음에 내포되어 있다"[58]고 한다. 그런데 예수님의 제자인 가룟 유다는 요한복음의

---

58) BEC 벧엘 컴퓨터, 《할렐루야 8》, 막 7:28 주석.

무대에 그렇게 많이(10회) 등장하면서 예수를 주라고 한 번도 고백하지 못했다. 또한 마태복음에서는 가룟 유다가 예수님을 언제나 "랍비여"(마 26:25)라고 호칭했다.

2. 가룟 유다는 탐심과 부정적인 사고의 사람으로 정당한 것도 비평했다

"(1)유월절 엿새 전에 예수께서 베다니에 이르시니 이곳은 예수께서 죽은 자 가운데서 살리신 나사로의 있는 곳이라 (2)거기서 예수를 위하여 잔치할새 마르다는 일을 보고 나사로는 예수와 함께 앉은 자 중에 있더라 (3)마리아는 지극히 비싼 향유 곧 순전한 나드 한 근을 가져다가 예수의 발에 붓고 자기 머리털로 그의 발을 씻으니 향유 냄새가 집에 가득하더라 (4)제자 중 하나로서 예수를 잡아 줄 가룟 유다가 말하되 (5)이 향유를 어찌하여 삼백 데나리온에 팔아 가난한 자들에게 주지 아니하였느냐 하니 (6)이렇게 말함은 가난한 자들을 생각함이 아니요 저는 도적이라 돈궤를 맡고 거기 넣는 것을 훔쳐 감이러라 (7)예수께서 가라사대 저를 가만두어 나의 장사할 날을 위하여 이를 두게 하라 (8)가난한 자들은 항상 너희와 함께 있거니와 나는 항상 있지 아니하리라 하시니라"(요 12:1-8).

유다는 마리아의 봉사를 비평하였으니 그것은 한 영혼이 그리스도와 뜨거운 관계를 맺는 것이 천하보다 귀한 줄 모르는 그릇된 사상이다. 그뿐 아니라 그것은 예수님을 귀한 줄 모르는 그릇된 태도이다. 예수님은 천하의 몇만 배와도 비교할 수 없는 귀하신 분이다. 이와 같이 귀한 예수님을 위하여 천하를 바친들 아까우랴? 그러나 유다는 물질만 귀한 줄 알았으며, 빈민 구제를 구실로 삼아 트집을 잡았다. 다른 제자들이 마리아를 비평한 것(마 26:8; 막 14:4)은 부주의로, 혹은 피동적으로 그렇게 하였던 것이다. 그러나 유다는 이 구절에 나타난 대로 자기 자신의 탐욕을 채우려는 위선자(僞善者)였다. 그러므로 그것은 계획적인 악행이었다. 유다는 이렇게 탐심이 강하였고, 그것 때문에 자기 선생을 파는 무서운 죄악까지 범하였다(눅 22:3-6). 평소에 그의 마음속에 자라나던 죄악(탐심)이 결국 그로 하여금 큰일을 저지르게 만들었다.[59]

3. 가룟 유다는 가장 불명예스러운 이름으로 표현되어 있다

가룟 유다는 악역의 주인공이었다. 성경을 조사해 보면 가룟 유다를 부정적으로 보고 있음을 알 수 있다. 그 내용을 조사해 보면 이렇다. 요한복음에서 예수를 팔아먹을 자 4회,[60] 예수를 잡아 줄 자 1회,[61] 마귀 2회,[62] 사단 1회,[63] 멸망의 자식 1회[64]이다. 긍정적으로 본 것은 돈궤를 맡은 것(요 13:29) 1회뿐이다.

"(4)제자 중 하나로서 예수를 잡아 줄 가룟 유다가 말하되 (5)이 향유를 어찌하여 삼백 데나리온에 팔아 가난한 자들에게 주지 아니하였느냐 하니 (6)이렇게 말함은 가난한 자들을 생각함이 아니요 저는 도적이라 돈궤를 맡고 거기 넣는 것을 훔쳐 감이러라"(요 12:4-6).

---

59) BEC 벧엘 컴퓨터, 《할렐루야 8》, 요 12:5-6 주석.
60) 요 6:71, 13:2 18:2, 5
61) 요 12:4
62) 요 6:70, 13:2
63) 요 13:27
64) 요 17:12

4. 가룟 유다는 마귀가 가장 많이 틈탔다.

1) 가룟 유다는 예수님이 처음 택하실 때부터 마귀로 지목 받았다.

"예수께서 대답하시되 내가 너희 열둘을 택하지 아니하였느냐 그러나 너희 중에 한 사람은 마귀니라 하시니"(요 6:70).

2) 사탄이 가룟 유다에게 예수를 팔 생각을 먼저 갖도록 한 후 곧 그 속에 들어갔다.

"마귀가 벌써 시몬의 아들 가룟 유다의 마음에 예수를 팔려는 생각을 넣었더니"(요 13:2).

"조각을 받은 후 곧 사단이 그 속에 들어간지라 이에 예수께서 유다에게 이르시되 네 하는 일을 속히 하라 하시니"(요 13:27).

베드로도 사탄이 틈을 탔던 제자였다. 그러나 가룟 유다와는 차이가 있었다. 우리는 이 둘의 질적 차이를 뒤에서 자세하게 알게 될 것이다.

"예수께서 돌이키시며 베드로에게 이르시되 사단아 내 뒤로 물러가라 너는 나를 넘어지게 하는 자로다 네가 하나님의 일을 생각지 아니하고 도리어 사람의 일을 생각하는도다 하시고"(마 16:23).

"예수께서 돌이키사 제자들을 보시며 베드로를 꾸짖어 가라사대 사단아 내 뒤로 물러가라 네가 하나님의 일을 생각지 아니하고 도리어 사람의 일을 생각하는도다 하시고"(막 8:33).

"시몬아, 시몬아, 보라 사단이 밀 까부르듯 하려고 너희를 청구하였으나"(눅 22:31).

5. 가룟 유다는 경고를 받아도 회개가 없었다.

예수님이 가룟 유다가 자신을 팔 것에 대해 세 번씩이나 지적하셨음에도 불구하고 유다는 회개가 없었다.

1) 세족식 때 - 1차 경고

"(8)베드로가 가로되 내 발을 절대로 씻기지 못하시리이다 예수께서 대답하시되 내가 너를 씻기지 아니하면 네가 나와 상관이 없느니라 (9)시몬 베드로가 가로되 주여 내 발뿐 아니라 손과 머리도 씻겨 주옵소서 (10)예수께서 가라사대 이미 목욕한 자는 발밖에 씻을 필요가 없느니라 온몸이 깨끗하니라 너희가 깨끗하나 다는 아니니라 하시니"(요 13:8-10).

2) 세족식 후에 - 2차 경고

"(20)내가 진실로 진실로 너희에게 이르노니 나의 보낸 자를 영접하는 자는 나를 영접하는 것이요 나를 영접하는 자는 나를 보내신 이를 영접하는 것이니라 (21)예수께서 이 말씀을 하시고 심령에 민망하여 증거하여 가라사대 내가 진실로 진실로 너희에게 이르노니 너희 중 하나가 나를 팔리라 하시니"(요 13:20-21).

3) 유월절 성만찬 식사 때 - 3차 경고

"(21)저희가 먹을 때에 이르시되 내가 진실로 너희에게 이르노니 너희 중에 한 사람이 나를 팔리라 하시니 (22)저희가 심히 근심하여 각각 여짜오되 주여 내니이까 (23)대답하여 가라사대 나와 함께 그릇에 손을 넣는 그가 나를 팔리라"(마 26:21-23).

가룟 유다는 몇 번의 회개할 기회가 있었음에도 그대로 간과했다. 그는 그 많은 회개의 기회를 잃어버렸다. 그는 예수님이 십자가에 돌아가신 후 그때 회개했어도 늦지 않았다. 그런데 그는 후회만 했지 회개를 하지 않았다. 가룟 유다는 하루아침에 무너지지 않았다. 그는 결국 은 30을 성전에 버리고 목매어 죽었다.

6. 가룟 유다에게는 예수의 중보기도가 없었다

"내가 저희와 함께 있을 때에 내게 주신 아버지의 이름으로 저희를 보전하와 지키었나이다 그중에 하나도 멸망치 않고 오직 멸망의 자식뿐이오니 이는 성경을 응하게 함이니이다"(요 17:12)라고 예수는 대제사장으로서 중보기도를 하셨다. 그러나 예수님은 가룟 유다를 중보기도에서 제외시키셨다. 이 기도는 보통 '대제사장의 기도'라고 불린다.[65)]

그렇다. 예수님은 대제사장으로서 제자들을 위한(요 17:6-19) 중보기도를 하신 것이다. 예수님은 당신이 떠나도 남아 있는 제자들이 하나가 되고 그중에 하나도 멸망되지 않기를 원하는 기도의 말미에 멸망당할 자가 있음을 시사하셨다. "오직 멸망의 자식뿐이오니"라고 기도하시면서 "이는 성경을 응하게 함이니이다"라고 예언하셨다.

그러면 요한복음 17장 12절에 나오는 "오직 멸망의 자식뿐이오니"라는 말씀은 누구를 가리키는 것일까?

이 말씀은 명백히 가룟 유다를 지칭한다. '멸망하다'는 의미

---

65) 이상근, 《요한복음》(서울: 대한예수교장로회총회교육국, 1977), p. 294.

로 사용된 헬라어 '아폴뤼오'는 일반적으로 종말론적인 완전한 파멸 또는 저주를 의미한다(요 3:16; 롬 2:12; 고전 8:11). 데살로니가후서 2장 3절에서 이 단어는 예수 재림 전에 일어나는 불법의 사람 곧 멸망의 아들을 칭할 때 사용되었다. 유다를 '멸망의 자식'이라고 부른 것은 그의 종국적 운명이 멸망에 처하게 되어 있다는 의미보다는 그의 인격 자체가 멸망에 이를 수 밖에 없을 정도로 타락되어 있다는 의미에 가깝다(L. Morris). 유다는 엄연히 자신의 주관적 결정에 따라 멸망의 길을 걸어갔을 뿐이다. 따라서 유다의 반역은 예언을 통해 이미 결정되어 있었기 때문에 유다의 책임이 아니라 하나님의 책임이라고 보는 것은 전혀 타당하지 않다(Calvin).[66]

유다가 멸망의 자식으로 "이는 성경을 응하게 함이니이다"라는 말의 뜻은 - 유다는 자신의 독자적 의사에 따라 행동했지만 결과적으로는 성경의 예언을 성취시켰다. 이 예언된 말씀은 예수께서 직접 인용하신 바 있는(요 13:18) 시편 41편 9절을 가리킨다. 혹자는 시편 55편 12-15절 등의 말씀을 추가하기도 한다(Lenski, C. K. Barrett 등). 또한 이사야 57장 12절과 같은 적그리스도에 대한 예언을 유다에게 적용한다 할지라도 큰 무리는 없을 것이다.[67]

가룟 유다는 낙서장 같은 인생이다. 마치 연습삼아 실컷 낙서해 놓고 끝내가서는 메모지도 되지 못하기 때문에 그냥 불에 태워 내버리는 낙서장 같은 인생이다. 공관복음에서는 열두 명의 제자 명단 중 제일 끝자리에라도 이름을 넣어 주었다. 그러나 요한복음에서는 제자 아홉 명의 이름 중 3위로 이름이 많이 등장하면서도 일곱 명의 제자로 압축하면서 제자의 명단에서 제외된 인물이다.

---

66) BEC 벧엘 컴퓨터, 《할렐루야 8》, 요 17:12 주석.
67) Ibid.

예수 그리스도는 가룟 유다가 하는 일에 대해 제지나 중보기도 없이, 허락 내지 경고만 하신 것이다.

여기 예수님이 가룟 유다와 베드로를 대하는 태도를 비교해 보면 다음과 같다.

• 가룟 유다

① 예수님은 가룟 유다에게 사탄이 들어갔으면 '나가라'고 명령하시지 않고 오히려 유다에게는 "네 하는 일을 속히 하라"고 명령하셨다.

> "조각을 받은 후 곧 사단이 그 속에 들어간지라 이에 예수께서 유다에게 이르시되 네 하는 일을 속히 하라 하시니"(요 13:27).

② 앞에서 지적한 대로 예수님은 가룟 유다에게 중보기도를 해주시지 않았다.

> "예수께서 대답하시되 내가 너희 열둘을 택하지 아니하였느냐 그러나 너희 중에 한 사람은 마귀니라 하시니"(요 6:70).
>
> "예수께서 이 말씀을 하시고 심령에 민망하여 증거하여 가라사대 내가 진실로 진실로 너희에게 이르노니 너희 중 하나가 나를 팔리라 하시니"(요 13:21).
>
> "내가 저희와 함께 있을 때에 내게 주신 아버지의 이름으로 저희를 보전하와 지키었나이다 그중에 하나도 멸망치 않고 오직 멸망의 자식뿐이오니 이는 성경을 응하게 함이니이다"(요 17:12).

예수님은 상기 두 곳에서 가룟 유다를 마귀의 유혹에 넘어갈 자로 지목하시면서도 처음부터 중보기도를 통해서 물리치도록 해주지 않으셨다. 또 가룟 유다가 멸망의 자식인 줄 알고 계셨기 때문인지 중보기도에서 제외시키셨다.

그러나 예수님이 베드로를 대하시는 태도는 달랐다.

• 베드로

① 가이사랴 빌립보에서 베드로가 신앙고백한 후 예수님은 베드로에게 역사하는 사단에게 "사단아 내 뒤로 물러가라"고 명령하여 쫓아내어 주셨다.

> "예수께서 돌이키시며 베드로에게 이르시되 사단아 내 뒤로 물러가라 너는 나를 넘어지게 하는 자로다 네가 하나님의 일을 생각지 아니하고 도리어 사람의 일을 생각하는도다 하시고"(마 16:23).

② 예수님은 최후의 만찬석에서 베드로에게는 중보기도를 해주셨다.

> "(31)시몬아, 시몬아, 보라 사단이 밀 까부르듯 하려고 너희를 청구하였으나 (32)그러나 내가 너를 위하여 네 믿음이 떨어지지 않기를 기도하였노니 너는 돌이킨 후에 네 형제를 굳게 하라"(눅 22:31-32).

이와 같이 예수 그리스도의 중보기도가 있고 없고의 차이로, 두 사람의 운명이 천양지차(天壤之差)로 갈라졌다.

베드로와 가룟 유다 두 제자는 실패한 후 그 실패를 처리하는 방법도 달랐다.

• 베드로

"(74)저가 저주하며 맹세하여 가로되 내가 그 사람을 알지 못하노라 하니 닭이 곧 울더라 (75)이에 베드로가 예수의 말씀에 닭 울기 전에 네가 세 번 나를 부인하리라 하심이 생각나서 밖에 나가서 심히 통곡하니라"(마 26:74-75).

베드로는 닭이 울 때 스스로 깨닫고 회개의 눈물을 흘렸음을 증거해 주고 있다.

• 가룟 유다

"(3)때에 예수를 판 유다가 그의 정죄됨을 보고 스스로 뉘우쳐 그 은 삼십을 대제사장들과 장로들에게 도로 갖다 주며 (4)가로되 내가 무죄한 피를 팔고 죄를 범하였도다 하니 저희가 가로되 그것이 우리에게 무슨 상관이 있느냐 네가 당하라 하거늘 (5)유다가 은을 성소에 던져 넣고 물러가서 스스로 목매어 죽은지라"(마 27:3-5).

그러므로 중보기도는 이렇게 운명을 바꾸어 놓고 갈라놓았다. 이와 같이 지도자의 중보기도는 중요하다. 예를 들어 보면 엘리 제사장이 한나에게 한 중보(축복)기도이다.

"(17)엘리가 대답하여 가로되 평안히 가라 이스라엘의 하나님이 너의 기도하여 구한 것을 허락하시기를 원하노라 (18)가로되 당신의 여종이 당신께 은혜 입기를 원하나이다 하고 가서 먹고 얼굴에 다시는 수색이 없으니라 (19)그들이 아침에 일찍이 일어나 여호와 앞에 경배하고 돌아가서 라마의 자기 집에 이르니라 엘가나가 그 아내 한나와 동침하매 여호와께서 그를 생각하신지라 (20)한나가 잉태하고 때가 이르매 아들을 낳아 사무엘이라 이름하였으니 이는 내가 여호와께 그를 구하였다 함이더라"(삼상 1:17-20).

"(20)엘리가 엘가나와 그 아내에게 축복하여 가로되 여호와께서 이 여인으로 말미암아 네게 후사를 주사 이가 여호와께 간구하여 얻어 드린 아들을 대신하게 하시기를 원하노라 하였더니 그들이 그 집으로 돌아가매 (21)여호와께서 한나를 권고하사 그로 잉태하여 세 아들과 두 딸을 낳게 하셨고 아이 사무엘은 여호와 앞에서 자라니라"(삼상 2:20-21).

엘리 제사장의 영적 감화력은 전무했다.

"(1)아이 사무엘이 엘리 앞에서 여호와를 섬길 때에는 여호와의 말씀이 희귀하여 이상이 흔히 보이지 않았더라 (2)엘리의 눈이 점점 어두워가서 잘 보지 못하는 그때에 그가 자기 처소에 누웠고"(삼상 3:1-2).

이렇게 엘리는 이스라엘의 사사요 제사장이요 지도자로서 쇠퇴한 영향력을 갖고 있었고 영적 감화력도 아둔했다(삼상 1:12-13). 그러나 하나님은 그의 중보기도를 두 번씩이나 들어주셨는데, 하물며 하나님을 사랑하고 양들을 사랑하는 목회자의 중보기도를 왜 하나님이 안 들어주시겠는가?

◆ 결론

구원을 받은 하나님의 자녀들이 하나님 앞에서 하는 신앙고백이나 그리스도에 대한 증언은 대단히 중요하다. 왜냐하면 그것이 우리의 신앙관을 확립하여 우리 자신이 느끼고 고백하고 말한 대로 행동하게 되기 때문이다. 베드로의 신앙고백이나 도마의 신앙고백은 결국 자기들의 운명을 결정지었다. 베드로는 주님이 세워 주시고 도마는 일설에는 그 당시 가장 멀리 인도에까지 가서 복음을 전했다고 한다.

신앙고백이나 증언이 없었던 제자들은 거의 제자들의 서열 아래에 둔 것을 보더라도 알 수 있다. 제자 중 가룟 유다는 부정적인 사고를 가졌고, 마귀가 가장 많이 틈을 탄 인물이었다. 뿐만 아니라 경고를 받아도 회개가 없었고, 예수는 그를 위하여 중보기도도 해 주시지 않았다. 인생치고 가련한 인생이었다. "인자는 자기에게 대하여 기록된 대로 가거니와 인자를 파는 그 사람에게는 화가 있으리로다 그 사람은 차라리 나지 아니하였더면 제게 좋을 뻔하였느니라"(마 26:24)고 말할 만큼 주님이 미래의 될 일을 말씀해 주셔도 심령이 강퍅하고 영적 감각이 둔해서 그런지 아니면 인간의 이기심으로 그의 마음이 점령당해서 그런지 전혀 준비와 반성 없이 끝까지 가다가 멸망당한 어리석은 인생이었다. 인생의 역사 무대에서 그렇게 활동하고도 버림을 받게 된 사람이다. 마치 쓰레기 소각장에 버려진 낙서장 같은 인생이다.

혹 우리들도 주를 위하여 열심히 일한다고 하다가 이렇게 쓸모없는 인생으로 버림을 받게 될까 심히 두렵다. 주님을 향한 나의 신앙고백을 다시 한 번 점검해 본다.

제4장

십자가에서의 세 개의 찢어짐

(요 19:34; 마 27:50-51)

그중 한 군병이 창으로 옆구리를 찌르니 곧 피와 물이 나오더라(요 19:34).

(50)예수께서 다시 크게 소리 지르시고 영혼이 떠나시다 (51)이에 성소 휘장 이 위로부터 아래까지 찢어져 둘이 되고 땅이 진동하며 바위가 터지고(마 27:50-51).

이 글은 예수님이 고난받으시고 운명하실 때 세 개의 찢어진 사건에 관한 내용이다. "예수께서 다시 크게 소리 지르시고 영혼이 떠나시다 이에 성소 휘장이 위로부터 아래까지 찢어져 둘이 되고 땅이 진동하며 바위가 터지고"(마 27:50-51)라고 성경은 기록하고 있는데, 여기서 예수 그리스도께서 마지막 십자가 위에서 운명하실 때 찢어진 것을 중심으로 생각하려고 한다.

헬라어로 '찢다'는 스키조(σχίζω)이다.

1. 몸을 찢으셨다(스키조, σχίζω)

> "그중 한 군병이 창으로 옆구리를 찌르니 곧 피와 물이 나오더라"(요 19:34).

먼저 생각한 것은 예수 그리스도의 십자가 죽음의 직접적인 원인이 무엇일까 하는 것이다.

예수님은 아침 9시부터 오후 3시까지 십자가에 6시간 동안 달리셨다(막 15:25, 33). 죽음의 고통이 긴 것이 십자가 형벌의 무서운 점이었다. 일반적으로 2, 3일은 필요했다고 한다.[68] 그런데 예수님은 하루도 아닌 왜 6시간 만에 운명하셨을까? 그리고 운명의 직접적인 원인은 무엇일까를 추적해 보려고 한다.

> 스트루(W. Stroud)는 예수님의 심장 근처인 옆구리를 창으로 찔렀을 때, 피와 물이 섞여 나왔는데 이 사실은 예수님께서 이미 심장 파열로 죽으셨다는 것을 입증한다고 주장했다(참조: Walter Bauer; J. H. Thayer).[69]

---

68) 이상근, 《신약주해 마가복음》(서울: 대한예수교장로회총회교육부, 1977), p. 266.

'예수의 십자가 고통과 죽음은 심장 파열이 원인'이라는 것이다. 심장 파열이란 외력에 의해 심장 벽에 균열이 생겨 혈액이 유출되는 상태를 말하는 것으로, 심장 파열이 일어나면 심낭에 혈액이 가득 차게 된다고 한다. 꼭 외력이 아니더라도 정상적인 심근(心筋)이 파열되는 것은 혈압, 즉 심실압이 400㎜Hg 이상이 되었을 때이지만 일반적으로는 아무리 혈압이 상승하더라도 300㎜Hg에 이르는 일은 없다고 한다. 그러나 급박한 심리 상태와 아픔을 당한 사람이라면[70] 이런 일이 발생할 수 있다고 한다.

> 2세기의 교부 오리겐 이후로 한동안 사람들은 피가 나왔다는 것은 이해할 수 있지만 물이 나왔다는 것은 이해할 수가 없었습니다. 그래서 한동안 성경학자들은 죽은 몸에서 물이 나올 수 있겠는가? 실제 물이 아니라 상징적인 물이라고 해석을 했습니다.
>
> 의학을 몰랐기 때문이었지요. 후에 영국의 의사협회의 회장이 처음으로 심장 파열설을 제시했고, 그 이후 프랑스와 이탈리아의 외과의사들이 시체를 관찰하고 실험한 결과 심장 파열설을 재확인함으로써 이 학설이 받아들여지게 되었습니다.
>
> 그러면 심장이 파열되었을 때 심장에서는 어떤 현상이 일어나는 것일까요?
>
> 심장이 파열되었을 때 24시간 이전에 파열된 심장에서는 피가 흐르고 심장 주위에 피가 고이는 주머니가 생기며 혈청이 가라앉으면 하얀 액체가 생긴다고 합니다. 그래서 의사들이 긴 주삿바늘로 오른쪽 가슴의 다섯 번째 갈비에서 왼쪽 심장을 향하여 찌르면 심장의 벽에 닿은 순간 많은 양의 흰 물을

---

69) 이병철, 《바이블 렉스 8.0》(서울: 브니엘성경연구소, 2009), 요 19:34. 원전 스트롱 번호 3572 뉘소(νύσσω).

70) 기독교 정보넷 cjob.co.kr 기독교자료모음 http://www.cjob.co.kr/christianity-2465.html

뽑아낼 수 있었다고 합니다.

그래서 로마 군인이 예수님의 옆구리를 찌른 것은 예수님의 심장을 찌른 것이었으며, 이미 심장 파열로 돌아가신 예수님의 옆구리에선 이런 현상 때문에 물과 피가 현저히 구분되어 흘러나왔던 것입니다.[71]

그런데 줄리우스 시저의 자서전에 의하면 로마 군인들의 기본훈련 속에는 왼손에 방패를 들고 오른손에 창을 들고 적의 오른쪽 옆구리를 향하여 창이나 칼로 찌르는 훈련을 하는 내용이 나옵니다.

왜 오른쪽 옆구리를 찌르는 훈련을 했을까요? 그것은 왼쪽에 있는 심장을 관통시키는 훈련이었던 것이 아닐까요?

심장을 왼쪽에서 찔러서는 성공하기가 힘듭니다. 심장을 갈비뼈가 보호하고 있는데 심장은 왼쪽에 있지만 갈비뼈 때문에 심장을 찌르려면 아주 예리한 각도(옆이 아니라 아래쪽에서)로 찔러야 심장까지 칼날이 들어갈 수 있는 것입니다.[72]

이러한 상황에서 관찰해 보면 죽은 사람에게서 피와 물이 나오는 것은 있을 수 없는 일이고 피와 물이(요 19:34) 나왔다는 것은 아주 극도의 불안한 심리상태와 오랜 정신적 고통 속에서 극도로 혈압이 올라가 심장 파열(破裂: 깨어지거나 갈라져 터짐)이 일어났다는 것이다.

---

71) re: 헐 예수 재림;; mansame 답변 채택률 38.1% 2010.01.26 12:32 http://kin.naver.com/qna/detail.nhn?d1id=6&dirId=60901&docId=103489345&qb=7Jik66W47IaQ7JeQIOywveydhCDrk6Tqs6Ag7KCB7J2YIOyYpOuluOyqvSDri6TshK/rsojsp7gg6rCI67mE66W8IO2Wpe2VmOyXrCDssL3snbQ=&enc=utf8&section=kin&rank=1&sort=0&spq=0&pid=f%2BmjOloi5U4sst9hf78sss--048980&sid=S@hadnIf6EsAAB9YHY4. re: 헐 예수 재림;; . mansame 2010.01.26 12:32

72) Ibid.

> 심장에는 심낭이라는 것이 있는데 파열된 심장에서는 심낭으로 피가 흘러나오게 되고 시간이 지나게 되면 여기에 있는 피와 마찬가지로 적혈구가 아래로 내려오게 되고 위에 말간 물이 고이게 된다. 로마 병사의 그 날카로운 창이 예수님의 옆구리를 찔렀을 때 피와 물이 흘러나왔다는 것은 예수님께서 극심한 고통 속에 심장이 파열되어서 돌아가셨다는 것이다.[73]

예수님의 옆구리에서 흘러나온 피와 물은 심장 파열에 의해 된 것이다. 심장 파열은 전문적 의학 용어이고 보편적으로 우리말은 심장이 찢어졌다, 또 심장이 터졌다고 표현하기도 한다. 만약에 요한 사도가 아니라 현대의 의사와 검사들이 검시(檢屍)를 했다면 심장은 하나이기 때문에 심장이 터져(스키조, σχίζω 원형)[74] 피와 물이 나왔다고 기록했을 것 같다.

예수님의 그 상처에서 흘러나온 보혈의 피가 세상을 구원하고 모든 사람의 상처를 치유한다. 모든 사람들은 살아가면서 상처를 받게 되더라도 그 상처를 하나님께서 치유해 주시기 때문에 회복될 수 있다. 그러나 예수님의 상처는 하나님조차도 외면하시고 철저히 버림당하셨던 상처였기 때문에 더욱더 크나큰 아픔이었다. 예수님의 십자가 죽음은 단순히 육체적인 고통만이 아니라 심리적으로 얼마나 커다란 상처였는지 요한복음 19장 34절이 말해 주고 있다.

1) 영적인 고통

---

73) http://cafe.naver.com/2827054.cafe?iframe_url=/ArticleRead.nhn%3Farticleid=42 (동영상에서 발췌)

74) 스키조: 쪼개다 split, 찢다 tear, 나누다 divide, 분리하다, 따로 떼어놓다 separate.

"(36)이에 예수께서 제자들과 함께 겟세마네라 하는 곳에 이르러 제자들에게 이르시되 내가 저기 가서 기도할 동안에 너희는 여기 앉아 있으라 하시고 (37)베드로와 세베대의 두 아들을 데리고 가실새 고민하고 슬퍼하사 (38)이에 말씀하시되 내 마음이 심히 고민하여 죽게 되었으니 너희는 여기 머물러 나와 함께 깨어 있으라 하시고 (39)조금 나아가사 얼굴을 땅에 대시고 엎드려 기도하여 가라사대 내 아버지여 만일 할 만하시거든 이 잔을 내게서 지나가게 하옵소서 그러나 나의 원대로 마옵시고 아버지의 원대로 하옵소서 하시고 (40)제자들에게 오사 그 자는 것을 보시고 베드로에게 말씀하시되 너희가 나와 함께 한 시 동안도 이렇게 깨어 있을 수 없더냐 (41)시험에 들지 않게 깨어 있어 기도하라 마음에는 원이로되 육신이 약하도다 하시고 (42)다시 두 번째 나아가 기도하여 가라사대 내 아버지여 만일 내가 마시지 않고는 이 잔이 내게서 지나갈 수 없거든 아버지의 원대로 되기를 원하나이다 하시고 (43)다시 오사 보신즉 저희가 자니 이는 저희 눈이 피곤함일러라 (44)또 저희를 두시고 나아가 세 번째 동일한 말씀으로 기도하신 후 (45)이에 제자들에게 오사 이르시되 이제는 자고 쉬라 보라 때가 가까웠으니 인자가 죄인의 손에 팔리우느니라 (46)일어나라 함께 가자 보라 나를 파는 자가 가까이 왔느니라"(마 26:36-46).

예수님은 동일한 내용으로 겟세마네에서 세 번씩이나 하나님께 기도하셨다. 그러나 하나님은 침묵만 지키셨다. 하나님의 침묵은 또 하나의 기도 응답이었다. 그동안 가이사랴 빌립보에서 베드로의 신앙고백 사건 이후 예수님은 세 번(마 16:21, 17:22-23, 20:18-19)씩이나 자신이 십자가를 지고 죽었다가 3일 만에 다시 살아날 것을 예언하셨다. 즉 예수님 자신도 다 알고 있는 사실에 대해 더 이상 하나님은 응답하실 필요가 없었다. 하나님은 그동안 모든 기도에 응답해 주셨는데 지금 여기 가장 아파하는 인생의 중대한 기로에 섰을 때는 침묵만을 지키셨다. 하나님의 철저한 외면으로 예수님이 당하신 아픔은 이루 말할 수 없는 큰 좌절이었으리라 생각된다.

또한 예수님은 선홍빛의 피로 물든 십자가(마 27:46) 위에서 시편 22편 1절을 인용하셔서 "내 하나님이여 내 하나님이여 어찌 나를 버리셨나이까 어찌 나를 멀리하여 돕지 아니하옵시며 내 신음하는 소리를 듣지 아니하시나이까"라고 절규하셨던 것이다. 이때 예수님은 하늘 위에서 함께 아파하시는 하늘 아버지의 신음소리와 고통을 느끼고 계셨으리라고 생각이 된다. 하나님도 외면하시는 아픔을 예수님은 십자가에서 영적인 큰 고통으로 느끼셨다.

2) 정신적 고통

(1) 가룟 유다의 배신: 믿고 사랑했기 때문에 유다에게 돈주머니를 맡기셨는데 믿었던 자가 예수님을 은 30냥에 팔게 됨으로 정신적 고통을 당하셨다(마 26:47-50).

(2) 베드로의 배신: 몇 시간 전에 베드로에게 "오늘 밤 닭 울기 전에 네가 세 번 나를 부인하리라"고 말씀하셨을 때 "베드로가 가로되 내가 주와 함께 죽을지언정 주를 부인하지 않겠나이다 하고 모든 제자도 이와 같이 말하니라"(마 26:35)고 했는데 끝내 베드로는 자기의 결심을 지키지 못했다. 또한 예수님이 미리 예언해 주신 대로 세 번씩이나 예수를 모른다고 부인했다(마 26:69-75).

(3) 대제사장들과 장로들의 사주를 받아 십자가에 못 박으라고 외치는 철없는 군중들을 보실 때(눅 23:18-23) 예수님은 큰 고통을 느끼셨다.

3) 육적 고통

(1) 겟세마네에서 땀이 땅에 떨어지는 핏방울같이 되도록 기도하셨다(눅 22:44).

겟세마네에서 예수님의 땀이 땅에 떨어지는 핏방울같이 되는 현상을 설명한 예가 있다.

> 미국 뉴욕 MEDICAL EXAMINER 법의학 병리 담당관 프리데릭 주기비 박사(법의학 병리학자, 컬럼비아 대학 교수)가 말하기를 피를 땀으로 흘린 사례는 100건이 넘는데, 주로 죽기 직전에 발생한 경우 6명의 사형수가 교수대로 가다가 이런 증상을 보였는데 이런 증상을 해마티드로시스(Haematidrosis)라고 하는데 극도의 불안감으로 동맥이 터져 피가 땀으로 스며들고, 피를 땀으로 흘리는 증상이다. 예를 들면 배를 타고 있는데 갑자기 폭풍이 심하면 죽음이 두려워 이러한 증상을 보일 수 있다고 한다. 2차 세계대전 때 영국에서 독일 공습이 있을 때마다 한 영국 여인이 피를 땀으로 흘렸는데 의사들도 어떻게 할 도리가 없었다고 한다.[75]

예수님도 자신이 곧 죽을 것을 알고 괴로워하며 인간적인 고뇌를 겪었기 때문에 이러한 현상이 나타난 것이다. 사람이 극도의 불안감으로 동맥이 터져 피가 땀샘으로 스며들고 피를 땀으로 흘리는 증상이 일어나서 그렇다고 한다.

(2) 예수님께서 십자가에 달리기까지 받으신 극심한 고통에 대하여 생각해 보자.

> 예수님께서는 십자가를 지고 골고다 언덕을 오르시는 동안,

75) BBC 다큐드라마. 100330. 신의 아들－예수, 죽음과 부활. SDTV.XviD-SeSang™.avi. 2010-04-02(11분 00-50초)

로마 병정들로부터 수없이 많은 채찍질을 받으셨는데, flagrum 이라고 불렸던 이 채찍은 가죽 끝에 날카로운 톱니 모양의 뼈와 납조각을 붙여 만들어, 한 번 내리칠 때마다 살점을 뜯어냄으로, 여러 번 내리치게 되면 피부 밑에 근육까지 뜯어지게 되고, 결국에는 피와 살점이 엉겨 붙어 형체를 알아볼 수 없는 지경으로 피부 조직을 망가뜨리면서, 극심한 고통과 함께 반 죽음 상태로 만들어간다.76)

더욱이 예수는 사형 선고를 받기 전에 이미 매질을 당하셨다(마 27:26; 막 15:15; 눅 22:63, 23:16, 22; 요 19:1-5).

(3) 거기다가 예수님이 지셨던 십자가의 무게(대략 20-50kg)로 인하여 고통은 가중되고, 비아돌로로사(고난의 길)를 걸어갈 때 열네 번씩 쉬어 갔다는 전승이 있다. 다섯 번째 쉴 때 구레뇨 사람 시몬이 대신 십자가를 짊어지고 갈 만큼 힘들어하셨다. 마침내 언덕에 다다라 십자가에 못 박히셨을 때, 그의 육신은 이미 죽음의 문턱에 가 있게 되었다.

(4) 의사 트루먼 데이비스(Truman Davis)는 그의 저서 《예수의 십자가 처형》에서, 십자가에 매달려 있는 동안 인간의 몸에 어떤 변화가 생기는지에 관해 잘 기술하고 있다.

먼저 온몸을 지탱하고 있던 양팔의 근육에 경련이 일어나면서, 점차 가슴의 근육이 마비되고, 결국은 숨을 못 쉬게 됨으로, 십자가상에서 질식사하게 되는데, 10분 정도 견딜 수 있다고 한다. 이 과정에서 구부리고 있던 다리를 위로 밀어 올려 주면 막힌 숨을 내뿜어 잠시나마 생명을 연장할 수 있다. 이때 십자가에 매달린 자의 다리를 꺾어 주게 되면, 그들의 죽음을

76) 부활의 필요 충분조건 2010-04-03 http://new.kacr.or.kr/library/itemview.asp?no=2555&orderby_1=readcount

> 재촉할 수가 있다. 성경(요 19:31-34)에 보면, 바로 이와 같이 로마 병정들이 예수님 곁에 같이 매달렸던 강도들의 다리를 꺾는 것을 볼 수가 있다. 그러나 예수님의 다리는 그가 이미 죽은 관계로 꺾지 아니했다. 또한 그의 죽음을 재차 확인하기 위하여 창으로 옆구리를 찔러 보니 피와 물이 나왔다(요 19:34)고 기록되어 있다. 상처 난 곳에서 많은 물과 피가 흘러내리는 경우는 십자가상에서 심장 파열로 죽은 경우에 나타난다고, Josh McDowell은 그의 책 《기독교 신앙의 역사적 증언》에서 더블린 대학의 생리학 교수인 Samuel Houghton의 말을 인용하여 적고 있다. 만약 예수님께서 조금이라도 살아 계셨다면 피만 나왔을 것이나, 피와 물이 같이 나온 것으로 보아 예수님께서는 분명히 십자가상에서 숨을 거두신 것이 분명하며, 따라서 로마 병사는 그의 다리를 꺾을 필요가 없었던 것이다.[77]

이렇게 예수님은 십자가상에서 심장이 찢어짐(파열)으로 돌아가셨다.

2. 휘장을 찢으셨다(ἐσχίσθη, 에스키스세)

> "이에 성소 휘장이 위로부터 아래까지 찢어져 둘이 되고 땅이 진동하며 바위가 터지고"(마 27:51).

성소의 휘장은 쉽게 찢어질 수 있는 것이 아니다. 예수님 당시 성전에 있었던 휘장의 두께는 손바닥 넓이로 '트파힘'이라고 표현했는데, 약 9.34cm정도이다. 가로(길이)는 약 40규빗(22.4m) 세로(넓이)는 20규빗(11.2m)이다. 만약 이 휘장을 정결탕에 가지고 가

---

77) Ibid.

서 물로 세탁할 경우 그 무게로 인하여 약 300명의 제사장들이 필요했다. 이 휘장은 일반적인 환경에서는 절대로 찢어질 수 없다.

마태복음 27장 51절에 "이에 성소 휘장이 위로부터 아래까지 찢어져 둘이 되고 땅이 진동하며 바위가 터지고"라고 기록되어 있다.

> 성막 시대로부터 당시 성전에 이르기까지 성전에는 성소와 지성소를 나누는 안쪽 휘장과 성소로부터 안뜰을 구분하는 바깥쪽 휘장 등 두 가지가 있었다. 본문에서 말하는 '휘장'(카타페타스마)은 용어상 '외부 휘장'(칼뤔마)과 구별되나 여기서는 특별히 양쪽 휘장을 다 가리키는 것 같다(히 4:16, 6:19, 9:11-28). 왜냐하면 만약 제사장들만이 출입이 가능한 성소와 대제사장이 1년에 한 번씩만 들어가는 지성소 사이에 있는 안쪽 휘장만 찢어졌다면 이를 눈으로 확인키 어려웠을 뿐 아니라 대제사장 무리들이 이 사실을 극비에 부쳤을 것이 당연하기 때문이다. 그러나 복음서 저자들이 이 사건을 비교적 자세히 묘사하고 있는 점에서 볼 때 바깥쪽 휘장도 함께 찢어졌음을 알 수 있다.[78]

그러나 필자는 여기서 찢어진 휘장이 성소와 지성소 사이의 것이라고 본다. 왜냐하면, 헬라어(σχίζω, 스키조) '찢다', '쪼개다'의 수동태, 단수인 ἐσχίσθη 에스키스세이기 때문에 하나만 쪼개진 것으로 보아야 하기 때문이다. 이 성소와 지성소 사이에 있는 휘장은 대제사장이 대속죄일(7월 10일)에 지성소에 들어가기 위해 1년에 단 1회만 열렸다(히 9:7). 성경에 안쪽 휘장은 출애굽기 40장 3절에 기록되어 있고, 또 성소로부터 안뜰을 구분하는 바깥쪽 휘장

78) 제자원, 《그랜드 종합 주석 12권 마태복음 마가복음》(서울: 성서교재간행사, 1992), p. 1077.

은 출애굽기 26장 3-6절, 36장 37절, 40장 28절에 기록되어 있다.

진실로 예수님이 먼저 운명하신 후에 휘장이 위로부터 아래까지 찢어진 것은 분명 하나님의 깊으신 뜻이 담겨 있는 상징적 사건이다. 즉 하나님의 임재의 장소인 지성소를 가리고 있는 휘장은 하나님과 인간 사이의 죄로 말미암아 단절된 불완전한 교제를 의미하는 것이었다. 그런데 이 휘장이 찢어진 것이다. 이에 대한 의미를 생각해 보면 다음과 같다.

> 대속 제물이신 예수의 찢겨진 육체로 인해 하나님께 나아가는 새롭고 산 길이 열렸음을 상징한다(히 10:19-20). 이로써 그 어떤 죄인이라도 예수의 이 대속의 죽음을 의지하고 담대히 하나님께 직접 나아갈 수 있게 되었다.
>
> 혈통적 선민의 울타리가 무너지고 옛 언약의 신비가 벗겨지는 동시에 구속의 온전한 성취를 이루게 되었음을 상징한다(5:17-20; 히 6:19, 9:6).
>
> 유대교와 유대교로 대표되는 이스라엘에 대한 하나님의 심판과 성전의 멸망을 상징한다. 물론 이 멸망은 A.D. 70년의 예루살렘 패망을 의미한다기보다 차라리 '믿음이 온 후'에는 '믿음이 오기 전'의 모든 것이 멸망케 된다는 신학적 의미에서의 멸망이다.[79]

이렇게 예수 그리스도의 십자가의 고난과 운명은 성막시대 이후 성전시대까지 성소와 지성소를 구분하고 대속죄일에만 1년에 한 번씩 들어가 대제사장이 제사를 드리던 엄위(嚴威)한 장소를 구분하고 보호하기 위해서 드려진 휘장이 찢어지게 됨으로 누구든지 하나님 앞으로 담대히 나아올 수 있는 길을 열어 놓은 것이다. 예수

79) BEC 벧엘 컴퓨터, 《할렐루야 9》, 마 27:51 주석.

그리스도의 십자가에서의 죽음은 성전의 휘장을 찢으셨다.

3. 바위를 터치(찢다, 쪼개다)셨다(ἐσχίσθησαν, 에스키스세산)

"이에 성소 휘장이 위로부터 아래까지 찢어져 둘이 되고 땅이 진동하며 바위가 터지고"(마 27:51).

예수 그리스도가 십자가에서 운명하실 때 우리말 성경에 "땅이 진동하며 바위가 터지고"라고 번역했다. '바위가 터지고'라고 한 우리말 번역 성경은 헬라어로 '스키조'(찢다, 쪼개다)라고 기록했다. 이 스키조(찢다, 쪼개다)라고 하는 헬라어 동사 원형에서 '수동태, 복수'로 변화하여 '터지고'라고 해석했다. 바위가 하나만 터진 것이 아니고 복수이기 때문에 아마 지진이 일어나서 여러 개의 바위가 둘로 쫙 쪼개진 것 같다. 이것은 마태복음만의 독특한 기록이다.

성전 휘장이 찢어짐과 동시에 땅이 흔들리고 바위들이 갈라졌다. 진정 백부장의 탄성(마 27:54)과 함께 이 모든 사건은 예수의 죽음 직후에 일어났던 역사적 사실이다(*D.* Wenham, *Resurrection,* pp. 42-46). 아마도 마태는 지진 그 자체를 성전 휘장이 찢어지고 무덤이 열리는 사건과 같이 하나님의 심판과 신의 영광을 상징하는 것으로 보았을 것이다(왕상 19:11; 사 29:6; 렘 10:10). 좀 더 발전적으로, 이 지진과 바위의 갈라짐은 당신의 독생자의 죽으심으로 인한 심판주로서의 하나님의 임재(시 18:7; 사 5:25; 욜 2:10)를 뜻하는 것이다. 즉 이것은 예수의 죽음을 믿음으로 수용하는 자에게는 새 언약과 새 창조의 주로서의 영광을 보여 주시고, 또 끝까지 불신하는 자에게는 진노와

영원한 심판의 주로서의 하나님의 임재를 암시한다고 본다.[80]

예수 그리스도의 십자가에서의 죽음은 단단한 바위를 터치(찢다, 쪼개다)셨다. 왜 예수님은 당신이 죽으시면서 십자가 주위에 있는 바위들이 지진으로 말미암아 터지게 하셨을까? 마태가 그리스도의 부활 후에 현장을 목격한 것 같다.

사복음서에는 모두 예수의 사형 집행 장소를 해골(마 27:33; 막 15:22; 눅 23:33; 요 19:17)이라는 장소로 기록하고 있다. 그러면 십자가의 위치를 조사해 보면 다음과 같다.

> 그리스도께서 십자가에 못 박히신 수난의 언덕 골고다는 예루살렘 성(城) 부근의 공개적 형장이라는 것 외에 오늘날 정확한 위치가 규명되지 않고 있다. 골고다의 위치에 대해서 학자들 간에 견해가 다양한데, 그중 다음 두 장소가 유력하다.
>
> ① 가톨릭 교회의 전통적 견해로, 현재 예루살렘 시 성벽 내부에 있는 '성 묘지의 교회'(the Church of the Holy Sepulchre)의 자리이다. 이 교회는 A.D. 4세기경 콘스탄티누스 황제의 어머니 헬레나에 의해 확정된 이래, 전통적인 골고다의 위치로 알려져 왔다. 이 교회 내부에는 약 3m 높이의 바위 더미가 있다.
>
> ② 예루살렘 시 성벽 밖, 현재 다메섹 문의 북동쪽 약 230m 지점, 소위 '예레미야의 동굴' 위쪽의 언덕인 통칭 '고든의 갈보리'라는 곳이다. 한편 성경의 기록에 의거하면, 골고다는 예루살렘 성 밖(히 13:12) 가까운 곳으로(요 19:20), 큰길 부근에 있었으며(마 27:39), 먼 곳에서도 바라볼 수 있는 언덕(막 15:40; 눅 23:49)이었음이 분명하다. 이로 볼 때 '고든의 갈보리'(Gordon's Calvary)를 성경 기록에 좀 더 부합되는 골고다의 위치로 추정할 수 있다.[81]

---

80) Ibid.

성 밖에서 '십자가에 못 박히셨다'(요 19:17, 20; 히 13:12). '해골'이라 부르는 곳에서(마 27:33; 막 15:22; 누 23:33; 요 19:17). '갈보리'는 라틴어이고, '골고다'는 히브리어로 '해골'"이란 뜻이다. 예루살렘 주위에는 '해골의 언덕'이라 불리는 곳이 한 곳밖에 없다. 이곳은 다메섹 문 가까이에 있는, 북쪽 성벽의 바깥쪽이다. 이곳은 '예레미야의 동굴' 바로 위에 있으며, 높이 10m의 바위가 튀어나와 있어 사람의 해골과 비슷하다.

십자가가 세워졌던 전설적인 장소에 성묘교회가 있다. 이것은 성 안에 있다. 일반적인 고고학적 견해에 의하면 지금 성벽의 위치는 예수의 시대와 같으며, 예수께서 십자가에 못 박히신 실제 장소는 '해골의 언덕'이라고 한다.[82]

오늘날 골고다로 유력시되는 '고든의 갈보리'(Gordon's Calvary)는 1849년 성서 고고학자 고든(Gordon)에 의해 처음 발견되었고, 탐사 결과 많은 면에서 성경의 기록과 일치하기 때문에, 이 장소를 십자가가 세워진 유력한 위치로 보고 있다.

◆ 결론

예수 그리스도의 십자가 사건은 세 곳이 찢어진 사건이다. 첫째는 예수님의 심장이 찢어진 사건이요, 둘째는 성전의 휘장이 찢어지고, 그리고 마지막으로는 십자가가 세워진 장소의 바위가 터진 사건이다. 이 세 개의 사건을 우연의 일치라고 주장하기보다는 하나님이 이 사건을 통해서 주시는 의미(意味)가 있음을 밝힌 것이다. 즉 하나님의 섭리를 깨달을 수 있는 메시지를 담고 있다고 필자는

---

81) 제자원, 《그랜드 종합 주석 12권 마태복음 마가복음》(서울: 성서교재간행사, 1992), pp. 1066-1067, 막 15:22.

82) 할레이 저/박양조 역, 《최신 성서 핸드북》(서울: 교문사, 1973), p. 515.

주장하는 바이다.

먼저 첫 번째 의미는 인간(인성)으로서의 완전한 죽음을 강조하고 있다. 예수님은 인간의 몸을 입고 오신 하나님의 아들로, 그의 몸을 찢는 죽음은 하나님의 사랑의 극치를 우리에게 보여 준다. 예수님은 인간들을 절대적인 사랑으로 마지막까지 사랑하셨지만 인간들은 그리스도를 철저하게 배신함으로 예수님은 고통과 아픔을 당하시고 심장 파열로 죽으셨다. 그뿐 아니라 예수의 죽은 시체를 향하여 "그중 한 군병이 창으로 옆구리를 찌르니 곧 피와 물이 나오더라"(요 19:34)고 기록했다. 이것은 예수의 죽음이 가사(假死)상태가 아닌 인간(인성)으로서의 완전한 죽음을 강조하고 있다는 첫 번째 의미이다.

두 번째 의미는 죄인들은 그동안 하나님께 직접 나아가 제사를 드릴 수도 없어 이들을 위해 대제사장이 지성소에 들어가 1년에 한 번씩 죄인을 대신하여 속죄했던 지성소와 성소의 구별을 폐하시고 하나로 만들어 누구나 하나님께 직접 나아가 제사를 드릴 수 있는 만인 제사장을 만들어 주셨다는 것이다.

마지막으로 예수 그리스도께서 운명하실 때 "땅이 진동하며 바위가 터지고"라고 마태는 기록했다. 또 고든의 갈보리(Gordon's Calvary)설은 예수 그리스도의 사형 집행 장소가 해골(갈보리) 바위가 있는 곳이라고 한다. 아마 예수 그리스도의 십자가가 세워진 바로 그 장소를 진앙지로 해서 지진이 발생한 것 같다. 그렇다면 왜 예수님은 당신이 서신 십자가를 중심으로 바위를 지진으로 갈라놓으셨을까? 성막 안의 휘장이 갈라짐으로 그 의미를 우리들에게 가르쳐 준 것처럼 바위가 갈라진 의미는 우리들에게 무엇을 가르쳐 주는 것일까?

세 번째의 의미는 무엇인가? 필자는 세 번째 의미로 예수님이 돌아가시던 시간에 바위는 지진의 진동으로 터지고, 그 주위에 있던 무덤들은 열리고, 자던 성도가 일어나 예수님 부활 후에 그 무덤에서 나온 것처럼(마 27:51-53), 예수님도 돌아가신 후 3일 만에 부활하실 때 또 다시 지진과 더불어 천사가 내려와 예수님의 무덤의 돌을 굴려낸 것이다(마 28:2). 이와 마찬가지로 예수님께서 재림하실 때 마지막 나팔 소리에 죽은 성도가 일어나며 땅은 지진에 의하여 진동하고 갈라지는 역사가 있으리라는 사실을 미리 전주곡으로 보여 주신 사건이라는 것을 세 번째 의미로 헤아려 본다.

제5장

도마의 신앙고백에 대한 연구 (도마의 재발견)

(요 20:24-29을 중심으로)

(24)열두 제자 중에 하나인 디두모라 하는 도마는 예수 오셨을 때에 함께 있지 아니한지라 (25)다른 제자들이 그에게 이르되 우리가 주를 보았노라 하니 도마가 가로되 내가 그 손의 못자국을 보며 내 손가락을 그 못자국에 넣으며 내 손을 그 옆구리에 넣어 보지 않고는 믿지 아니하겠노라 하니라 (26)여드레를 지나서 제자들이 다시 집 안에 있을 때에 도마도 함께 있고 문들이 닫혔는데 예수께서 오사 가운데 서서 가라사대 너희에게 평강이 있을지어다 하시고 (27)도마에게 이르시되 네 손가락을 이리 내밀어 내 손을 보고 네 손을 내밀어 내 옆구리에 넣어 보라 그리하고 믿음 없는 자가 되지 말고 믿는 자가 되라 (28)도마가 대답하여 가로되 나의 주시며 나의 하나님이시니이다 (29)예수께서 가라사대 너는 나를 본 고로 믿느냐 보지 못하고 믿는 자들은 복되도다 하시니라 (30)예수께서 제자들 앞에서 이 책에 기록되지 아니한 다른 표적도 많이 행하셨으나 (31)오직 이것을 기록함은 너희로 예수께서 하나님의 아들 그리스도이심을 믿게 하려 함이요 또 너희로 믿고 그 이름을 힘입어 생명을 얻게 하려 함이니라 (1)그 후에 예수께서 디베랴 바다에서 또 제자들에게 자기를 나타내셨으니 나타내신 일이 이러하니라 (2)시몬 베드로와 디두모라 하는 도마와 갈릴리 가나 사람 나다나엘과 세베대의 아들들과 또 다른 제자 둘이 함께 있더니(요 20:24-21:2).

부활하신 주님은 여드레를 지나서 제자들이 모이는 은밀한 장소를 다시 방문하셨다. "여드레를 지나서"라는 말은 주님께서 부활하신 첫날부터 계산하여 일주일이 지난 다음 일요일이다. 유대인들의 날짜 계산법은 사건이 시작된 날부터 1일로 시작한다. 그렇기 때문에 하루가 지나면 이틀로 계산한다. 이렇게 계산하면 본문의 "여드레를 지나서"라는 말은 예수 부활 후 안식 후 첫날이다. 즉 부활절을 지나서 여드레가 되는 날은 주일이다. 이날은 도마를 포함한 모든 제자들이 다 함께 모여 있었다. 그리고 전과 같이 문은 닫혀 있었는데, 이번에도 시공을 초월한 부활의 주께서 찾아오시어 제자들에게 먼저 평강의 인사를 하신 다음 직접 도마에게 말을 건네셨다.

"도마에게 이르시되 네 손가락을 이리 내밀어 내 손을 보고 네 손을 내밀어 내 옆구리에 넣어 보라 그리하고 믿음 없는 자가 되지 말고 믿는 자가 되라"(요 20:27)고 말씀하실 때 도마의 신앙고백이 나온다. "도마가 대답하여 가로되 나의 주시며 나의 하나님이시니이다"(요 20:28)라고 고백한다.

그동안 도마는 늘 의심쟁이로 평가되었다. 그래서 '의심 많은 도마'라는 낙인이 찍혔다. 그러나 부활의 주를 본 도마의 신앙고백을 통하여 그에 대한 부정적인 이미지인 의심 많은 도마라는 별칭을 불식시킬 수가 있었는데도 그의 불명예스런 이미지는 지금까지도 그렇게 알려지고 있다. 그런데 필자는 도마의 신앙고백을 조사해 보고 새로운 도마를 발견하게 되었다. 의심 많았던 도마라고 한다면 적어도 두 가지 점에서 문제를 제기한다.

첫 번째는 도마가 과연 의심쟁이였는가 하는 질문이다. 또 하나는 도마가 부활하신 주의 손과 옆구리에 손을 넣어 보고 믿겠다고 말하고는 무슨 이유로 부활한 주의 상흔을 만지지 않았는가 하는 질문이다.

1. 도마는 과연 의심쟁이였는가?

도마는 요한복음 20장 25절에서 "다른 제자들이 그에게 이르되 우리가 주를 보았노라 하니 도마가 가로되 내가 그 손의 못자국을 보며 내 손가락을 그 못자국에 넣으며 내 손을 그 옆구리에 넣어 보지 않고는 믿지 아니하겠노라"고 했다. 이를 두고 도마가 보인 강한 의혹 때문에 그는 많은 사람들에 의해 '비관론자', 또는 '회의주의자'라는 혹평을 받아 왔다. 그러나 정도의 차이는 있을지언정 보지 않고 믿지 못하기는 다른 제자들도 마찬가지였다는 점(막 16:9-11;[83] 눅 24:36-43; 마 28:16-17[84])을 고려한다면 도마만을 '회의주의자'로 매도하는 것은 공평하지 못하다고 할 수 있다.

또한 예수께서 잡히시던 그 밤, 대제사장 가야바의 뜰로 가보자.

> "(25)시몬 베드로가 서서 불을 쬐더니 사람들이 묻되 너도 그 제자 중 하나가 아니냐 베드로가 부인하여 가로되 나는 아니라 하니 (26)대제사장의 종 하나는 베드로에게 귀를 베어 버리운 사람의 일가라 가로되 네가 그 사람과 함께 동산에 있던 것을 내가 보지 아니하였느냐 (27)이에 베드로가 또 부인하니 곧 닭이 울더라"(요 18:25-27).

---

83) "(9)예수께서 안식 후 첫날 이른 아침에 살아나신 후 전에 일곱 귀신을 쫓아내어 주신 막달라 마리아에게 먼저 보이시니 (10)마리아가 가서 예수와 함께하던 사람들의 슬퍼하며 울고 있는 중에 이 일을 고하매 (11)그들은 예수께서 살으셨다는 것과 마리아에게 보이셨다는 것을 듣고도 믿지 아니하니라."

84) "(16)열한 제자가 갈릴리에 가서 예수의 명하시던 산에 이르러 (17)예수를 뵈옵고 경배하나 오히려 의심하는 자도 있더라."

베드로는 예수를 모른다고 요한복음에서는 두 번씩이나 부인한 인물이다. 그럼에도 불구하고 예수는 베드로에게 목양을 위임함으로 수사도가 된 것에 이의가 없다. 그러나 도마는 한 번의 의심 때문에 그렇게 부활의 주를 만나고 신앙고백을 철저히 했건만 꼬리표처럼 의심 많은 도마라고 불리고 있다.

우리가 부르는 새찬송가 135(통 133)장의 3절 가사 중 "허물 많은 베드로를 용서하시고 의심 많은 도마에게 확신 주시고"라는 가사처럼 도마가 의심이 많았다고 하면 표현에 문제가 있다고 본다. 우리가 사용하는 언어 중 많다, 적다는 양(量)의 개념이며, 크다, 작다는 수(數)의 개념이다. 도마의 강한 의심은 의심이 질적으로 강했다는 것이다. 도마는 의심을 한 번 했어도 다른 제자와 다르게 질적으로 강한 의심을 한 것이지 많은 의심을 한 것은 아니다.

이러한 찬양을 도마가 천상에서 듣고 무엇이라고 말할까 생각해 본다. 자기만 부활의 주를 못 보았기에 강한 의심으로 부활의 주님을 목도하고 더구나 상흔을 한 번 만져 보아야 믿겠다고 한 생각과 말이 의심 많은 도마로까지 발전할 줄 정말 도마는 몰랐을 것이다. 의심이야 제자들도 다 한 것이지 도마만 한 것도 아닌데 말이다. 도마에게만 의심 많은 도마라고 표현한 가사는 좀 적절하지 않다고 생각한다.

두 사도(베드로와 도마)를 비교해 볼 때 예수를 두세 번 부인한 사람과 부활의 주를 한 번 의심한 사람(후에 신앙고백을 했음에도 불구하고)을 대하는 후대 독자들의 차별의 태도는 너무 불공평하다는 것이다. 이런 면에서 불명예스럽게 붙어 다니는 의심 많은 도마라는 꼬리표를 떼고 오히려 부활을 의심하여 질문하는 도마를 예수의 본질을 가장 정확하게 본 인물로 재평가하고 싶다.

왜냐하면 요한 사도는 복음서를 집필하면서 예수 그리스도가 태초에 선재하셨음을 서두에 밝히고 있다. 요한복음 1장 1절에 "태초에 말씀이 계시니라 이 말씀이 하나님과 함께 계셨으니 이 말씀은 곧 하나님이시니라"고 기록하고 있다.

> 본문 '카이 데오스 엔 호 로고스'(καὶ θεὸς ἦν ὁ λόγος)에서 '말씀'(λόγος)이 주어, '하나님'(θεὸς)이 술어임을 알 수 있다. 결국 본문은 하나님의 말씀이신 성자 하나님의 신성에 대한 간결하고도 명확한 선포이다. 이러한 성자 하나님의 참모습은 20장 28절의 도마의 고백에서 확실하게 밝혀진다고 할 수 있다.[85]

이 요한 사도의 요한복음 1장 1절의 사상은 도마의 신앙고백과 궤를 같이하는 사상이다.

> 마가복음 8장 29절에서 베드로가 "주는 그리스도이십니다"라고 한 고백은 끝부분인 마가복음 15장 39절에 "예수를 향하여 섰던 백부장이 그렇게 운명하심을 보고 가로되 이 사람은 진실로 '하나님의 아들'이었도다 하더라"로 이어진다. 이렇게 예수의 십자가를 지켜보던 이방인의 입을 통하여 같은 고백이 반복되어 나오면서 마가는 이 복음서의 결론을 제목으로 정하여 '하나님의 아들 예수 그리스도의 복음의 시작'이라고 확신하며 단언했다.[86]

이처럼 사도 요한 역시 요한복음 20장 28절의 도마의 신앙고백인 "나의 하나님이시니이다"(ὁ θεός μου)를 들어 알고 있었기에 같은 맥락으로 요한복음 1장 1절을 "이 말씀은 곧 하나님이시니라"

---

85) BEC 벧엘 컴퓨터, 《할렐루야 8》, 요 1:1 주석.
86) 이상훈, 《신약개론》(서울: 기독교 방송, 1980), p. 41.

(θεός ἦν ὁ λόγος)로 했다고 본다.

> "나의 주시며 나의 하나님이시니이다"(ὁ κύριός μου καὶ ὁ θεός μου).

도마의 신앙고백인 요한복음 20장 28절의 "나의 주시며 나의 하나님이시니이다"를 영어성경 KJV, NIV에서는 "My Lord and my God"이라고 번역했다. 그런데 모두 감탄사가 없다. 그러나 영어성경 RSV와 NRSV는 모두 감탄부호(느낌표)[87]가 있다. "My Lord and my God!"이라고 번역했다. 도마는 부활한 주를 만져보지도 않고 보는 것만으로도 감탄했다고 생각된다. 영어성경 RSV와 NRSV의 번역이 더 마음에 닿는다. 도마가 부활의 주를 대하고 감탄하여 외친 것이 "나의 주님이시요 나의 하나님이시니이다"("My Lord and my God!")인 것이다. 도마만이 예수 그리스도를 주(主, Lord)라고 고백했다. 베드로의 신앙고백인 "……주는 그리스도시요 살아 계신 하나님의 아들이시니이다"(마 16:16)와 "주는 하나님의 거룩하신 자"(요 6:69)에서 '주'는 원문상 'κύριος'(主)가 아니다. 당신(σύ=You)이다.

나다나엘은 "랍비여 당신은 하나님의 아들이시요 당신은 이스라엘의 임금이로소이다"(요 1:49)라고 신앙고백을 했다. 그러나 여기서도 예수님을 '주님'이라고 부르지 않고 '당신'이라고 호칭했다.

도마의 신앙고백은 "나의 주시며 나의 하나님"(요 20:28)이다. 또 이 도마의 고백은, 구약에서의 하나님의 칭호 '야훼 엘로힘'[88]

---

87) !(느낌표) 영어에서는 감탄문의 마지막에는 반드시 느낌표(!)를 둔다. 위키백과 — 우리 모두의 백과사전.

88) 이상훈, 《성서주석 요한복음》(서울: 대한기독교서회, 1993), p. 598.

과 같다.

뿐만 아니라 이 고백은 그동안 부활의 주를 만나고 고백한 다른 어떠한 제자들의 고백보다 가장 위대한 고백이다. 부활의 주를 제일 먼저 무덤에서 만났던 마리아는 주님을 "랍오니"(요 20:16) 즉 '나의 선생님'이라고 고백했다.

또한 요한 사도는 예수의 시체를 누가 가져갔다는 막달라 마리아의 보고를 듣고 단숨에 무덤에 달려와서는 "그때에야 무덤에 먼저 왔던 그 다른 제자도 들어가 보고 믿더라"(요 20:8)고 기록하고 있는데, 요한은 부활의 현장인 무덤 안에까지 들어가서 예수의 머리를 쌌던 수건과 세마포가 다른 곳에 개켜져 있는 것을 보고 예수 부활을 믿었는데 그 현장에서 요한은 짧은 신앙고백의 언급도 없었다. 이에 반하여 도마는 부활의 주님을 첫 번째로 대하면서 "나의 주시며 나의 하나님"이라고 고백했다. 시카고 트리니티 신학대학원의 신약학 교수인 카슨(D. A. Carson)은 "도마가 부활의 주를 믿고 '나의 주시며 나의 하나님'이라고 신앙고백 한 것은 제자들의 신앙고백 중 최고"라고 말했다.[89] 도마는 부활한 주님의 십자가의 상흔을 보고 난 후 "나의 하나님이여"라고 고백하였다.

> 도마의 고백은 지금까지 어느 누구 그리고 어느 제자도 이르지 못한 가장 높은 등고선(登高線)에 도달한 자의 고백이었다. 도마의 회의는 가장 눈부신 확신으로 전환한 것이다.[90]

> 도마는 "나의 주, 나의 하나님"이라고 고백한 것이다. 의심에 완고했던 그는 또한 신앙고백에 철저했다. 도마의 이 고백

89) http://www.kukinews.com/mission/article/view.asp?page=1&gCode=all&arcid=0920468854&cp=nv

90) 이상훈, 《신약의 열두 제자와 그 밖의 열두 사람》(서울: 종로서적, 1996), p. 86.

> 은 일찍이 나다나엘이 고백한 바(요 1:49)와 같은 점이 있다. 그러나 그 장면이 장엄하고, 그 고백이 철저한 것은 전자에 비할 바 아니다. 과연 그는 그의 시험에 유익을 본 셈이다(Tertullian, Amborse, Cyril, Grotius).
>
> "나의 주, 나의 하나님"이라고 한 이 때의 도마의 고백은 "메시아적 신앙의 완전한 고백이다"(Meyer). 본서가 그 시작에 "이 말씀은 곧 하나님이시니라" 하고 이제 회의자가 뉘우쳐 "나의 하나님"이라 함으로 그 결론을 맺는데, 그 일관된 목적-예수는 그리스도시며, 하나님이심-을 역력히 보이고 있다.[91]

> 확고한 증거 없이는 예수의 부활을 믿을 수 없다고 주장하던 정직한 회의주의자 도마가 "나의 주시며 나의 하나님이시니이다"라고 말할 수 있었다는 것은 참으로 놀라운 일이었다. 도마의 이 같은 고백은 자발적인 것이요 의기양양한 것이었다. 이 말씀은 본 복음서 전체의 클라이맥스이다. 모든 복음서의 이야기는 이같이 도전을 받지 않는 발언(unchallenged utterance)을 지적하고 있다. 가나의 혼인 잔치로부터 죽은 나사로를 살리신 일에 이르기까지, 세례 요한의 증거로부터 중재의 기도의 어조에 이르기까지 모든 논의와 모든 기적은 이 같은 최고의 결론을 가리키고 있다. 이 같은 최고의 결론을 말한 것은 열렬히 사랑하던 마리아가 아니고, 또 반석 같은 사도였던 베드로가 아니고, 사랑을 받던 제자인 요한이 아니다. 상심한 제자였던 도마였다.[92]

이에 반하여 베드로가 가이사랴 빌립보에서 한 신앙고백에 대해 예수님은 "이를 네게 알게 한 이는 혈육이 아니요 하늘에 계신 내 아버지시니라"(마 16:17)고 말씀하셨다. 베드로의 직접 고백이 아

91) 이상근, 《신약주해 요한복음》(서울: 대한예수교장로회총회교육부, 1977), p. 354.
92) 풀핏 성경주석 번역위원회, 《풀핏 성경주해 42 요한복음》(하) (대구: 보문출판사, 1980), p. 739.

니라 하나님이 알게 하신 고백인 것이다. 그러나 도마의 신앙고백은 아무도 그에게 알려 주지 않은 본인 자신의 고백으로 부활의 주를 아버지와 동일한 신(神)의 본체인 영원하신 하나님 자신으로 본 것이다. 이것은 도마가 예수를 정확히 본 신앙고백이다.

도마의 신앙고백은 바울이 빌립보서 2장 6-8절에서 잘 반영한 것 같다.

> "(6)그는 근본 하나님의 본체시나 하나님과 동등됨을 취할 것으로 여기지 아니하시고 (7)오히려 자기를 비워 종의 형체를 가져 사람들과 같이 되었고 (8)사람의 모양으로 나타나셨으매 자기를 낮추시고 죽기까지 복종하셨으니 곧 십자가에 죽으심이라"(빌 2:6-8).

빌립보서 2장 6-8절은 바울이 예수 그리스도를 어떻게 이해하고 있는가를 표현한 것이다. 그는 근본 하나님의 본체라는 것이다.

> '본체'에 해당하는 헬라어 '모르페'는 이것을 하나님의 '본질적인 속성과 성품'으로 이해한다(Muller, Lightfoot, Kent, Hawthorne, Vincent). 왜냐하면 본문은 그리스도께서 '하나님의 본체 안에서 존재하신다'는 의미로 하나님과 분리된 상태가 아니라 하나님께 속한 하나님의 본질을 소유한다는 의미이기 때문이다.[93]

또한 "하나님과 동등됨을 취할 것으로 여기지 아니하시고"라는 해석을 보자.

---

93) BEC 벧엘 컴퓨터, 《할렐루야 8》, 빌 2:6 주석.

그리스도께서 하나님과 동등된 분이나 시간과 공간에 제한 받는 인간으로 오시기 위해 자신의 영광을 포기하셨다고 해석한다(Muller, Hawthorne, Lightfoot). 왜냐하면 그리스도께서 십자가에 달리시기 전에도 이미 그의 영광은 하나님과 동등하셨기 때문이다. 그리스도는 본래 하나님의 본체로서 하나님과 동등하시다. 그러나 타락한 인간의 구원을 위해서 동등됨을 포기하시고 종의 형체를 취하셨다는 것이다.[94]

이와 마찬가지로 도마도 예수 그리스도를 하나님의 본체로 이해하고 이러한 신앙고백을 한 것 같다.

필자는 도마의 신앙고백은 당시 삼위일체[95]의 교리가 출현하기도 전에 부활의 주를 하나님과 동등하신 본체로 보았다는 것이며, 베드로의 신앙고백을 뛰어넘는 가장 위대한 신앙고백이라고 본다.

도마의 의심은 그의 질문 표현으로 드러난 것이 사실이지만 그의 회의는 정직한 회의였다. 도마의 회의는 진리를 밝히고자 한 의도에서 일어난 회의였다. 한번 그 질문이 정확한 해답으로 충족이 된 후에는 그는 전적으로 동요가 없는 그 확신에 선다. 그러므로 '의심 많은 도마'라는 별명보다는 '질문하는 도마'라고 그의 별명이 교정되어야 공정하다.[96]

그렇다. 도마가 부활의 주를 보고 한 고백은, 성령의 조명을 받아 새롭게 써야 한다. 도마의 신앙고백은 나무의 뿌리를 본 것이며, 다른 사도들의 고백은 현상적인 나무를 본 것이다.

---

94) Ibid.

95) 삼위일체(Trinity)란 말은 '저스틴 마터'와 '이레니우스'(약 125-202년)가 '삼위조'라고 표현하던 것을 교부이며 변증가인 '터툴리안'(약 160-230년)이 처음으로 사용한 것이다.

96) 이상훈, 《신약의 열두 제자와 그 밖의 열두 사람》, (서울: 종로서적, 1996), pp. 77-78.

2. 도마가 부활의 주를 만지지도 않고 보고만 믿은 이유는 무엇인가?

"(24)열두 제자 중에 하나인 디두모라 하는 도마는 예수 오셨을 때에 함께 있지 아니한지라 (25)다른 제자들이 그에게 이르되 우리가 주를 보았노라 하니 도마가 가로되 내가 그 손의 못자국을 보며 내 손가락을 그 못자국에 넣으며 내 손을 그 옆구리에 넣어 보지 않고는 믿지 아니하겠노라 하니라"(요 20:24-25).

요한복음 20장 24-25절의 내용을 읽고 '의심이 많은 도마'라는 별명을 붙인다. 그러나 도마의 의심은 불신앙적인 면에서의 의심이 아니라 그 부활의 주를 다른 제자들이 보고 예수의 부활을 믿은 것처럼 도마도 부활의 주를 재확인해 보고 확실히 믿기 위하여 한 말이라고 생각한다. 왜냐하면 사실 다른 제자 역시 다 예수의 부활을 쉽게 받아들이지 않았던 것을 복음서가 증언하고 있기 때문이다. 엠마오로 내려가는 두 제자가 부활의 주와 서로 질문을 주고받을 때 그중 한 사람이 글로바라고 밝히고 있는데(눅 24:18) 그 증언과 열 명의 사도들의 반응을 보면 이렇다.

"(32)저희가 서로 말하되 길에서 우리에게 말씀하시고 우리에게 성경을 풀어 주실 때에 우리 속에서 마음이 뜨겁지 아니하더냐 하고 (33)곧 그 시로 일어나 예루살렘에 돌아가 보니 열한 사도와 및 그와 함께한 자들이 모여 있어 (34)말하기를 주께서 과연 살아나시고 시몬에게 나타나셨다 하는지라 (35)두 사람도 길에서 된 일과 예수께서 떡을 떼심으로 자기들에게 알려지신 것을 말하더라 (36)이 말을 할 때에 예수께서 친히 그 가운데 서서 가라사대 너희에게 평강이 있을지어다 하시니 (37)저희가 놀라고 무서워하여 그 보는 것을 영으로 생각하는지라 (38)예수께서 가라사대 어찌하여 두려워하며 어찌하여 마음에 의심이 일어나느냐 (39)내 손과 발을 보고 나인 줄 알라 또 나를 만져 보라 영은 살과 뼈가 없으되 너희 보는 바와 같이 나는 있느니라 (40)이 말씀을 하시고 손과 발을 보이시나"(눅 24:32-40).

위와 같이 말씀하시는 가운데 열한 사도가 부활의 주를 "영으로 생각하는지라"(37절)고 말씀하였고, 또다시 사도들에게 "어찌하여 마음에 의심이 일어나느냐"(38절)라고 그들의 의심을 책망하면서 그들에게 손과 발을 보여 주셨다. 이 누가의 본문은 요한복음 20장 19-23절과 병행구절이다. 요한복음에서는 도마가 없는 열 명의 사도들이 모인 자리였다. 그렇다면 열 명의 사도들이 의심한 것이나 도마가 의심한 것이나 크게 다르지 않다고 보여진다.

도마는 제자들이 다시 모인 곳에 부활의 주가 찾아오시어 자신이 했던 말을 그대로 인용하시는 것-"도마에게 이르시되 네 손가락을 이리 내밀어 내 손을 보고 네 손을 내밀어 내 옆구리에 넣어 보라 그리하고 믿음 없는 자가 되지 말고 믿는 자가 되라"-을 보고 생각하기를 며칠 전에 십자가에 못 박혀 죽은 사람이 어떻게 내가 한 말을 그대로 하실까 하는 놀라움에, 그 십자가의 상흔에 손을 넣어 보고 믿는다고 해놓고 손을 넣어 보지도 않은 채 곧 신앙고백을 한다.

그러면 도마가 십자가의 상흔을 직접 만져 보지도 않고 신앙고백을 한 이유는 무엇일까? 뿐만 아니라 의심 많던 도마가 의심의 먹구름을 걷고 부활의 주를 믿게 된 이유는 무엇일까?

1) 도마는 부활의 주가 방 안으로 들어올 때 상황적으로 느꼈기 때문이다.

(1) 부활의 주가 시공을 초월하여 들어온 것을 알았으며(요 20:26)

(2) 부활의 주가 예수 없는 곳에서 도마 자신이 한 말을 그대로 인용함을 보고(요 20:27)

(3) 직접 십자가의 상흔과 부활의 몸을 보니 믿음이 생겼다(요 20:28).

그래서 도마는 직접 자기의 손을 부활의 몸에 대지 않고 믿을 수 있었다. 또 요한복음 20장 29절에서 "예수께서 가라사대 너는 나를 본 고로 믿느냐 보지 못하고 믿는 자들은 복되도다"라고 한 말씀 가운데 도마가 부활한 주의 몸에 손을 넣어 보지도 않은 채 믿은 것을 인정하셨다.

그러면 도마가 주의 몸에 손을 넣어 보지도 않은 채 믿을 수가 있었던 신학적 이유는 무엇이었을까?

2) 신학적인 이유

(1) 유대인들은 성경이나 역사나 전통 속에서 '여호와' 라는 하나님의 이름을 신성시해서 감히 부르지 못했다.

> 하나님께 대한 직접적인 호칭을 피했던 전통은 중요한 점을 시사한다. 유대인들은 이름을 부르는 것 자체가 그 명명 대상에 대해서 명령하고 우월권을 행사하는 것이라고 생각했다. 이런 전통은 웃어른들의 함자를 직접 부르지 않는 우리나라의 전통과도 유사점을 지니고 있다. 동서양을 막론하고 이런 관습에서는 호칭되는 대상에 대한 존경심이 배어 나온다.97)
>
> 유대인들은 제3계명에 나타난 "하나님의 이름을 망령되이 일컫지 말라"는 명령에 따라 성전에서 아주 특별한 때에만 여

97) http://blog.daum.net/desertgo/9744864. 2007.02.15 23:52 사막의 별 박승찬/가톨릭대 교수

호와/야훼 신명을 사용하였으며, 성전 멸망 후 회당에서는 일체 사용하지 않았다. 성서를 읽다가 신명을 지칭하는 히브리어 יהוה(YHWH)라는 글자가 나오면, 우리가 선조의 이름을 함부로 부르지 않고 함자(銜字)로 부르며 기휘(忌諱)한 것처럼 '나의 주'(Adonay)로 바꾸어 읽었다.[98]

유대인들은 십계명에 따라 하나님의 이름을 함부로 부르는 것을 몹시 꺼리는 전통을 가지고 있었다. 그래서 포로기 이후에 와서는 하나님의 이름은 절대 거룩하여 함부로 발음할 수 없다고 하여 자음으로만 구성된 하나님의 이름 야훼(יהוה)를 부르지 않고 대신에 '나의 주님'이란 뜻의 아도나이(אדני)가 관례적으로 사용되었다.[99]

① 서기관들은 매일 필사하는 중에 '여호와'라는 신명(神名)이 나오면 즉시 쓰는 일을 멈추고

"내가 그분의 이름의 거룩성을 위하여 하나님의 이름을 쓰노라고 말한다. 그러고 나서는 목욕을 하고 마음을 새롭게 하여 붓을 깨끗이 빤 후에 '여호와'의 이름을 기록했다. 만일 기록하다가 조금이라도 틀린 부분이 있으면 지금까지 사용하던 파피루스 종이 전체를 소각하여 버렸다."[100]

② 유대인 제도에서는 계속 사용하기에 너무 낡았다고 생각되는 히브리어 성서 사본은 회당의 보관실인 게니자(genizah)에 보관하였다. 보통 유대교 회당의 다락방이나 지하실에 있는데 오래된 성

98) 허호익, 《현대조직신학의 이해》 (서울: 대한기독교서회, 2003), p. 22.
99) http://blog.daum.net/daedoju/10708765
100) 제자원, 《그랜드 종합주석 1권 성경총론 성경교리 창세기》 (서울: 성서교재간행사, 1991), p. 22.

전사본이나 제기(祭器) 등을 보관하는 곳이다.

> 1896년 솔로몬 섹터(Solomon Schechter)는 카이로에 있는 오래된 에즈라 회당 안의 '게니자'를 조사했는데 이곳에서 약 9만 개의 사본이 발견되었다. 그 뒤 성서학자들은 값으로 따질 수 없이 귀중한 자료를 많이 간직한 이곳을 고유명사화하여 '게니자'라고 불렀다.[101]

> 중세기에는 성스러운 문서들을(종종 경건하고 학식 있는 유대인의 유품과 함께) 의식을 갖추어 매장하는 것이 가장 적절한 폐기 방법이라 생각했으므로 대부분의 유대교 회당에 게니자가 있었다. 하나님의 이름을 담고 있기 때문에 셰모트(shemot: '이름'이라는 뜻)라고 불리기도 한 수많은 성전 사본이 방치되어 먼지가 쌓이거나 서서히 분해되었다.[102]

게니자(genizah)에 히브리어 성경사본을 보관한 그 이유는 "히브리어 글자들인 테트라그라마톤(tetragrammaton)"[103]이 그 성경에 들어 있기 때문이었다. 이 신성사문자(神聖四文字), 즉 야훼의 4자음 문자(히) 하나님 4자(YHWH)를 웹스터 사전(Webster's Dictionary)에서 테트라그라마톤(tetragrammaton)이라 한다.

③ 유대인들은 제3계명의 나타난 "하나님의 이름을 망령되이 일컫지 말라"는 명령에 따라 성전에서 아주 특별한 때에만 이 하나님의 이름을 사용하였다. 그 결과 포로기 이후에 생략된 형태를 제외

---

101) 게니자. [성물고] 출처: 브리태니커 관련 태그
http://enc.daum.net/dic100/contents.do?query1=b01g2373a

102) Ibid.

103) 허호익, 《현대조직신학의 이해》(서울: 대한기독교서회, 2003), p. 22에서 교회교부들은'YHWH'라는 신명을 '성사문자'(聖四文字, Tetragrammaton)라 하여 "말해지지 않는 이름", "말로 표현할 수 없는 이름"

하고 그 이름을 크게 읽을 수 없었다. 그래서 성경을 읽다가 그 이름이 나오면 케레(읽는 전통을 말한다)를 사용하여 '아도나이'(אֲדֹנָי, 주님)이라고 읽었다. 이런 전통에 따라 기원전 3세기에 히브리어 구약성서를 희랍어로 번역한 70인 역에서도 이것을 '아도나이'로 읽었고 그런 까닭에 '나의 주'(kyrios)로 번역하였다.[104)]

④ 또한 예수님도 "나와 아버지는 하나이니라"(요 10:30)고 하셨다. 즉 예수가 하나님 되심을 선언했고, 예수를 '하나님의 아들'로만이 아니라, '하나님'으로 규정하고 있기도 하다.[105)]

(2) 이러한 예수의 말씀과 이스라엘 백성들 사이에 지켜온 전통을 아는 도마는 야훼 하나님을 만질 수 없었다. 유대인들은 하나님을 눈으로 보았거나(삿 13:22), 음성을 듣든지, 또 하나님의 불을 보았든지(신 18:16), 심지어 하나님의 옷자락을 성전에서 보아도 화를 당하는 줄로 알았다(사 6:1-5). 그러한 유대인들의 신앙 상태를 알고 있는 도마가 감히 부정하고 의심 덩어리인 본인이 부활의 주를 '야훼 엘로힘'이라고 고백하고 그 하나님을 만진다는 것 자체가 용납될 수 없는 일이기에 부활의 주를 만지지 않았다고 본다.

부활의 주를 자신과 같은 더러운 죄인이 뵐 수도 없는 거룩하신 분이라는 사실을 알면서 그 하나님을 손으로 만진다는 것은 도저히 있을 수 없는 불경스러운 일이다. 그렇기 때문에, 도마는 절대로 부활의 주를 만지지 않았다. 만질 수도 없었다. 그가 부활의 주를

104) http://www.reportworld.co.kr/mypage/down/download.html#
105) 김득중, 《요한신학》(서울: 컨콜디아사, 1996), p. 317.

만졌다면 그의 신앙고백이 허무하게 무너지는 것이다.

마태복음은 주가 무덤에서 부활하시고 첫 만남인 막달라 마리아와 다른 마리아에게 "예수께서 저희를 만나 가라사대 평안하뇨 하시거늘 여자들이 나아가 그 발을 붙잡고 경배하니"(마 28:9)라고 단수가 아닌 복수의 여자들이 부활한 예수의 발을 붙잡은 것으로 되어 있다. 그러면 복수인 여인들은 누구일까? 마태복음 28장 1절에서 "안식일이 다하여가고 안식 후 첫날이 되려는 미명에 막달라 마리아와 다른 마리아가 무덤을 보려고 왔더니"라고 기록하고 있어 그 여인들의 이름이 구체적으로 명시되어 있다. 그중 하나가 막달라 마리아이다. 즉 막달라 마리아가 부활의 주를 만진 것이다. 그러나 요한 사도는 요한복음에서 "예수께서 이르시되 나를 만지지 말라 내가 아직 아버지께로 올라가지 못하였노라 너는 내 형제들에게 가서 이르되 내가 내 아버지 곧 너희 아버지, 내 하나님 곧 너희 하나님께로 올라간다 하라 하신대"(요 20:17) 라고 막달라 마리아가 직접 만지지 못한 것으로 기록했다.

뿐만 아니라 막달라 마리아는 부활의 주를 보고 "랍오니"(요 20:16)라고 불렀다. 그렇다. 막달라 마리아는 부활의 주를 처음 만났을 때 "랍오니"라고 호칭한 것이다. "막달라 마리아는 자기 앞에 서 있는 분에 대해 부활하신 주님으로가 아니라 생전의 예수로 생각하고 있었다고 보아 단지 '선생님'으로 보는 것이다."[106] 그래서 막달라 마리아는 부활의 주를 직접 만지려고 했던 것이다. 그러나 도마는 부활의 주의 상흔을 본 순간 그동안 알고 있었던 예수를 메시아에서 한 걸음 더 나아가 하나님의 아들로, 그리고 더 나아가 본체인 하나님으로 보았기 때문에 그 하나님을 만질 수

106) BEC 벧엘 컴퓨터, 《할렐루야 8》, 요 20:16 주석.

가 없었던 것이다.

이렇게 막달라 마리아와 도마가 부활의 주를 만지고 안 만지고의 차이는 막달라 마리아와 도마 간의 부활의 주를 보는 견해와 신앙의 차이에서 나온 엄청난 결과인 것이다. 그래서 요한복음에서 "예수께서 가라사대 너는 나를 본 고로 믿느냐 보지 못하고 믿는 자들은 복되도다"(요 20:29)라고 말씀하셨다.

도마가 부활의 주를 만지지 않고 예수 십자가의 상흔만을 보았기 때문에 예수께서 도마에게 하신 말씀이 무엇을 의미하는지 확실하게 알 수 있다. 아마 도마가 부활의 주를 만져 보고 부활을 믿었으면 "너는 나를 만진 고로 믿느냐 만지지 않고 믿는 자들은 복되도다"라고 말씀하셨을 것이라고 필자는 주장하는 바이다.

(3) 그럼에도 불구하고 성 십자가 성당은, 일설에 의하면 320년 콘스탄티누스 대제의 어머니, 정확히 말하자면 성녀 헬레나가 성지 예루살렘에서 옮겨온 그리스도의 유물들을 보존하기 위해 지었다고 한다. 여기에 예수 그리스도의 늑골에 넣어 보았던 성 도마의 손가락 뼈가 있다고 한다(요 20: 24-29 참조). 그러나 이 말은 믿을 수 없는 전승이다. 절대로 도마는 부활의 주를 만지지 않았다. 아마 이 손가락이 도마의 손가락이라면 성경을 곡해한 후대의 사람들이 도마가 부활의 주를 만졌으리라고 추정하고 강제로 손가락을 절단해서 보존했는지는 모르는 일이다.

◆ 결론

도마의 예수 부활 의심에 관한 이야기는 오직 요한복음에서만 그 내용을 찾아볼 수가 있다. 그만큼 도마를 공관복음에서는 유야무야(有耶無耶)한 존재로 본 것이다. 그러나 요한은 다른 시각으로 보았다.

부활의 주를 제일 먼저 무덤에서 만났던 마리아는 앞에서도 지적한 대로 부활의 주님을 뵙고 "랍오니"(요 20:16) 즉 '나의 선생님'이라고 고백했다. 제자인 베드로와 요한은 예수 그리스도의 무덤에 직접 들어가 부활의 현장을 보았다. 그러나 이들에게서는 신앙고백이 없었다. 또한 예수의 열두 제자들 중 가룟 유다와 도마만 빠진 자리(요 20:19-23; 눅 24:40-41)에 사람들을 두려워하여 제자들이 은밀히 숨어 있는 곳에 부활의 주가 직접 찾아가셨다. 제자들은 부활의 주를 직접 만나 보고 "너무 기쁘므로 오히려 믿지 못하고 기이히 여긴 자들"이었다. 여기에 비하면 도마는 처음에는 강한 의심을 가졌지만 부활의 주를 직접 만나고 나서 이러한 대단한 신앙고백을 한 것이다. 이는 어느 제자들보다 더 확고하게 부활의 주를 확신한 것이다. 뿐만 아니라 도마의 신앙고백은 베드로나 나다나엘의 신앙고백처럼 예수를 '하나님의 아들'로만 만족하지 않고 궁극적인 하나님과 동등하신 본체로 보았다는 것이다. 이러한 신앙고백은 오직 도마에게서만 볼 수 있는 신앙고백이다.

우리는 때에 따라서 하나님의 말씀을 많이 듣고 또 체험해도 부활을 더디 믿고 불신앙적인 언어와 행동을 하는 경우를 많이 본다. 그러나 도마는 부활의 주를 만나고 부활을 확신했다. 우리도 도마처럼 부활의 주를 보고 예수 부활을 확신하는 것과 더불어 도마처럼 우리의 삶도 변화가 일어나야 한다.

제6장

요한과 도마의 부활신앙의 특징

(요 20:7-9, 20:26-29; 개역개정판)

(7)또 머리를 쌌던 수건은 세마포와 함께 놓이지 않고 딴 곳에 쌌던 대로 놓여 있더라 (8)그때에야 무덤에 먼저 갔던 그 다른 제자도 들어가 보고 믿더라 (9)(그들은 성경에 그가 죽은 자 가운데서 다시 살아나야 하리라 하신 말씀을 아직 알지 못하더라)(요 20:7-9).

(26)여드레를 지나서 제자들이 다시 집 안에 있을 때에 도마도 함께 있고 문들이 닫혔는데 예수께서 오사 가운데 서서 이르시되 너희에게 평강이 있을지어다 하시고 (27)도마에게 이르시되 네 손가락을 이리 내밀어 내 손을 보고 네 손을 내밀어 내 옆구리에 넣어 보라 그리하여 믿음 없는 자가 되지 말고 믿는 자가 되라 (28)도마가 대답하여 이르되 나의 주님이시요 나의 하나님이시니이다 (29)예수께서 이르시되 너는 나를 본 고로 믿느냐 보지 못하고 믿는 자들은 복되도다 하시니라(요 20:26-29).

“여드레를 지나서 제자들이 다시 집 안에 있을 때에 도마도 함께 있고 문들이 닫혔는데 예수께서 오사 가운데 서서 이르시되 너희에게 평강이 있을지어다 하시고”(요 20:26)라고 기록하고 있는데 앞 장(5장)에서 지적한 대로 예수님 부활 후 여드레를 지난 당시는 주님께서 처음 부활하신 날로부터 일주일이 지난 다음 일요일이다.

> 예수께서 부활하신 후 갈릴리로 가서 제자들을 만나실 것을 약속하셨고(마 26:32) 또한 천사들을 통해 이 사실이 재차 통보되었음에도 불구하고(막 16:7) 제자들이 여전히 유대에 머물고 있었던 것은, 그들의 믿음이 부족한 탓도 있었지만 도마를 기다리기 위함이었을 것이라고 짐작할 수 있다. 요한복음 20:26에 보면 이제는 도마를 포함한 모든 제자들이 모여 있었다. 그리고 전과 같이 문은 닫혀 있었다. 이번에도 찾아오시어 예수님은 평강을 기원했다. 그의 죽음은 제자들에게 깊은 좌절과 슬픔을 가져다주었지만 그의 부활은 제자들에게 기쁨과 평강을 가져다준 것이다.[107]

그렇다면 요한과 도마의 부활신앙의 특징은 무엇인가?

1. 요한은 직관으로 믿는 신앙적 태도를 가졌다

> “또 머리를 쌌던 수건은 세마포와 함께 놓이지 않고 딴 곳에 쌌던 대로 놓여 있더라”(요 20:7, 개역개정).
> “또 머리를 쌌던 수건은 세마포와 함께 놓이지 않고 딴 곳에 개켜 있더라”(요 20:7, 개역한글).

직관력(直觀力, 육감, 예감)의 사전적 의미는 판단이나 추리 따

---

107) BEC 벧엘 컴퓨터, 《할렐루야 9》 요 20:26 주석.

위의 사유 작용을 거치지 아니하고 대상을 직접적으로 파악할 수 있는 능력을 말하는 것이다. 예를 들면, 날카로운 직관력 또는 직관력이 뛰어나다는 뜻으로 사용된다. 사도 요한은 이 직관력이 남달리 뛰어났다. 요한은 예수 부활을 직관으로 알고 믿은 것이다.

1) "머리를 쌌던 수건은……쌌던 대로 놓여 있더라"(개켜 있더라, 요 20:7).

이렇게 "쌌던 대로 놓여 있더라"에 해당하는 헬라어 엔테튈리그메논(ἐντετυλιγμένον)은 '싸다', '봉하다'라는 뜻으로 수건이 예수님의 시신을 쌌던 대로 둥그렇게 말려 있는 상태를 말한다. 본문에서 "머리를 쌌던 수건은 세마포와 함께 놓이지 않고 딴 곳에 쌌던 대로 놓여 있더라"는 표현에서 '딴'은 '따로 떨어진' 것을 뜻한다. 그리고 본 문장이 수동태이기 때문에 예수 자신이 수건을 딴 곳에 옮긴 것이 아니라 제3자가 옮긴 것이다. 그 제3자는 누구인가? 그 제3자는 천사다.

왜냐하면 마태복음 28장 2절에 "큰 지진이 나며 주의 천사가 하늘로부터 내려와 돌을 굴려 내고 그 위에 앉았는데"라고 기록했다. 그 천사는 예수의 무덤까지 찾아온 방문자가 무덤 안에 들어가 예수님의 부활을 확인하고 예수의 부활을 믿으라고 세마포와 머리를 쌌던 수건을 다른 데로 떨어지게 놓은 것이라고 필자는 주장한다. 그 이유를 설명하면 다음과 같다.

> 여기서 지진과 돌의 굴림은 예수의 부활의 시점을 알려 주거나 부활한 예수를 무덤 밖으로 나오게 하기 위한 이적이 아니라 오히려 여인들과 다른 주위의 사람들로 하여금 무덤이

비어 있다는 사실을 알게 하며 더 이상 죽음 아래 머물러 있을 수 없는 예수의 부활의 흔적을 목도하게 하기 위함이었다 (McNeil).[108]

위에서 맥닐(McNeil)의 주장대로 먼저 부활의 소식을 듣고 찾아올 방문자들을 위하여 부활의 흔적을 목도하라고 천사가 예수의 무덤의 문을 열어 놓은 것이라면(마 28:2), 천사들은 어설프게 행하지 않았을 것이다. 만약 천사가 무덤의 문만을 열어 놓는 것으로 끝이 났다면 그 천사의 행동은 어설픈 것이다. 왜냐하면 새 무덤의 주인공 아리마대 요셉은 부자(마 27:57)요 실세인 공회원(막 15:43)으로서 죽기 전에 미리 바위를 파서 새 무덤을 만들어 가매장(假埋葬)(마 27:60)을 할 정도로 여유가 있는 사람이기 때문에 무덤 안의 구조가 그리 단순하지 않았으리라 생각된다(마 28:2).

무덤 안에서 예수님은 벌써 "죽음의 권세를 떨치시고 생명이 충만한 상태로 부활하시어(벧전 3:18) 변화된 몸을 입으시고 무덤을 막은 돌의 유무(有無)에 상관없이 무덤 벽을 조용히 통과해 나가셨던 것이다(요 20:19)."[109]

그렇기 때문에 무덤 안의 방문자가 예수의 시신이 안치된 곳까지 직접 들어가서 확인하기 위해서는 천사의 두 번째 행동이 필요한 것이다.

천사의 두 번째 행동은 무덤 안에 들어온 방문자에게 예수께서 죽은 자 가운데서 부활하셨다는 사실을 알려 주기 위하여 예수의 머리를 쌌던 '수건은 세마포와 함께 놓이지 않고 딴 곳에 쌌던 대로'(요 20:7) 옮겨 놓았던 것이다. 그래야 방문자(제자)들이 무덤

---

108) BEC 벧엘 컴퓨터, 《할렐루야 9》, 마 28:2 주석.
109) Ibid.

안에 들어와 확실히 예수 부활의 흔적을 확인할 수 있기 때문이다. 그래서 성경 기자는 이 사건을 부활 후에 예수 자신이 수의(壽衣)를 옮긴 것이 아니라 무덤의 돌을 옮겨 놓은 천사가 한 일이기 때문에 수동태[110]인 엔테튈리그메논(ἐντετυλιγμένον)이라고 기록한 것이다. 벌써 부활의 주는 몸을 쌌던 수의에서 빠져나와 무덤까지 빠져나오신 이후의 일인 것이다.

"수건과 세마포가 '따로' 떨어져 있는 것이 아니라 목 길이 정도의 간격을 두고 서로 나란히 뉘어져 있어야"[111] 한다고 주장하는 학자도 있지만 사실 천사가 확실하게 세마포와 수건 사이를 떼어 놓아야 방문자가 그 떼어 놓은 공간 사이를 보고 부활을 확인할 수 있을 것이다. 그래서 본문 요한복음 20장 7절에 "머리를 쌌던 수건은 세마포와 함께 놓이지 않고 딴 곳에 쌌던 대로 놓여 있더라"고 기록했다고 필자는 주장한다.

2) 그렇다면 요한의 무덤 안의 세마포 확인 기록 목적은 무엇인가?

> 요한이 세마포가 그 자리에 놓여 있고 수건이 잘 정돈되어 있었다는 사실을 기록한 목적은 시체 도적설을 반박하기 위함이라는 점이다. 만약 누군가가 시체를 훔쳐 갔다면(마 27:64) 세마포를 벗겨내어 두고 간다거나 머리를 감쌌던 수건을 벗겨내어 잘 정돈해 놓았을 가능성은 희박하기 때문이다.[112]

---

110) 이병철, 《바이블 렉스 8.0》(서울: 브니엘성경연구소, 2009), 요 20:7. 원전 스트롱 번호: 1794 동분사 완료 수동 대격 중성 단수, 개켜 있더라.

111) BEC 벧엘 컴퓨터, 《할렐루야 9》, 요 20:7 주석.

112) Ibid.

위와 같이 말하면 천사가 무덤의 문을 열어 놓은 의미가 반감된다. 천사는 그렇게 어설프게 사건의 내용이 반감되도록 행하지 않았다. 완전하게 행했다. 오직 무덤의 문(門)만 천사가 열어 놓았다고 해서 제자들이 예수의 무덤에 들어가 부활의 흔적을 목도할 수는 없는 것이다. 그들을 믿게 하기 위해서는 바로 시체를 세마포로 안치했던 그 자리에까지 안내해 주어야 하는 것이다. 요한 사도가 무덤 안에 들어가 예수 부활의 현장을 살펴보았을 때 놀라운 것은 머리를 쌌던 수건은 세마포와 함께 놓이지 않고 딴 곳에 쌌던 대로 놓여져 있는(요 20:7), 전혀 믿을 수 없는 광경이었던 것이다. 요한은 누가, 무엇 때문에 예수의 시체를 쌓던 세마포는 그대로 놔두고 수건만 딴 곳으로 옮겨 놓았을까 하는 생각이 들었을 것이다. 이는 마치 매미가 애벌레에서 탈피(脫皮)하여 빈 껍질만 남아 있는 것처럼 예수의 온몸을 감쌌던 세마포와 수건으로부터 몸만 빠져나오는 신비한 방식으로 부활했기 때문이다. 만약에 예수의 죽은 무덤이 열려 있지 않으면 예수 부활을 확인할 수가 없는 것이다. 무덤 안의 출입이 불가능하면 무덤 안에 죽은 시체가 있는지 없는지 확인할 수 없다. 그래서 앞에서 필자가 주장한 대로 천사는 무덤 문을 열어 놓았고, 세마포마저 수건과 분리시켜 예수의 죽은 시체가 세마포 안에 없는 것을 보고 부활을 믿게 했던 것이다.

만약에 누가 무덤 안에 침입하여 사람의 손으로 고의적으로 이것을 분리했으면 애초에 머리를 쌌던 모습대로 분리하는 것은 불가능하다. 왜냐하면 사람의 손으로는 애초에 수건을 머리에 쌌던 모습의 형태를 만들 수가 없기 때문이다. "수건은 세마포와 함께 놓이지 않고 딴 곳에 쌌던 대로 놓여 있더라"는 의미는 마치 탕건식으로 수건 가운데가 둥그렇게 열려 있는 모습으로 딴 곳으로 옮겨진 상태를 말하는 것이다. 그래야 애초에 쌌던 모습 그대로 되기 때문이다. 이것은 사람의 손으로 옮기면 그 형태가 주저앉아서 만들 수가 없다. 이것은 사람의 손으로 하지 않은, 천사가 옮길 때에만 가능한 일이다.

"들어가 보고 믿더라"(요 20:8). 베드로가 담대히 무덤 안에 들어가 살펴보고 나자 요한도 힘을 얻어 무덤 안으로 들어가 보았다. 여기서 '믿더라'가 구체적으로 무엇을 대상으로 하는지를 규명하는 일은 쉽지 않다. 이것에 대한 학자들의 견해는 대략 두 가지로 나타난다. 첫째는, 요한이 무덤 안에 들어가 세마포와 수건이 있는 것을 보고 예수께서 부활하신 것을 믿게 되었다는 해석이다(Barrett, Godet, Hosknys). 특히 고데(Godet)는 요한복음 20장 8절의 '보고' εἰδεν(단수)와 '믿더라' καὶ ἐπίστευσεν(단수)의 두 동사가 모두 단수형으로 되어 있다고 해석하고 있다. 요한복음 20장 2-7절에서는 두 제자(베드로, 요한)가 함께 언급되고 9절과 10절에서도 함께 언급되지만 유독 8절에서만 단수형인 동사를 사용하여 그 다른 제자를 따로 언급한 것은 저자 요한이 자신만의 특별한 체험을 부각시키기 위한 의도를 보여 주며, 따라서 사도 요한이 여러 제자들 중 최초로 예수의 부활을 믿게 되었음을 본문은 밝히고 있다. 이 해석은 일면 타당성이 있지만 요한이 주님의 부활을 믿었다면 어찌하여 베드로나 무덤 밖에서 울고 있는 막달라 마리아에게 주님의 부활에 대해 한마디도 말하지 않았을까 하는 의문이 생길 수 있다. 설령 요한이 주님의 부활을 믿었다고 할지라도 그것은 주님의 부활의 의의를 총체적으로 이해한 것도 아니며(9절), 보지 않고 믿는 것에 비해(29절) 충분하지 못한 믿음이었다고 하겠다. 둘째는, 본문의 '믿더라'는 말의 뜻을 요한이 막달라 마리아의 말이 사실임을 알았다는 것으로 해석하는 입장이다(Broomfield). 학자들의 일반적인 견해는 전자에

가깝다(요 20:8).[113]

그러나 필자는 앞에서 말한 브룸필드(Broomfield)의 주장처럼 막달라 마리아의 말(요 20:2-"사람이 주를 무덤에서 가져다가 어디 두었는지 우리가 알지 못하겠다 하니")이 사실임을 요한이 믿은 것이 아니라고 생각한다. 또한 요한이 무덤 안에 들어가 세마포와 수건이 따로 분리되어 놓여있는 것을 보고 예수께서 평소에 세 번씩이나(마 16:21, 17:22-23, 20:18-19) "죽었다가 3일 만에 다시 살아나리라"고 하신 말씀이 생각나서 믿은 것도 아니다. 요한복음 20장 9절에서 "(저희는 성경에 그가 죽은 자 가운데서 다시 살아나야 하리라 하신 말씀을 아직 알지 못하더라)"고 말씀하고 있기 때문이다. 그렇기 때문에 요한이 예수 부활의 현장에서 직관력이 뛰어나기 때문에 시체가 없는 빈 무덤을 확인하고 예수님의 생존 시 "제 삼일에 살아나야 할 것을" 말씀하신 예수님의 말씀이 생각나서 신앙적으로 예수님의 부활을 믿은 것이 아니라 오직 직관력에 의하여 직관적으로 믿게 되었다고 보는 것이다.

3) 요한이 자신의 직관력을 발휘한 장면이 있다.

"예수의 사랑하시는 그 제자가 베드로에게 이르되 주시라 하니 시몬 베드로가 벗고 있다가 주라 하는 말을 듣고 겉옷을 두른 후에 바다로 뛰어내리더라"(요 21:7)고 말씀하고 있다. 베드로를 중심으로 한 일곱 명의 제자들이 그물을 오른편에 던지라고 말한 사람의 말을 듣고 순종하여 그물을 오른편에 던졌더니 들어 올릴 수 없을 정도로 많은 고기가 잡혔을 때에 비로소 사도 요한은 "그물을 배

113) BEC 벧엘 컴퓨터, 《할렐루야 8》, 요 20:8 주석.

오른편에 던지라"고 명하신 분이 그리스도이심을 알게 되었다. 이렇게 요한은 관찰에 능하다.[114] 요한복음 20장 8절에서도 그랬거니와 여기서도 요한은 남달리 빠른 직관력(直觀力)을 보여 주고 있다.[115] 그는 제일 먼저 부활의 주님을 알아보았고 베드로에게 '주님'이라고 말해 주었다.

이렇게 요한은 남달리 빠른 직관력으로 제일 먼저 주님을 알아보았고 그 사실을 베드로에게 말해 준 것이다. 요한은 탁월한 직관력으로 남다르게 빨리 현상을 파악하는 사도였다. 그러나 앞에서 말한 대로 요한이 직관적으로 부활 현장의 상태를 보고 "주님의 부활을 믿었다고 할지라도 그것은 주님의 부활의 의의를 총체적으로 이해한 것이 아니며, 그들은 성경에 그가 죽은 자 가운데서 다시 살아나야 하리라 하신 말씀을 아직 알지 못했다(요 20:9). 또 보지 않고 믿는 것에 비해(29절) 충분하지 못한 믿음이었다"[116]라고 하는 말에 동의한다.

> 요한은 도마의 이 고백("나의 주시며 나의 하나님이시니이다")을 이전까지 주님의 부활에 대하여 진정하게 이해하지 못하던 단계에서 그 참된 의미를 이해하게 된 전환점(turning point)으로 삼고 있는데, 이렇게 본다면 이는 제자들이 부활하신 그리스도를 확실히 인식하게 되는 과정을 대표적으로 표현한 사건이라고 볼 수 있다.[117]

---

114) 이상근, 《신약주해 요한복음》(서울: 대한예수교장로회총회교육부, 1977), p. 360, 요 21:7 주석 참조.
115) BEC 벧엘 컴퓨터, 《할레루야 9》, 요 21:7 주석.
116) Ibid., 요 20:8 주석.
117) 제자원, 《그랜드 종합주석 13권 누가복음 요한복음》(서울: 성서교재간행사, 1992), p. 1006, 요 20:28.

직관 자체는 신앙이 아니다. 우리는 직관의 방법에 의해서 하나님을 알고 믿는 것이 아니다. 직관이라는 방법을 통하여 하나님을 알 수 있는지는 모르겠으나, 직관으로 하나님을 알고 받아들이고 믿으면 불완전하다. 오직 신앙으로 인정해야 한다. 우리는 하나님의 말씀에 의한 하나님을 믿을 때 신앙이라 한다. 또한 하나님의 약속은 반드시 하나님의 말씀이기 때문에 성취된다는 것을 믿을 때 신앙이라 한다. 그리고 바울 사도처럼 하나님의 능력이나 초자연적인 현상의 체험을 통해 하나님의 역사를 믿게 될 때 신앙이라 한다. 이러한 면에서 요한은 예수님의 부활을 불완전하지만 처음에는 직관에 의하여 알고 믿었다고 본다.

2. 도마는 현상적 근거 위에서 증명될 때 믿는 신앙의 사람이었다

> "다른 제자들이 그에게 이르되 우리가 주를 보았노라 하니 도마가 이르되 내가 그의 손의 못자국을 보며 내 손가락을 그 못자국에 넣으며 내 손을 그 옆구리에 넣어 보지 않고는 믿지 아니하겠노라 하니라"(요 20:25).

도마는 부활의 주를 만났다는 열 명의 제자의 말을 듣고 부활에 대해 부정적인 말을 했다. 이를 두고 도마가 보인 강한 의혹 때문에 그는 많은 사람들에 의해 '비관론자', 또는 '회의주의자'라는 혹평을 받아 왔다.

> 그러나 정도의 차이는 있을지언정 보지 않고 믿지 못하기는 다른 제자들도 마찬가지였다는 점(막 16:11; 눅 24:36-43)을 고려한다면 도마만을 '회의주의자'로 매도하는 것은 공평하지

못하다고 할 수 있다.[118]

요한복음 20장 28절에서 도마가 주님이 허락하신 대로 그분의 손과 옆구리의 상흔(傷痕)을 확인해 보았는지에 대해서는 언급이 없이 바로 '나의 주 나의 하나님'이라고 감격에 찬 신앙 고백을 한다. 도마는 부활의 주를 보아야 믿는 형태이다. 도마의 부활신앙을 말한다면, 믿음은 현상적으로 증명될 수 있는 모종의 이적을 요구하는 것과 맥을 같이한다고 볼 수 있다. 그러나 결국 도마는 예수의 부활하신 몸을 보고 그분이 바로 십자가에 못 박혀 죽으신 분임을 확인했으며 끝내 믿음에 이르게 되었다.

> 본서 마지막 부분에 기록된 이 결정적인 고백은, 처음 예수의 본원적(本源的) 정체가 하나님이심을 밝히는 것으로 시작했던 것과 병행되면서(요 1:1), 예수 그리스도의 진면모를 분명하게 제시하고 있다. 십자가에 못 박혀 죽은 예수는 인간이기 이전에 태초에 하나님과 함께 계셨던 영원한 말씀 곧 로고스였고(요 1:1) 지금은 아버지 곧 하나님과 함께 가졌던 영광으로 다시 영화롭게 되신 분이다(요 17:5).[119]

> 도마는 부활하신 예수의 모습 속에서 살아생전에 제자들을 가르치고 먹여 주시던 주님을 재발견한 것이 아니라 새로운 참 하나님의 모습을 발견한 것인데, 이는 곧 도마가 예수의 부활의 의미를 진정으로 이해했다는 의미이다.[120]

이러한 도마의 신앙고백은 예수님의 본체를 '하나님'으로 알고

118) BEC 벧엘 컴퓨터, 《할렐루야 9》, 요 20:25 주석.
119) Ibid, 요 20:28 주석.
120) Ibid.

고백한 것이다. 이 도마의 신앙고백과 맥을 같이하여 예수님을 바로 인식한 사람이 있으니 바로 바울이다.

앞 장에서 지적한 대로 바울 또한 부활의 주를 정확하게 이해하고 빌립보서 2장 6-8절에서 다음과 같이 말씀했다.

> "(6)그는 근본 하나님의 본체시나 하나님과 동등됨을 취할 것으로 여기지 아니하시고 (7)오히려 자기를 비워 종의 형체를 가져 사람들과 같이 되었고 (8)사람의 모양으로 나타나셨으매 자기를 낮추시고 죽기까지 복종하셨으니 곧 십자가에 죽으심이라"(빌 2:6-8).

> 도마의 이 고백은 본서(요한복음)에서 말하고 싶은 하나님의 아들 되신 예수의 신성(神性)을 단적으로 표현하는 요절과도 같은 것이기도 하다.[121)]

신앙은 도마처럼 의심을 하면서도 그 의심을 풀려고 하는 노력이 필요하다. 뿐만 아니라 그 의심의 문제를 풀고 도마와 같은 신앙고백이 나에게도 필요하다. 우리는 도마를 의심이 많았다고 비난하기 전에 한번 깊이 생각해 보아야 한다. 도마의 의심의 태도는 의심을 위한 것이 아니라 참된 진리의 본질을 찾기 위한 탐구의 태도인 것을 알아야 한다.

---

121) 제자원, 《그랜드 종합주석 13권 누가복음 요한복음》(서울: 성서교재간행사, 1992), p. 1006, 요 20:28.

3. 그러나 예수님은 우리에게 안 보고 믿는 자가 복되다고 말씀하신다

예수께서 "너는 나를 본 고로 믿느냐 보지 못하고 믿는 자들은 복되도다"(요 20:29)라고 도마에게 말씀하셨다.

제자들은 부활하신 주님을 직관적으로 알기도 하고, 또 직접 목격한 결과로 믿음을 갖게 되었다. 그것은 제자들에게만 주어진 특정한 상황에 기인한 것이다. 그러나 이제는 부활하신 예수를 직접 보지 않고서도 성도들은 제자들이 가졌던 믿음과 동일한 믿음을 가질 수 있다.

왜냐하면 믿음에 있어서 '보는 것'은 없어서는 안 될 불가결(不可缺)의 조건이 아니기 때문이다. 부활의 증인만도 "오백여 형제"(고전 15:6)나 된다. 시몬 그린리프(Simon Greenleaf, 하버드 대학교 법학 교수)의 〈증거의 법칙에 관한 논문〉(증거의 신빙성을 다루는 데 있어 최고의 전문가로서, 이 분야의 불후의 명저로 손꼽힘)에서 예수님의 부활에 관한 역사적 증거들을 조사해 본 결과, 예수님의 부활은 역사상의 그 어느 사건보다도 더 많은 확실한 증거를 갖고 있다고 결론을 내린 바 있다.

◆ 결론

사도 요한은 예수 그리스도의 대표되는 세 제자 가운데 한 사람이요, 예수님과 이종 동생 간의 관계에 있으며, 성만찬 때는 예수의 품에 의지했던(요 13:23) 사랑하시는 자(요 13:23, 19:26, 20:2, 21:7, 20)라고 다섯 번씩이나 표현되어 있는 가장 사랑받는 제자였다. 그러기에 예수께서 부활하시던 새벽에 예수님의 빈 무덤을 확인한 막달라 마리아가 베드로와 요한에게 달려와서 "사람이 주를 무덤에서 가져다가 어디 두었는지 우리가 알지 못하겠다"(요 20:2)라고 말할 때 요한은 베드로와 함께 예수의 무덤까지 단숨에 달려올 만큼 예수님을 사랑했던 제자이다.

더구나 요한은 예수님의 빈 무덤에 초대되어 그 무덤의 현장을 확인한 영광의 두 제자 중 한 사람으로서 직관력이 뛰어난 사람이다. 그러나 그는 성서적인 신앙에 의한 부활신앙을 가지는 것이 아니라 오직 직관에 의하여 다른 사람보다 우선 파악할 수 있는 능력의 소유자로, 예수 부활의 빈 무덤 안에서 수의와 머리를 쌌던 수건이 딴 곳에 놓인 것만 보고 직관에 의하여 예수님이 살아나신 것을 믿은 사람이다. 요한은 이렇게 부활의 주를 보고도 부활을 믿었다는 것인지에 대해 불확실하며, 또 신앙고백도 없는 것이 도마의 부활신앙과의 차이점이다.

그러나 도마는 요한과 다르다. 도마는 공관복음에서는 전혀 활동이 보이지 않으며 요한복음에서만 활동이 두드러진다. 열두 명의 제자 명단 중 아홉 명만 기록된 요한복음에서 앞장(3장)에서 지적한 대로 예수님을 판 가룟 유다는 3위(10회)인데 도마의 이름은 4위(8회)로 기록되어 있다. 이에 반하여 요한 사도는 직접 그의 이름을 밝히지 않으면서 사랑하는 제자로서 숨어 버렸고, 그 이름도 도마의 이름이 기록된 횟수에 비하여 요한복음에서는 두 단계가 떨어지는 6위이다. 뿐만 아니라 도마는 예수님께서 부활하시어 제자들의 숨어 있는 장소에 첫 방문하셨을 때는 혼자 어디로 가버린 제자여서 부활의 주님을 만나지 못했다. 이 사건의 현장에 없었던 도마는 예수가 부활하여 제자들에게 보이셨다는 말을 듣고도 예수 부활을 본인이 직접 확인해 보고 만져 보아야 믿겠다는 신앙의 인물이었다.

제자들과 도마가 함께 모인 자리에 부활의 주가 다시 두 번째로 나타나셔서 도마에게 이르시되 "네 손가락을 이리 내밀어 내 손을 보고 네 손을 내밀어 내 옆구리에 넣어 보라 그리하고 믿음 없는 자가 되지 말고 믿는 자가 되라"고 하실 때 그는 "나의 주시며 나의 하나님이시니이다"라고 고백했다. 이러한 도마의 신앙고백은 어떠한 다른 제자도 하지 않은 부활신앙의 고백을 홀로 한 것이며, 가장 잘된 신앙고백으로 평가되고 있다. 혹 도마의 부활신앙을 알지 못하는 일부의 사람들이 도마를 '비관론자', 또는 '회의주의자'라고 평가했으나 부활의 주님을 의심하기로는 모든 제자들이 다 한가지였다.

부활의 주에 대한 도마의 신앙고백을 보면, 도마는 현상적 근거 위에서 증명될 때 믿는 신앙의 사람이며, 도마의 믿음은 현상적으로 증명될 수 있는 모종의 이적을 요구하는 것과 맥을 같이한다고 볼 수 있다.

우리는 도마처럼 예수 부활을 의심하지 않아도 된다. 성경에는 부활한 예수님을 목도한 증인들이 오백 명이나 되고(고전 15:6) 완성된 신·구약 성경이 예수의 부활을 증거하고 있다. 또한 성령께서 친히 예수의 부활을 증거하시기 때문에, 예수의 부활의 모습을 직접 보지 않아도 '믿고 말할 수 없는 영광스러운 즐거움으로' 기뻐할 수가 있다(벧전 1:8). 이제 우리는 부활의 주를 목격한 사도들의 체험과 증언의 기록을 통하여 부활의 주를 확실히 받아들인다. 그러나 그보다 더 중요한 것은 신·구약 성경의 증거와 성령의 증거로 부활의 주를 확실히 믿는 것이다.

제7장

요한이 본 예수 그리스도의 일곱 제자 명단

(요 21:2을 중심으로)

시몬 베드로와 디두모라 하는 도마와 갈릴리 가나 사람 나다나엘과 세베대의 아들들과 또 다른 제자 둘이 함께 있더니(요 21:2).

요한 사도는 요한복음 21장 2절에서 예수 그리스도의 일곱 제자 명단을 기록했다. 요한이 예수의 제자 열두 명 중 유독 일곱 제자만을 선택한 의도는 무엇이며, 그 서열을 어떻게 정했는가를 연구한 것이다.

예수 그리스도께서는 열두 명의 제자를 선택하셨다. 또한 공관복음에는 예수 그리스도께서 열둘을 불러서 제자를 세우신 이유를 밝히고 있다(막 3:13-15; 요 15:16). 그 이유는 "이는 자기와 함께 있게 하시고 또 보내사 전도도 하며 귀신을 내어쫓는 권세도 있게 하려 하심이러라"(막 3:14-15)고 밝히고 있다. 그리고 "너희로 가서 과실을 맺게 하고 또 너희 과실이 항상 있게"(요 15:16)하기 위함이라고 밝히고 있다. 즉 예수 그리스도께서는 당신이 떠나신 후 당신의 사역인 복음을 전하는 일을 계속하기 위하여 공관복음 전체(마 10:2-4; 막 3:14-19; 눅 6:13-16)에서 그 제자의 수와 명단을 모두 밝힌 것이다. 그런데 제4복음서인 요한복음에는 예수 그리스도의 제자의 수가 열둘임을 밝히면서도 명단을 밝히지 않고 있으며, 요한복음 21장에서 일곱 제자만을 밝히고 있다.

필자는 이에 대해 관심을 갖게 되었고 왜 일곱이어야 하며, 그들의 명단과 더불어 요한이 정한 일곱 제자의 서열 순에 대하여 관심이 있어 이를 연구하게 되었다.

본 연구는 세 부분으로 나누어 첫 부분에서는 요한이 공관복음의 열두 제자 중 왜 일곱 명의 제자만을 선택했는가를 논하고, 두 번째 부분에서는 일곱 제자의 서열과 명단에 대한 설명을 하고, 세 번째 부분에서는 신앙고백자들의 열매는 어떻게 나타났는가를 찾아보고 간단하게 결론으로 끝맺고자 한다.

제4복음서 기자의 집필 의도에 관한 한 가지 유명한 견해는, 그가 기존의 공관복음서들을 능가하기 위해 이 복음서를 집필했다는 것이다. 이 견해는 요한이 다른 세 복음서들을 알고 있었다는 것과, 그가 세 기자들에 의해 보존된 전승에 관한 그 나름의 판본을 내어놓고 싶어 했다는 점을 가정하고 있다. 그 경우에 그는 공관복음서들을 완전히 대치하거나 어떤 방법으로든 보완하려고 집필한 것이다. 요한의 복음서가 공관복음서들을 (보완하기 위해서라기보다) 능가하려는 의도로 집필되었다는 논지는, 한스 윈디쉬(Hans Windish)에 의해 1926년에 주창되었다.[122]

요한이 공관복음서들의 바탕에 깔려 있는 공통의 그리스도교 전승에 친숙해 있었으나, 현재의 세 복음서 자체의 모습 그대로의 기록물 형태를 알고 있었거나 이용하지는 않았다고 믿을 만한 강력한 이유들이 존재한다는 사실이 이미 논증되었다. 만약 이 가정이 조금이라도 비중을 지닌다면, 결국 요한복음은 공관복음서들을 수정하거나 보완하고자 만들어졌을 수 없다.[123]

또한 사도 요한이 요한복음을 집필할 때 공관복음을 알고 있었는지, 또는 문서 자료로 이용했는지의 문제가 오래전부터 제기되어 왔었다. 이 문제에 관해서 슈낙켄부르크(Schnackenburg)는 다음과 같이 결론짓고 있다.

일반적으로 이전의 학자들은 요한이 공관복음을 알고 있었다고 생각하는 경향이 있었고 이런 토대 위에서 상호 관계를 밝혀 보려고 노력했다고 말할 수 있다. 그러나 좀 더 최근에

122) 스티븐 S. 스몰리 저/김경신 역, 《요한신학》(서울: 반석문화사, 1991), pp. 187-188.
123) Ibid., p. 190.

와서는 문학적인 관계를 모두 부인하고 요한 전승의 독자성을 주장하는 경향이 훨씬 더 강하다. 이것을 좀 더 분명히 말한다면, 요한이 직접 문학적으로 공관복음에 의존하고 있다는 것은 거의 가능성이 없다는 말이다. 공관복음과의 부분적인 일치는 요한복음 저자와 공관복음 저자가 공동의 구전 자료를 사용하였기 때문인 것으로 보여진다. 그렇다고 요한이 다른 복음서들에 대해 전혀 아무것도 알고 있지 못했다는 것을 뜻하는 것은 아니다. 그가 그의 복음서를 다른 복음서들의 문학적 패턴에 맞추어 기록했다는 사실에서도 이런 결론이 가능하다. 분명히 요한은 공관복음서들을 그의 자료로 사용하지는 않았다. 요한 전승은 대체적으로 독자적인 것이며, '요한적' 전승들과 '공관복음적' 전승들은 서로 독자적으로 존재했다고 보는 것이 확실한 것이다. 이것이 사실이라면 요한이 공관복음을 '완성', '교정', 혹은 '대치'하기 위해서 기록했는가 하는 문제도 결국은 아무런 의미가 없는 문제가 되고 마는 셈이다.[124]

이처럼 제4복음서의 집필 동기에 대해 여러 가지 견해가 있다. 필자는 요한복음 저자와 공관복음 저자가 공동의 구전 자료를 사용했다는 전제하에 요한이 예수 당시의 열두 제자의 명단을 알고 있으면서(요한복음에는 열두 제자라는 말이 4회 나온다-요 6:67, 70-71, 20:24) 의도적으로 요한복음 20장에서 에필로그를 쓰고 다시 부록과 같이 요한복음 21장에서 새로운 일곱 제자의 명단을 수록했다고 본다.

먼저 요한복음 21장이 요한 사도의 저작인가 하는 신학적으로 기본적인 질문부터 해보고자 한다.

---

124) 김득중, 《요한의 신학》(서울: 컨콜디아사, 1996), pp. 13-14.

> 요한복음 21장의 문제: 전장인 20장 30-31절로서 본서가 결론지워지고, 21장은 그 후의 부록이라는 것은 유력한 학자 간에 거의 일치된 견해이다. 동시에 사본들은 예외 없이 본장을 포함하고 있으며, 이 사실은 고대 교부들(Tertullian, Origen)에 의해서 입증되어 있음을 보아, 본장이 본서에서 분리될 수 없는 것도 확실하다. 여기에 논의되는 문제는 본장이 1-20장과 같은 저자의 손으로 기록되었느냐(Lightfoot, Sanday, Westcott, Bernard, Dods 등), 다른 사람이 기록한 것이냐(Moffatt, Strassen, Baur 등)에 있다.
>
> 이상과 같이 본장은 다른 사람이 기록한 것으로 보는 견해가 있으나 동일 저자설을 취하는 편의 무게에 비할 수는 없다. 첫째, 본장의 문체, 용어 등은 1-20장과 같은 것을 쉽게 발견할 수 있다.125)

필자는 본서의 21장은 요한복음 1-20장의 내용을 정확히 파악한 사람만이 기록할 수 있는 제자 서열이라고 생각한다. 왜냐하면 요한복음 전체의 내용을 집필한 저자이지 않고서는 그 사상을 잘 알 수 없기 때문이다. 일곱 제자들의 서열은 그 사상을 알고 있는 저자 요한이 제자들의 신앙고백 및 그의 증언에 의해 서열을 정했기 때문이다.

제자는 먼저 그들의 행적도 중요하지만 그들이 예수 그리스도를 어떻게 보고 무엇을 믿었는가 하는 것이 요한 사도가 예수의 또 다른 제자들을 보는 관점이다. 왜냐하면 사도의 신앙고백이나 그리스도에 대한 증언은 제자들의 신앙관을 말해 주며 사람들은 그의 신앙관과 체험한 것에 따라 활동하며 사역하기 때문이다.

---

125) 이상근, 《신약주해 요한복음》(서울: 대한예수교장로회총회교육부, 1977), p. 357.

1. 요한은 공관복음의 열두 제자 중 왜 일곱 명의 제자만을 선택했을까?

"(1)그 후에 예수께서 디베랴 바다에서 또 제자들에게 자기를 나타내셨으니 나타내신 일이 이러하니라 (2)시몬 베드로와 디두모라 하는 도마와 갈릴리 가나 사람 나다나엘과 세베대의 아들들과 또 다른 제자 둘이 함께 있더니"(요 21:1-2).

요한은 예수 부활 후에 갈릴리 호수에서 일곱 명의 제자들이 배에 올라 고기를 잡았음을 기록하고 있다. 이 일곱이라는 숫자는 요한 사도가 비로소 처음 밝히는 제자의 명단이다.

그러나 공관복음에서는 제자의 명단을 밝히면서 열두 명을 기록하고 있다. 그 명단도 있으며 열두 제자라는 말이 많이 나온다. 사복음서에서 열두 제자가 나오는 횟수는 마태복음 7회, 마가복음 10회, 누가복음 7회이며, 요한복음에는 4회가 나온다. 그러나 요한복음에는 열두 제자 명단은 없고 일곱 제자 명단만 끝장에 나온다. 그 이유는 무엇일까? 그러면 요한은 왜 일곱 명의 제자만을 선택했을까 하는 의문을 갖게 된다.

1) 요한은 7이라는 숫자를 좋아했다.

요한복음은 상징적인 책이다.[126] 특히 '7'이라는 숫자를 즐겨 사용했다.

"요한복음은 상징적인 숫자라고 불리는 3과 7로 엮어져 있는 감이 있다."[127] 또 "한편 본 절(요 21:2)에서 예수의 제자 일곱 명만이

126) Ibid., p. 21.
127) Ibid.

언급된 것에 관해 어떤 학자는 본서의 저자 요한이 '일곱'이라는 숫자를 좋아했기 때문에 특별히 일곱 명만을 언급한 것"[128]이라고 한다. 하지만 갈릴리 해변에 있던 일곱 제자들의 명단은 의도가 있어서 일곱 명만 선택했다고 필자는 생각한다. 그 이유는 요한복음에서는 일곱에 대한 실례를 두 군데에서 찾을 수 있다. 하나는 일곱 개의 표적과 또 하나는 일곱 개의 '나는……이다'라는 표현법이다.

(1) 특별히 일곱 가지를 선택하여 표적이라고 한 분명한 의도를 엿볼 수 있다.

> 그 일곱 가지 표적은 다음과 같다. ① 물로 포도주를 만드심(2:1-11), ② 왕의 신하의 아들을 고치심(4:46-54), ③ 혈기 마른 병자를 고치심(5:2-9), ④ 5천 명을 먹이심(6:4-13), ⑤ 물 위로 걸어가심(6:16-21), ⑥ 나면서부터 소경 된 자를 고치심(9:1-7), ⑦ 나사로를 부활시키심(11:1-44).[129]

(2) 또 예수의 자기 정체성을 지적한 것이다.

> 하나의 가장 현저한 예는 '나는……이다'(ἐγώ εἰμι)라는 용법일 것이다……본서 중에 이 표현법은 그리스도의 입을 통하여 7차나 사용되며, 그것은 그의 초연한 신성을 표시한 것으로 탁월한 주경가 간에 일치된 견해이다. 즉 ① 생명의 떡(6:35), ② 세상의 빛(8:12), ③ 양의 문(10:7), ④ 선한 목자(10:11), ⑤ 부활이요 생명(11:25), ⑥ 길이요 진리요 생명(14:6), ⑦ 참 포도나무(15:1).[130]

---

128) 제자원, 《그랜드 종합주석 13권 누가복음 요한복음》(서울: 성서교재간행사, 1992), p. 1023.

129) 이상근, 《신약주해 요한복음》(서울: 대한예수교장로회총회교육부, 1977), p. 23.

이렇게 '나는……이다'의 형식이 일곱 개가 나오고 있다. 이렇게 요한은 일곱이라는 숫자를 좋아하기 때문에 본문에서 필자는 일곱 제자만을 선택했다고 본다.

> 여기에 나오는 일곱 제자 중 네 사람의 이름이 연속(1:19-51)해서 언급된다. 시몬 베드로(1:40-41), 이름이 밝혀지지 않은 두 제자(1:37), 그중 한 제자는 안드레로 나오고(1:40) 다른 한 사람은 여전히 무명이다. 그리고 끝으로 나다나엘이다. 복음서의 끝부분에 가서 네 사람이 다시 돌아옴으로써 저자 요한의 의도가 독자들로 하여금 연속 21을 읽으면서 연속 1(1:19-51)을 상기하도록 하는 데 있음을 알 수 있다. 그리하여 요한복음 전체의 순환적 결론의 모양을 크게 묶는 완결을 짓는다. 요한복음에서는 연속 21과 연속 1에서만 베드로를 불러 요한의 아들 시몬이라고 했고, 이름이 나오지 않은 두 제자와 나다나엘이 등장한다. 도마를 가리켜 쌍둥이라고 설명을 추가하는 이유는 20장 4-29절과의 병행구조를 성립하기 위해서이다.[131]

2) 왜 요한복음에만 일곱 제자의 명단이 기록되었는가?

요한 사도는 일곱 명의 제자 명단을 기록하기 바로 전에 요한복음을 기록한 목적을 밝히고 있다. "오직 이것을 기록함은 너희로 예수께서 하나님의 아들 그리스도이심을 믿게 하려 함이요 또 너희로 믿고 그 이름을 힘입어 생명을 얻게 하려 함이니라"(요 20:31)고 말하고 있다. 요한은 이 복음서를 예수께서 하나님의 아들 그리스도이심을 믿어 영생을 얻게 하기 위하여 기록했고 증거한 것이다(요 21:24). 이것이 사실이라면 그의 기록 목적대로 예수 제자 중

---

130) Ibid., p. 22.
131) 이상훈, 《요한복음》(서울: 대한기독교서회, 1993), p. 606.

예수를 하나님의 아들 그리스도로 신앙고백한 제자 세 명과 복음을 증거한 세 명의 제자들을 선택했다는 것이다. 그 일곱 명의 제자 명단 중 여섯 명이 요한복음에만 나온다는 것이다. 신앙고백 및 증언이 없는 한 명의 이름은 요한복음에 이름 없이 일곱 제자의 수에 들어 있는 세베대의 아들들인 야고보이다.

즉 요한복음의 저자는 신앙고백 및 증언을 한 인물들인 여섯 명만을 예수의 제자 일곱 명의 명단에 넣었다. 뿐만 아니라 세베대의 아들 야고보의 신앙고백은 공관복음에도 기록이 없다.

"요한복음은 A.D. 90-100년 사이 에베소에서"[132] 집필되고 저자는 사도 요한이라고 한다. 요한복음이 집필될 당시는 공관복음이 이미 나와 있었다. "교회사가 유세비우스(Eusebius)는 요한은 공관복음서를 보충하기 위하여 이 복음을 기록하였다"[133]고 주장하나 필자는 앞에서도 주장한 대로 공동의 구전자를 사용하여 이미 요한은 열두 제자의 서열을 알고 있으면서 의도적으로 일곱 명만 언급한 것이다.

뿐만 아니라 요한 사도는 공관복음에서의 도마의 서열(마태복음은 7위, 마가복음은 8위, 누가복음은 8위, 사도행전은 6위) 순위를 깨고 새로운 순위인 2위로 도마를 격상시켜 놓았다. 이 문제를 다시 부연 설명하면, 요한복음 기자는 제자들의 신앙고백이 그들의 사역과 밀접한 관계로 나타난다는 것을 알고 성서를 기록하고 있다. 그래서 제자들이 예수 앞에서 신앙고백이나 또 다른 사람들에게 예수 그리스도를 증언할 때 그 제자들의 신앙의 유무 또는 신앙의 고저 등을 평가할 수가 있다. 예수님도 베드로의 신앙고백(마

---

132) 이상근, 《신약주해 요한복음》(서울: 대한예수교장로회총회교육부, 1977), p. 16.
133) Ibid.

16:16-19)을 대단히 칭찬했기 때문이다.

예를 들면 요한복음에서 처음에 제자들이 예수를 "랍비"(아람어로 선생)라고 부른다(요한 1:38, 니고데모 3:2, 제자들 4:31, 9:2, 11:8, 무리들 6:25). 그러나 앞에 기술한 여섯 명의(표 "제자들의 신앙고백 및 증언" 참조) 제자들은 예수에 대한 신앙고백이나 증언이 다르다. 즉 그들의 신앙고백 및 증언을 통해서 신앙의 유무, 고저 등을 찾아볼 수 있다. 그렇기 때문에 예수의 제자 중 신앙고백 및 증언을 한 여섯 명의 제자들은 요한 사도가 요한복음 21장 2절에 기록한 일곱 명의 제자 명단에 들지 못한 제자들과 비교해서 뚜렷한 사역의 다소(多少) 등 차이를 보이고 있다.

또한 일곱 명의 제자 명단에 들지 못한 나머지 다섯 명의 제자들은 가룟 유다를 포함해서 별다른 신앙고백 및 증언이 없다. 또 열두 제자의 명단을 기록한 공관복음과 사도행전에서 이 다섯 명의 명단의 순위를 조사해 보면 마태, 알패오의 아들 야고보, 다대오, 가나안인 시몬, (가룟 유다)는 보편적으로 8-12번째에 자리 잡고 있다. 그래서 요한 사도는 다시 열두 제자의 명단을 기록해도 나머지 다섯 명의 서열 순은 별 의미가 없다고 보고 의도적으로 신앙고백 및 증언이 없는 다섯 명의 제자 명단을 생략했다고 본다.

그래서 요한 사도는 일곱 명의 제자 명단을 "시몬 베드로와 디두모라 하는 도마와 갈릴리 가나 사람 나다나엘과 세베대의 아들들과 또 다른 제자 둘이 함께 있더니"(요 21:2)라고 소개했다. 그러면 먼저 요한복음에 나와 있는 전체 아홉 제자의 이름이 몇 번씩 등장하는가를 조사해 보면 다음과 같다.

① 베드로와 시몬 포함 35회,[134] ② 빌립 12회,[135] ③ 가룟 유다

10회,[136] ④ 도마 8회,[137] ⑤ 나다나엘 6회,[138] ⑥ 사랑하시는 제자 4회,[139] ⑦ 안드레 4회,[140] ⑧ 세베대의 아들들 1회(21:2), ⑨ 야고보의 아들 유다 1회(14:22)이다.

그러나 특이한 것은 가룟 유다의 이름이 요한복음에서 10회 등장하고 있어 등장 횟수 서열이 3위임에도 불구하고 일곱 제자의 명단에서 제외했다. 그 밖의 다른 제자의 이름은 요한복음에는 전혀 언급조차 없다. 뿐만 아니라 공관복음에나 요한복음 어디에도 그 밖의 제자들(공관복음 제자 서열 8-12위)의 신앙고백이나 예수에 대한 증언조차 없다.

그리고 요한은 일곱 제자 명단 중 세 명은 실명을 밝혔다. 그러나 저자 요한은 복음서에서 신앙고백이나 증언도 전혀 없는 제자들의 이름을 명예스런 일곱 제자의 명단에 넣어 주지 않았다. 또한 요한은 그 일곱 명 중 다섯 명의 제자의 명단은 밝혔다. 그중 두 명의 이름은 "세베대의 아들들(야고보와 요한)"이라고 이름을 밝혔음에도 나머지 두 명의 제자는 과연 누구일까? 이 문제는 뒤에 다시 다루고 있기 때문에 여기서는 생략한다.

2. 일곱 제자의 서열과 명단 설명

134) 요 1:40, 41(시몬), 42, 44, 6:8, 68, 13:6, 8, 9, 24, 36, 37, 18:10, 11, 15, 16, 17, 18, 25, 26, 27, 20:2, 3, 4, 6, 21:2, 3, 7, 11, 15 , 16(시몬), 17, 19, 20, 21
135) 요 1:43, 44, 45, 46, 48, 6:5, 6, 7 ,12:21, 22, 14:8, 9
136) 요 6:71, 12:4, 13:2, 26, 27, 29, 30, 18:2, 3, 5
137) 요 11:16, 14:5, 20:24, 25, 26, 27, 28, 21:2
138) 요 1:45, 46, 47, 48, 49, 21:2
139) 요 13:23, 19:26, 21:7, 20
140) 요 1:40, 44, 6:8, 12:22

1) 1순위: 베드로

베드로는 신앙고백을 두 번 했다. 첫 번째는 "하나님의 거룩하신 자"(요 6:69)라고 가버나움(A.D 29년)에서 신앙을 고백하고, 두 번째는 가이사랴 빌립보에서(A.D 30년) 신앙을 고백했다(마 16:16).

1차로 가버나움(29년)에서 "우리가 주는 하나님의 거룩하신 자" (σὺ εἶ ὁ ἅγιος τοῦ θεου)(요 6:69)라고 고백했다.

2차로 가이사랴 빌립보(30년)에서 "주는 그리스도시오 살아 계신 하나님의 아들이시니이다" (σὺ εἶ ὁ Χριστός, ὁ υἱὸς τοῦ θεοῦ τοῦ ζῶντος.)(마 16:16)라고 고백했다.

요한 사도는 요한복음 21장 2절에서 왜 베드로를 서열 1순위로 정했는가? "시몬 베드로와 디두모라 하는 도마와 갈릴리 가나 사람 나다나엘과 세베대의 아들들과 또 다른 제자 둘이 함께 있더니"(요 21:2)라고 기록했다.

> 제자들에 대한 언급 중 이처럼 시몬 베드로의 이름이 가장 먼저 기록된 것은 그의 예수 부인 사건에도 불구하고(요 18:15-18, 25-27; 마 26:69-75) 그의 통회(눅 22:62)와 "돌이킨 후에 네 형제를 굳게 하라"(눅 22:32)고 하셨던 베드로에 대한 주님의 말씀으로 인해 베드로의 권위가 이전의 상태로 회복되었음을 암시해 준다. 이는 요한복음에서 부록과 같은 의미를 가지는 본장의 기록 목적 중 하나가 예수께서 베드로의 권위를 회복시켜 주셨음(15-19절)을 보여 주기 위함이라는 점에서 볼 때도 더욱 그러하다.[141]

예수님은 베드로의 권위를 다시 회복시켜 주셨다. 즉 예수님은

141) 제자원, 《그랜드 종합주석 13권 누가복음 요한복음》(서울: 성서교재간행사, 1992), p. 1022.

부동의 1순위를 베드로로 정하신 것이다. 2순위부터는 요한 사도가 정한 순위이다.

2) 2순위: 도마

도마의 신앙고백은 "나의 주시며 나의 하나님"

(ὁ κύριός μου καὶ ὁ θεός μου)(요 20:28)이다.

"나의 주"는 "나의 하나님"과 같은 충분한 신성을 간직하고 있다. 이 이중성은 크고 작은 그런 차이를 나타내는 것이 아니고 도마의 강한 확신을 강조한 표현이다.[142] 도마의 이 같은 고백은 자발적인 것이요 의기양양한 것이었다. 이 말씀은 본 복음서 전체의 클라이맥스이다.[143] 앞에서도 밝힌 대로 도마의 신앙 고백에 대한 평을 다시 아래와 같이 밝혀 보면 다음과 같다. "구약에서의 하나님의 칭호 '야훼 엘로힘'과 같다."[144] 도마의 고백은 그동안 부활의 주를 만나고 고백한 다른 어떠한 제자보다 가장 위대한 고백이다.

또한 요한 사도는 예수의 시체를 누가 가져갔다는 막달라 마리아의 보고를 듣고 단숨에 무덤에 달려와서는 "그때에야 무덤에 먼저 왔던 그 다른 제자도 들어가 보고 믿더라"(요 20:8)고 말하고 있는데, 요한은 부활의 현장인 무덤 안에까지 들어가서 예수의 머리를 쌌던 수건과 세마포가 다른 곳에 개켜져 있는 것을 보고 예수 부활을 믿었는데 그 현장에서 짧은 신앙고백 한마디도 언급이 없었다.

그런 후 요한은 갈릴리 바닷가에 서신 부활의 주를 세 번째 만났을 때에(요 21:14) 비로소 베드로에게 "주"(主),(Lord, 요 21:7)라

142) 렌스키 저/장병일 역, 《주석성경 요한복음(하)》(서울: 백합출판사 1974), p. 551.
143) 풀핏 성경주석 번역위원회, 《풀핏 성경주해 42 요한복음 (하)》(대구: 보문출판사, 1980), p. 739. 요 20:28.
144) 이상훈, 《성서주석 요한복음》(서울: 종로서적, 1993), p. 598, 요 20:28 주석.

고 호칭했다. 이에 반하여 도마는 부활의 주님을 첫 번째로 대하면서 "나의 주시며 나의 하나님"이라고 고백한다. 부활의 주를 제일 먼저 무덤에서 만났던 마리아는 주님을 "랍오니"(요 20:16) 즉 '나의 선생님'이라고 호칭했는데, 도마의 신앙고백은 '나의 선생님'이라고 고백한 마리아의 신앙고백과 요한 사도의 말을 훨씬 뛰어넘는 고차원의 고백이다. 이상은 도마의 신앙고백에 대한 평을 다시 정리해 본 것이다.

(1) 도마만은 다른 두 제자의 You의 언어를 I로 바꾸어 고백했다.

"나의 주시며 나의 하나님이시니이다" (ὁ κύριός μου καὶ ὁ θεός μου)(요 20:28).

영어성경은 거의 다 "My Lord and my God!"로 번역했다. 다른 제자들의 You의 언어를 도마만은 I로 바꾸어 고백했다.

도마만이 예수 그리스도를 자신과 관계를 맺어 고백했다. 예수 그리스도는 바로 나의 주요 나의 하나님이라는 고백이다. 제자들 중 그 누구도 예수 그리스도를 자신과 관계를 맺어 고백하지 않았다. 오직 도마뿐이다. 신앙고백은 나의 고백이어야 한다.

이상과 같이 두 제자인 베드로나 나다나엘의 신앙고백은 예수 그리스도를 You라고 고백했다. 그러나 도마만 You의 언어를 I로 바꾸어 고백했다. 우리의 아버지보다 나의 아버지일 때 더 의미가 있다.

(2) 도마의 신앙고백은 예수님을 하나님과 동등하신 본체로 보았다.

도마의 신앙고백은 "도마의 신앙고백에 대한 연구(요 20:24-29)"에서 결론으로 제기한 것과 같이, 도마는 베드로나 나다나엘의 신앙고백처럼 예수를 '하나님의 아들'로 보지 않고 궁극적인 하나님과 동등하신 본체로 보았다. 이러한 신앙고백은 오직 도마에게서만 볼 수 있는 신앙고백이다.

영어성경(KJV, NIV, RSV)에서 신앙고백자인 세 명의 제자들의 고백을 어떻게 번역했는가를 조사해 보면 아래 각주와 같다.[145)]

공관복음에서 도마의 서열은 7-8위였다. 이를 다시 사도행전에서는 6위로 한 등급 올렸다. 그러나 요한복음에서는 도마의 신앙고백(요 20:28)이 있은 후 요한복음 21장 2절에서는 2위로 급상승했다.

요한이 발굴한 열두 명의 제자 중 가장 훌륭한 신앙고백은 "나의 주시며 나의 하나님이시니이다"(요 20:28)라고 한 도마였을 것이다. 그래서 서열 1순위로 정하고 싶었겠지만 예수님이 정해 주신

---

145) 1) 베드로 (마 16:16)
[KJV] And Simon Peter answered and said, Thou art the Christ, the Son of the living God.
[NIV] Simon Peter answered, "You are the Christ, the Son of the living God."
[RSV] Simon Peter replied, "You are the Christ, the Son of the living God."

(요 6:69)
[KJV] And we believe and are sure that thou art that Christ, the Son of the living God.
[NIV] We believe and know that you are the Holy One of God."
[RSV] and we have believed, and have come to know, that you are the Holy One of God."

2) 나다나엘 (요 1:49)
[KJV] Nathanael answered and saith unto him, Rabbi, thou art the Son of God; thou art the King of Israel.
[NIV] Then Nathanael declared, "Rabbi, you are the Son of God; you are the King of Israel."
[RSV] Nathanael answered him, "Rabbi, you are the Son of God! You are the King of Israel!"

3) 도마 (요 20:28)
[KJV] And Thomas answered and said unto him, My Lord and my God.
[NIV] Thomas said to him, "My Lord and my God!"
[RSV] Thomas answered him, "My Lord and my God!"

부동의 1순위는 베드로이기에 베드로에게 양보하고 2순위로 도마를 세웠다. 도마의 신앙고백은 바울이 빌립보서 2장 6-8절에서 잘 반영한 것 같다. 다음은 앞에서 주장한 바울의 견해를 다시 정리한 것이다.

> "(6)그는 근본 하나님의 본체시나 하나님과 동등됨을 취할 것으로 여기지 아니하시고 (7)오히려 자기를 비워 종의 형체를 가져 사람들과 같이 되었고 (8)사람의 모양으로 나타나셨으매 자기를 낮추시고 죽기까지 복종하셨으니 곧 십자가에 죽으심이라"(빌 2:6-8).

빌립보서 2장 6-8절은 바울이 예수 그리스도를 어떻게 이해하고 있는가를 표현한 것이다. 그는 근본 하나님의 본체라는 것이다. '본체'에 해당하는 헬라어 '모르페'에 대해 두 가지 견해가 있는데 그중 하나인 이것을 하나님의 '본질적인 속성과 성품'으로 이해한다(Muller, Lightfoot, Kent, Hawthorne, Vincent).[146]

왜냐하면 본문은 그리스도께서 '하나님의 본체 안에서 존재하신다'는 의미로 하나님과 분리된 상태가 아니라 하나님께 속한 하나님의 본질을 소유한다는 의미이기 때문이다.[147]

또한 "하나님과 동등됨을 취할 것으로 여기지 아니하시고"라는 해석도 두 가지인데, 필자는 그중 하나인 본래 "그리스도께서 하나님과 동등된 분이나 시간과 공간에 제한받는 인간으로 오시기[148] 위해 자신의 영광을 포기하셨다고 해석한다

146) BEC 벧엘 컴퓨터, 《할렐루야 8》, 빌 2:6 주석.
147) Ibid.
148) Ibid.

(Muller, Hawthorne, Lightfoot)"라는 견해에 동조한다……왜냐하면 그리스도께서 십자가에 달리시기 전에도 이미 그의 영광은 하나님과 동등하셨기 때문이다. 그리스도는 본래 하나님의 본체로서 하나님과 동등하시다. 그러나 타락한 인간의 구원을 위해서 동등됨을 포기하시고 종의 형체를 취하셨다.[149]

또 빌립보서 2장 6절에서 11절 사이에서는 그리스도께서 보이신 극도의 자기 비하의 단계를 보여 주고 있는 바 그리스도의 겸손의 모범이 극명하게 드러나는 부분이다. 여기서 바울은 그리스도의 자기 비하 단계를 하나님의 본체-자기를 비우심-종의 형체를 취하심-사람이 되심-자기를 낮추심-십자가에서 죽으심으로 설명하고 있다.

"그는 근본 하나님의 본체시나" 이는 그리스도의 선재성(先在性)을 보여 주는 구절이다. 여기서 '본체'(μορφή 모르페)는 변할 수 없는 본질적 형체(essentialform)를 의미하는 말이다. 그리고 '근본……시나'에 해당하는 헬라어 '휘파르콘'(ὑπάρχων)은 그리스도의 선재의 지위가 하나님과 동일시될 성질의 것이 아니라 그리스도 자신이 하나님 자체로 선재하셨음을 보여 준다(요 1:3; 엡 1:4). 그러므로 본절은 성육신 이전의 그리스도 예수의 위엄과 영광이 성부 하나님과 동일한 것임을 증거하고 있다.[150]

이와 마찬가지로 도마도 예수 그리스도를 하나님의 본체로 이해하고 이러한 신앙고백을 한 것 같다. 필자는 앞에서 말했지만 다시 도마의 신앙고백은 나무의 뿌리를 본 것이며 다른 사도들의 고백은 나무를 본 것이라고 말하고 싶다.

---

149) Ibid.
150) 제자원, 《그랜드 종합주석 15권 고린도후서-빌레몬서》(서울: 성서교재간행사, 1993), p. 752.

3) 3순위 : 나다나엘

나다나엘은 본서에만 보이는 이름으로 '하나님의 선물'이라는 뜻이다. 그는 공관복음에서의 바돌로매와 동일인이라고 생각한다(Zahn, Ewald, Meyer, Plummer, Westccot, Carr 등). 그 이유로 다음 세 가지를 든다. ① 그에 대한 기사(본절과 21:2)는 그가 탁월한 지위, 즉 사도였다는 것을 표시한 것, ② 공관복음서에는 '나다나엘'의 기사가 없고, 본서에는 '바돌로매'의 기사가 없으며 또 '바돌로매'란 이름은 '돌로매(Ptolemy)의 아들'이라는 뜻인 것, ③ 공관복음에는 바돌로매의 이름은 빌립과 같이 나타나며 그들은 베드로, 야고보의 형제와 더불어 처음의 6제자가 되어 있는 것(마 10:3; 막 3:18; 눅 6:14) 등이다. 이 처음의 6제자를 부르신 기사를 본서 1장이 취급하고 있는 것이다.[151]

나다나엘이 누구일까.

예수의 열두 제자들 중에 이름이 둘 있는 자가 많다. 그러므로 이 나다나엘이 바돌로매가 아니면 마태가 아닌가 싶다. 그러나 어디까지나 추측일 뿐 확실히 알 수는 없다. 단지 나다나엘이 열두 제자의 한 사람인 것은 분명하다. 왜냐하면 그의 이름이 다른 원제자들과 함께 두 곳, 즉 연속 1과 연속 21에 모두 나오기 때문이다. 나다나엘의 이름은 공관복음의 제자 명단에는 나오지 않는다(참조 막 3:16-19, 마 10:2-4; 눅 6:13-16).[152]

뿐만 아니라 예수 그리스도에게 직접 "나다나엘이 대답하되 랍비여 당신은 하나님의 아들이시요 당신은 이스라엘의 임금이로소이다"(요 1:49)라고 고백한다. 즉 나다나엘이 예수에게 '하나님의 아들' 이라고 고백한 것은 베드로가 가이사랴 빌립보에서 한 것보

151) 이상근, 《신약주해 요한복음》(서울: 대한예수교장로회총회교육부, 1977), pp.57-58.
152) 이상훈, 《성서주석 요한복음 35》(서울: 대한기독교서회, 1993), p. 97.

다 먼저 신앙고백을 한 첫 번째의 인물이나 요한 사도의 신학의 입장에서 신앙고백이 가장 잘된 순으로 볼 때 나다나엘을 3순위에 놓았다. 다음 도표는 신약에 나오는 위대한 신앙고백자 일곱 명을 소개한 표이다.

〈신약의 예수에 대한 위대한 신앙고백자 7인〉[153]

1	배에 있던 제자들(마 14:33)	5	사마리아 여인(요 4:29)
2	베드로(마 16:16)	6	마르다(요 11:27)
3	백부장(마 27:54)	7	도마(요 20:28)
4	나다나엘(요 1:49)		

위에 기록한 도표에서도 개인으로 신앙고백한 명단에 요한복음에서 신앙고백한 세 명의 제자 명단이 들어 있다.

배에 있던 제자들이 신앙고백을 하지만(마 14:33) 제자들의 구체적인 이름이 없다.

마태복음에는 "배에 있는 사람들이 예수께 절하며 가로되 진실로 하나님의 아들이로소이다 하더라"(마 14:33)고 기록했으나 요한복음에는 같은 사건의 기록이 있지만 제자들의 신앙고백이 없다(요 6:16-21).

4) 4-5순위: 세베대의 아들들

세베대의 아들들의 이름은 야고보와 요한이다. 공관복음에서 예수의 열두 제자 명단을 보면 먼저 야고보와 요한은 예수 제자 명단

153) 제자원, 《그랜드 종합주석 12권 마태복음 마가복음》(서울: 성서교재간행사, 1992), p. 397.

서열 2, 3위에 고정되어 있다. 또 그 밖에 예수 제자 두 명의 명단에는 베드로와 요한이 들어가고 예수 제자 세 명의 명단에 모두 베드로와 이 두 형제가 들어간다. 요한 사도는 본인이 집필한 요한복음에서만 자기 형제들을 포함한 일곱 명의 제자의 명단을 기록하면서 본인 두 형제의 명단 서열을 4-5위로 뒤로 밀어 기록하고 있다. 이렇게 정한 요한 사도의 의도가 무엇인가?

"예수께서 베드로와 요한을 보내시며 가라사대 가서 우리를 위하여 유월절을 예비하여 우리로 먹게 하라"(눅 22:8)고 예수는 두 제자인 베드로와 요한을 불러 명령하셨다. 여기서 두 제자를 베드로와 요한이라고 밝히고 있다. 그 밖에도 두 명의 제자들을 불러 예수께서 사용하신 경우는 공관복음에 모두 기록되어 있다(마 21:1; 막 11:1; 눅 19:29). 그러나 이곳에서는 그 두 명의 제자의 명단에 실명을 사용하지 않았지만, 유추컨대 베드로와 요한으로 추측하는 것이 가장 유력하다.

이렇게 두 제자의 명단에 요한 사도의 이름이 들어가야 한다. 또한 초대교회의 제자의 서열도 사도행전 3장 1절, 4장 13, 19절, 8장 14절에서 베드로, 요한이 열두 사도를 대표하는 인물로 활동하며 "갈라디아서 2장 9절에서 바울은 야고보(예수의 제자가 아닌 주의 형제임)와 게바와 요한을 '기둥'에 비유했다. 실제로 그들은 예루살렘 교회를 이끌어가는 권위와 영향력을 가진 지도자들이었다."[154)]

뿐만 아니라 예수님은 세 명의 제자들인 베드로, 야고보, 요한을 별도로 데리고 다니셨다(막 5:37, 9:2, 14:33). "예수는 제자들 중에 이 세 제자를 가장 신뢰한 것으로 보인다."[155)] 이렇게 예수님

---

154) BEC 벧엘 컴퓨터, 《할렐루야 9》, 갈 2:9 주석.
155) Ibid. 막 5:37 주석.

은 측근에 가장 신뢰할 수 있는 제자들인 두 명 또는 세 명을 대동하여 데리고 다니셨는데, 요한 사도는 요한복음 21장에서 예수의 제자들의 신뢰도와 상관없이 신앙고백의 유무에 따라 일곱 제자의 명단의 순위를 엄연히 집필자가 본인이면서도 본인인 요한과 그의 형제 야고보를 뒤로하고 먼저 베드로 그리고 도마, 다음에는 나다나엘 순으로 하향 조정하여 서열을 정함으로, 공관복음에서는 열두 제자 서열 2, 3순위이면서 본인의 저술인 요한복음에서는 일곱 제자 명단에 5위로 하향하여 기록했다. 요한 사도의 하향 조정에 따른 겸손함은 아래의 문장에서도 찾을 수 있다.

> "세베대의 아들들"은 그 이름이 요한과 야고보인데, 요한의 이름이 생략되고 그의 아버지의 이름에 의하여 언급된 것은 그 자신의 이름을 밝히지 않으려는 데 그 이유가 있다(1:35-41, 13:23, 18:15, 19:25-27, 35, 20:2-10). 이러한 익명성은 예수의 모친에 대한 관계의 경우에서도 찾아보게 된다. 여기 '세베대'는 급작스레 부각되어 있는데 이것 역시 요한의 익명성의 관철이 그 주요한 이유로 되어 있다.156)

이렇게 요한은 일곱 제자 명단에 요한과 야고보의 이름을 드러내지 않고 "세베대의 아들들"이라고 뭉뚱그려서 기록을 했다. 이렇게 기록함은 요한 저자의 익명성(요 19:26, 21:7,20) 때문에 그렇다고 말할 수 있다.

> 세베대의 아들들은 야고보와 본서 저자인 요한 자신을 가리킨다(요 1:41; 마 20:20, 26, 27:56). 이상의 다섯 사람은 본서가 자세히 그 이름을 언급하면서 다루었던 제자들로 본서의 독자

156) 렌스키 저/장병일 역, 《주석성경 요한복음》(하)(서울: 백합출판사, 1974), p. 560.

들에게 익숙한 이름이다.[157]

여기 본서에 이름을 밝히지 않고 '세베대의 아들들'이라고 기록하고 있는데 그들이 '요한과 그의 형제 야고보'라는 사실은 다 앞의 성구에 따라 주지하는 사실이다.

그러나 문제는 앞서 공관복음의 예수의 열두 제자 명단의 서열에서는 2, 3위의 세베대의 아들들이 본인의 기록인 요한복음 21장 2절의 일곱 제자 명단에서 왜 4, 5위로 밀려야 하는가? 과연 그 이유는 무엇일까? 그 이유는 사도 요한에게는 신앙고백이 없다는 것이다. 세베대의 아들들인 야고보와 본서 저자인 요한은 사복음서 모두에서 예수 그리스도에게 직접 신앙고백을 한 사실이 전무하고 다만 요한 사도는 예수를 호칭으로 '주'라고 불렀던 것이다(요 13:25, 21:7).

> 본서의 목적은 20장 31절에 밝힌 그대로이다. 즉 예수께서 ① 하나님의 아들이심과 ② 그리스도임을 믿게 하고 그럼으로써 ③ 영생을 얻게 함이었다. 이중에 첫째는 주로 이방인을 상대하고, 둘째는 유대인을 상대하며, 그리고 셋째는 이방인과 유대인을 다 같이 상대하는 것이다.[158]

이렇게 요한 사도는 신앙고백이 없어도 증언자이다. 증언자인 요한 사도는 본서 제자 서열을 정할 때 맨 앞에, 예수 그리스도 앞에서 신앙고백을 한 제자들을 놓았고, 다음 서열에 증언자를 놓았다. 요한은 예수 그리스도에 대해 다른 사람에게 어떻게 증언하

157) 제자원, 《그랜드 종합주석 13권 누가복음 요한복음》(서울: 성서교재간행사, 1992), p. 1022.
158) 이상근, 《신약성서 개론》(서울: 대한예수교장로회총회교육부, 1999).

는가 하는 것을 중시했다. 요한은 증언을 그의 신앙고백과 거의 같은 가치가 있다고 보았다. 그렇기 때문에 요한 사도는 본서를 기록하면서 신앙고백 다음 순으로 순교자를, 그리고 맨 나중에 증언 순으로 자리매김을 하였다. 요한은 요한복음을 통해서 요한복음의 기록 목적이 예수가 그리스도이심을 증언하기 위하여 집필했기 때문에(요 20:31) 증언자인 본인을 순교자인 야고보 다음 서열에 겸허히 한 단계를 낮추어 자리매김을 했다.

그런데 또 하나의 문제는 왜 야고보는 요한복음에서 이름조차 생략되었음에도 불구하고 일곱 제자의 서열에 들어갔을까 하는 문제이다. 그것은 "요한의 형제 야고보를 칼로 죽이니"(행 12:2)라는 기록에서 알 수 있다. 성경에 예수의 열두 명의 제자 중 순교자의 이름을 밝히고 있지 않지만 유독 야고보에게만은 밝히고 있다. 야고보는 열두 명의 제자 중 첫 순교자이기 때문에 서열 4위에 기록한 것으로 보인다. 그러나 기독교 전승은 예수 그리스도의 제자 가운데 요한 사도와 가룟 유다를 제외한 열 명의 사도 모두 순교한 것으로 전해 내려오고 있다. 또한 사도 중 가장 오래 장수한 사도 요한은 야고보 사도와 친형제지간으로 야고보 형제의 순교에 대해 가장 확실하게 알고 있으므로 본문 요한복음 21장의 일곱 제자 명단에 넣은 것으로 보인다.

5) 6-7순위: '또 다른 제자 둘'

그러면 또 다른 제자 둘은 과연 누구인가 하는 질문을 갖게 된다.

> 한편 여기서 이름을 밝히지 않고 있는 '또 다른 제자 둘'이 누구인지는 확실치 않다. 다만 이들은 본서에 등장하지 않는 제자들(빌립과 안드레는 각각 10회와 4회로 자주 등장하므로

> 그들을 제외한 마태; 작은 야고보, 열심당원 시몬, 다대오)이거나 열두 명이 아닌 보다 넓은 의미의 제자일 수도 있다. 그러나 요한복음 20장 중반부터 예수의 열두 제자와 관계된 기사가 계속 언급되고 있는 점에 비추어 볼 때 이들은 열두 제자 중 그 누구일 가능성이 더 크다.[159]

그러면 과연 요한복음 21장 2절의 "또 다른 제자 둘"의 이름 모를 두 제자는 누구인가?

> 본 절에서 이름이 밝혀지지 않은 제자는 안드레와 빌립이라고 한다. 따라서 본 절에서 언급되지 않은 제자는 마태와 알패오의 아들 야고보, 시몬, 다대오라는 주장이지만(M. Reynolds) 개연성은 그리 많지 않다. 참고로 위경 베드로복음(Pseudo-Peter's Gospel)에서는 익명의 두 제자가 안드레와 알패오의 아들 레위라고 밝히고 있으나 이 주장 역시 확인되지 않는다.[160]

그러나 필자는 요한이 밝히지 않은 또 다른 두 명의 제자 이름은 빌립과 안드레가 확실하다고 생각한다. 그 이유를 밝히면 다음과 같다.

요한복음에는 예수의 제자 아홉 명의 이름이 등장한다. 이 제자들의 명단은 ① 시몬 베드로(요 1:40), ② 안드레(요 1:40), ③ 빌립(요 1:44), ④ 나다나엘(요 1:49), ⑤ 가룟 유다(요 6:71), ⑥ 도마(요 11:16), ⑦ 사랑하시는 제자(요 13:23), 세베대의 아들들(요 21:2) ⑧ 야고보의 아들 유다(요 14:22)이다. 그중 사랑하시는 제자와 세베대의 아들들은 이름을 익명으로 하고 있으나 그들은 요한

159) 제자원, 《그랜드 종합주석 13권 누가복음 요한복음》(서울: 성서교재간행사, 1992), pp. 1022-1023.

160) Ibid., p. 1023

과 야고보로 보는 것이 기독교의 전통적인 해석이다.

또한 이들의 이름이 나오는 횟수를 앞에서도 기록한 대로 조사해 보면 다음과 같다. ① 베드로와 시몬 합하여 35회, ② 빌립 12회, ③ 가룟 유다 10회, ④ 도마 8회, ⑤ 나다나엘 6회, ⑥ 사랑하시는 제자 4회, 세베대의 아들 1회, ⑦ 안드레 4회, ⑧ 야고보의 아들 유다 1회 순으로 나온다. 이 아홉 명의 제자 명단 중에서 요한은 일곱 명의 제자를 선택했다. 그리고 일곱 명의 제자들(요 21:2) 중에서 다섯 명의 명단을 공개했다. ① 베드로, ② 도마, ③ 나다나엘, ④ 세베대의 아들들(요한과 야고보)이다. 그러면 나머지 아홉 명의 제자 중 빠진 제자의 명단은 네 명이다. 그 네 명의 제자 명단 중 제일 먼저 제외시켜야 할 인물은 두말할 것 없이 가룟 유다이다. 이 가룟 유다를 빼면 세 명의 제자로 압축된다.

그런데 요한이 주장하는 신앙고백을 한 인물이나 예수 그리스도라고 증언한 인물을 나머지 세 명 가운데에서 찾아보면 빌립과 안드레뿐이다(요 1:45, 1:41). 또 이들 두 명의 제자들의 이름이 나오는 횟수를 조사해 보아도 빌립은 12회, 안드레는 4회로 많이 나온다. 맨 마지막 제자인 야고보의 아들 유다는 이름의 횟수도 1회이며 신앙고백이나 예수 그리스도에 대한 증언이 없기 때문에 당연히 그리스도에 대한 증언을 하거나 이름의 출현 횟수가 많은 명예로운 일곱 제자의 명단에 들어갈 수가 없기 때문에 야고보의 아들 유다를 제외시켜야 한다.

이와 같이 일곱 제자의 명단을 끝으로 정리하면서 벌써 제자들의 이름이 나오는 횟수가 많은 인물들은 요한복음에서 출현하는 무게가 있는 인물이기 때문에 일곱 제자 명단 중 벌써 다섯 명의 제자가 선택되어 있다(요 21:2). 이들을 다시 소개하면 첫 번째는 베드로

(35회), 두 번째는 도마(8회), 세 번째는 나다나엘(6회), 네 번째와 다섯 번째는 세베대의 두 아들인 사랑하시는 제자 야고보와 요한(4회)이다. 그러면 나머지는 이름의 횟수가 두 번째로 많은 빌립과 일곱 번째로 나오는 안드레라는 사실은 명약관화(明若觀火)한 것이다. 이들이 그 명예로운 두 자리에 삽입되어야 하는 것이 당연하다고 본다. 그렇기 때문에 두 번째인 빌립과 일곱 번째인 안드레가 일곱 명 제자의 명단에 들어가야 한다고 주장한다.

이제 제자들 자신의 신앙고백 및 증언을 근거로 한 내용을 표로 요약하면 다음과 같다.

〈제자들의 신앙고백 및 증언〉

	이름	구절	비고
1	안드레	"그가 먼저 자기의 형제 시몬을 찾아 말하되 우리가 메시아를 만났다 하고(메시아는 번역하면 그리스도라)"(요 1:41).	증언
2	빌립	"빌립이 나다나엘을 찾아 이르되 모세가 율법에 기록하였고 여러 선지자가 기록한 그이를 우리가 만났으니 요셉의 아들 나사렛 예수니라"(요 1:45).	증언
3	나다나엘	"나다나엘이 대답하되 랍비여 당신은 하나님의 아들이시요 당신은 이스라엘의 임금이로소이다"(요 1:49).	신앙고백
4	베드로	"우리가 주는 하나님의 거룩하신 자신 줄 믿고 알았삽나이다"(요 6:69).	신앙고백
5	도마	"도마가 대답하여 가로되 나의 주시며 나의 하나님이시니이다"(요 20:28).	신앙고백
6	요한	"오직 이것을 기록함은 너희로 예수께서 하나님의 아들 그리스도이심을 믿게 하려 함이요 또 너희로 믿고 그 이름을 힘입어 생명을 얻게 하려 함이니라"(요 20:31).	증언

요한 사도는 예수 그리스도에게 직접 신앙고백한 베드로, 도마, 나다나엘을 제자 서열 1-3순위로 정했다. 그리고 다음 서열로 열

두 제자 중 첫 순교자(행 12:2)이며 형제인 야고보를 4순위로, 그리고 그리스도를 증언한 요한 사도 본인과 빌립과 안드레를 5-7위 서열로 제자 명단을 마감하고 있다. 즉 첫 순교자인 야고보를 중심으로 서로 대칭을 이루고 있는 구조인 것이다. 4순위인 야고보를 중심에 두고 그 앞에는 신앙고백자 세 명을 놓았다. 그리고 야고보 뒤로는 증언자 세 명을 놓았다. 신앙고백자들과 증언자들은 야고보를 중심으로 서로 대칭을 이루고 있다.

요한복음은 키아즘(Chiasm)이라는 구조로 집필되었다. 필자가 보기에는 요한은 일곱 제자의 서열을 정하는 것도 키아즘의 형식을 따랐다는 생각을 하게 된다. "키아즘 구성에 의한 요한복음의 새로운 이해는 요한복음 전체나 큰 묶음에서나 하나하나의 연속적 부분에서나 단원에서나 한결같다"[161]고 한다. 그 키아즘을 설명하면 다음과 같다(아래 각주 참조).[162]

그러므로 필자는 일곱 제자의 명단도 키아즘이라는 구조로 나눈 것이 아닌가 생각한다.

---

161) 이상훈, 《성서주석 요한복음 35》(서울: 대한기독교서회, 1993), p. 41.

162) 이상훈, 《성서주석 요한복음 35》(서울: 대한기독교서회, 1993), pp. 39-40. "키아즘(Chiasm)이란 바로 순환구성이 발전한 형식이다. 하나의 맥락을 시작과 종결이 같은 모양을 갖추도록 할 뿐 아니라, 그러한 맥락의 중간부에서 두 번째와 준종결이 역시 같은 모양을 갖추도록 균형을 잡는다. 도식으로 설명하면 다음과 같다.

(a) 시작····두번째····중간····준종결····종결

(b) 시작=종결, 두 번째=준종결, 중간은 주제의 자리. 이러한 구성을 편의상 a-b-c-b'-a' 라고 하면, 이러한 균형 잡힌 맥락의 구성을 키아즘이라고 부른다. 요한복음의 키아즘은 언제나 5개의 부분으로 구성되어 있어서 주목이 된다. 다시 말해서 요한복음은 반드시 다섯 가지(a····b····c····b'····a')로 구성된 키아즘에 의해서 큰 묶음(parts), 연속적 부분(sequences), 단원(sections)으로 맥락이 나온다는 것이다."

3. 신앙고백자들의 열매

열한 사도는 최후에 대부분 순교를 했다는 기독교의 전승이 있지만 성경에는 사도로서 최초 순교자의 영예로운 명단에 야고보를 기록했다. 앞에서 계속 말한 대로 요한복음에는 일곱 제자의 명단에 세 명의 신앙고백자들을 먼저 기록하고, 다음 중앙에는 순교자를, 그 다음에 세 명의 증언자들을 놓았다.

요한 사도가 일곱 명의 제자들 중 신앙고백자들을 가장 앞에 둔 이유가 무엇일까? 마태복음(16:13-20)에서 예수님은 가이사랴 빌립보에서 제자들에게 "사람들이 인자를 누구라 하느냐?"라고 물으신다. 그때 제자들은 대답하기를 "세례 요한, 더러는 엘리야, 어떤 이는 예레미야나 선지자 중의 하나라 하나이다"라고 대답한다. 다시 예수님은 제자들에게 "너희는 나를 누구라 하느냐?"라고 물으신다. 그때 베드로가 한 신앙고백을 한다.

> "(16)……주는 그리스도시요 살아 계신 하나님의 아들이시니이다 (17)예수께서 대답하여 가라사대 바요나 시몬아 네가 복이 있도다 이를 네게 알게 한 이는 혈육이 아니요 하늘에 계신 내 아버지시니라 (18)또 내가 네게 이르노니 너는 베드로라 내가 이 반석 위에 내 교회를 세우리니 음부의 권세가 이기지 못하리라"(마 16:16-18).

교회는 신앙고백의 터 위에 세워지는 것이다. 그렇기 때문에 얼마나 많은 사람들이 어떠한 신앙고백을 하느냐에 따라서 교회의 미래는 결정된다고 볼 수 있다. 그래서 신앙고백은 하나님의 나라 확장을 위해 가장 중요한 요소이다. 따라서 신앙고백은 대단히 중요했다. 왜냐하면 사랑은 사랑하는 사람과 사랑의 고백을 나누는 데서부터 출발하는 것처럼 진정 예수 그리스도를 믿으면 그 앞에 무엇을 하기 전에 신앙고백이 있어야 예수님도 고백자들을 믿을 수가 있는 것이다. 기독교 전승을 보면 신앙고백이 있었던 베드로와 도마 두 제자는 후대에 교회를 남기게 된다.

1) 베드로

베드로는 기원 후 65년 전후하여 로마에서 순교했다. 알렉산드리아의 클레멘트가 그의 '그 밖의 문서'에 기록하였다가 후에 유세비우스가 교회사에 수록한 그대로를 굿스피드가 옮겨 놓은 글에 의하면 십자가에 거꾸로 달린 자가 앞으로 순교의 처형을 당하기 위하여 끌려 지나가는 자기 아내를 보고 드디어 하늘의 본향으로 돌아감을 크게 기뻐하며 사랑하는 그녀의 이름을 불러 격려와 위로를 하여 "임자여, 주님을 기억하시오" 하였고, 이것이 베드로의 최후의 말이었다고 한다.[163]

성 베드로 대성전(라틴어: Basilica Sancti Petri, 이탈리아어: Basilica di San Pietro in Vaticano)은 바티칸 시국 남동쪽에 있는 대성전을 말한다. 바티칸 대성전이라고도 부른다. 성지 가운데 하나이자 그리스도교 세계의 모든 교회 가운데 가장 거대한 교회로 유일무이한 위치를 차지하고 있다. 로마 가톨릭 교회의 전승에 따르면, 서기 90년에 예수의 열두 제자 가운데 한 사람이자 나중에 로마의 초대 주교, 즉 교황이 되는 성 베드로의 무덤 위에 대성전을 건립했다고 한다.[164]

---

163) 이상훈, 《신약의 열두 제자와 그 밖의 열두 사람》(서울: 종로서적, 1996), p. 29.
164) 위키백과 — 우리 모두의 백과사전. 성 베드로 대성전.

2) 도마

"나의 주시며 나의 하나님"(요 20:28)이라고 확신에 찬 신앙고백을 한 도마는 제자 서열 2위답게 더 멀리 그 당시 땅 끝으로 여겨졌던 곳으로 가서 복음을 전했다. 서쪽으로는 바울 사도가, 그리고 동쪽으로는 사도 도마가 인도에까지 가서 복음을 전하였다. 그리고 생명을 던져 순교를 하고 그 순교자의 무덤 위에 교회를 세웠다. 신앙고백이 확고했던 도마와 베드로는 순교 후 확실하게 교회를 남겼음을 볼 수 있다.

A.D. 52년에 인도에 와서 17년간 전도사역을 한 것으로 되어 있습니다. 당초 순교한 도마의 무덤 위에 교회가 지어졌고, 그 이후 10세기경 페르시아에서 온 네스토리아파가 교회를 세웠으며, 14-15세기에 폐허로 되어 있던 것을 1522년 이 지역을 장악하게 된 포르투갈인들이 새롭게 건축을 하였고, 이 건물도 1893년 허물어져 현재의 성당은 1896년에 고딕 건물로 새롭게 지어진 것이라고 합니다. 또한 이 교회는 마르코 폴로의 《동방견문록》(13세기)에도 언급이 되고 있으며, 1545년에 성 프랜시스도 이곳에 와서 기도를 한 역사적인 교회라고 합니다.165)

도마는 '쌍둥이'라는 뜻으로 갈릴리 출신으로 '디두모'(요 11:16)라고도 불리웠다. 교회사가 유세비우스(Eusebius)에 의하면 도마는 초대교회 확장기에 파르디아(Parthia) 지역에서 선교 활동을 했다고 한다. 그러나 외경서의 하나인 도마행전에는 그가 인도에서 선교활동을 하고 교회를 세웠다고 한다.166)

---

165) http://test.nsnchurch.org/1151 도마교회(SanThome) 견문록 이정원
166) http://blog.chosun.com/padosori/4266316

확신에 선 도마가 그 후 인도의 대사도가 되어 지금 인도의 성 도마교회(Mar Thomas Church)의 창설자가 되었다는 것은 믿어도 좋은 전설로 본다.[167)]

3) 나다나엘(바돌로매)

위에 기록된 두 인물인 베드로와 도마는 그들의 신앙고백 위에 교회가 세워져 있다는 사실이 전승으로 내려오고 있다. 나다나엘의 다른 이름은 바돌로매로 부르고 있다. 그러나 나다나엘(바돌로매)은 첫 신앙고백자임에도 불구하고 교회를 세웠는지 역사적인 사료가 불분명하다.

> 바돌로매도 역시 인도에 가서 전도했으며, 마태복음을 인도말로 번역했다고 전해진다. 그는 여러 차례 박해를 겪다가 아르메니아의 큰 도시 알비노폴리스에서 몽둥이로 맞고 십자가에 달렸다. 그 뒤에 그는 피부를 벗기우고 참수형에 처해졌다.[168)]

나다나엘(바돌로매)이 최초의 신앙고백자로서 순교 후에 그 터에 교회가 세워졌는지의 유무는 알 수 없지만 선교하다가 순교한 것으로 위에서 밝히고 있다. 하나님은 본보기로, 또는 대표격으로 베드로와 도마가 세운 두 교회만 전승으로라도 내려오는 것이 족하다고 보셔서 두 교회만 존재하고 있는지……하나님의 뜻을 우리는 알지 못한다.

---

167) 이상근, 《신약주해 요한복음》(서울: 대한예수교장로회총회교육부, 1977), p. 355.
168) 존 폭스 저/W. G. 베리 편/엄성옥 역, 《순교사》(서울: 은성, 1993), P. 15.

◆ 결론

요한복음 21장 2절에서 요한은 예수 그리스도의 일곱 제자 명단을 기록했다. 요한이 예수의 열두 제자 중 왜 일곱 명만 기록했는가, 그 일곱 제자의 서열은 어떻게 정했는가, 또 신앙고백자들의 열매는 어떻게 나타났는가가 본 연구의 질문이었다.

먼저 요한복음 21장은 요한 사도의 저작이며 의도가 있는 일곱 제자의 명단을 21장에서 밝히고 있다. 요한에게 있어서 예수 그리스도의 제자로 쓰임 받는 기준은 먼저 예수를 어떻게 보느냐 하는 것이다.

1. 예수의 부활 승천 시까지 예수 그리스도를 하나님의 아들로 고백한 사실이 있는가, 아니면 예수 그리스도를 다른 사람들에게 증언한 사실이 있었는가? 요한은 이것을 대단히 중시했다. 예수를 어떻게 보고 믿느냐 하는 것은 그의 신앙관이 되고 그가 믿는 대로 활동하기 때문이다. 요한은 예수 그리스도를 하나님 또는 하나님의 아들로 본 자를 가장 훌륭한 제자로 보았다.

2. 요한은 일곱 제자 중 첫 순교자인 야고보를 가운데인 4순위로 정하고 1-3순위는 베드로, 도마, 나다나엘을 들었다. 이들은 예수 그리스도에게 직접적으로 신앙고백을 한 사람들이다. 그리고 4순위는 야고보 사도를, 그리고 다음 5-7순위는 예수 그리스도에 대한 증언자들이다. 곧 세베대의 아들과 또 다른 제자 둘이다.

3. 예수의 열두 제자 중 여덟째부터 열두 번째 순위는 요한복음에는 기록되어 있지 않다. 요한복음에는 21장 2절의 일곱 제자 명단 외의 가룟 유다의 이름은 등장하나 그 이름을 일곱 제자의 명단에서 제외시키고 이들 외에 또 다른 제자들의 이름이나 사역 활동의 언급

조차 없다. 즉 여덟째부터 열두 번째 순위의 명단은 만들 수가 없다는 것이다. 요한복음에서는 가장 악역을 맡은 가룟 유다 외의 다른 제자들의 이름조차 거론하지 않기 때문이다. 요한복음에 일곱 명만을 예수의 제자로 인정하는 것이 요한 사도의 신학이다.

그러므로 중요한 질문은 우리가 예수 그리스도를 어떻게 보고 있는가이다. 우리 자신이 고백하는 예수에 대한 신앙고백을 솔직하게 갖고 있는가? 그리고 이 세상에 나아가 어떻게 증언하고 있는가? 다시 한 번 나를 되돌아보게 하는 말씀이다.

제8장

신령한 몸

(42)죽은 자의 부활도 이와 같으니 썩을 것으로 심고 썩지 아니할 것으로 다시 살며 (43)욕된 것으로 심고 영광스러운 것으로 다시 살며 약한 것으로 심고 강한 것으로 다시 살며 (44)육의 몸으로 심고 신령한 몸으로 다시 사나니 육의 몸이 있은즉 또 신령한 몸이 있느니라 (45)기록된 바 첫 사람 아담은 산 영이 되었다 함과 같이 마지막 아담은 살려 주는 영이 되었나니 (46)그러나 먼저는 신령한 자가 아니요 육 있는 자요 그 다음에 신령한 자니라 (47)첫 사람은 땅에서 났으니 흙에 속한 자이거니와 둘째 사람은 하늘에서 나셨느니라 (48)무릇 흙에 속한 자는 저 흙에 속한 자들과 같고 무릇 하늘에 속한 자는 저 하늘에 속한 자들과 같으니 (49)우리가 흙에 속한 자의 형상을 입은 것같이 또한 하늘에 속한 자의 형상을 입으리라(고전 15:42-49).

"사람이 죽으면 어찌 다시 살리이까?"(욥 14:14) 하는 질문은 수천 년 동안 내려오는 인간의 질문이다. 죽으면 그만이고, 특히 몸이 썩으면 없어져 버리는데 어떻게 다시 산다고 말할 수 있느냐 하는 질문이다.

그러나 예수께서 장사된 지 사흘 만에 부활하심으로 부활의 첫 열매가 되셨고(고전 15:23), "나를 믿는 자는 죽어도 살겠고"(요 11:25)라고 신자들의 부활을 보증하셨다.[169] 그 이후로부터 사람들은 "죽은 자들이……어떠한 몸으로 오느냐?"(고전 15:35) 하는 질문을 던지고 있다. 부활의 몸은 어떤 몸일까 살펴보려고 한다.

1. 부활의 몸을 바울은 고린도전서에서 이렇게 정리하고 있다

> "(42)죽은 자의 부활도 이와 같으니 썩을 것으로 심고 썩지 아니할 것으로 다시 살며 (43)욕된 것으로 심고 영광스러운 것으로 다시 살며 약한 것으로 심고 강한 것으로 다시 살며 (44)육의 몸으로 심고 신령한 몸으로 다시 사나니 육의 몸이 있은즉 또 신령한 몸이 있느니라"(고전 15:42-44).
>
> "……심고……다시 살며"라고 네 번 반복하는 형식으로 강조적이다. "심고"는 오히려 "매장되고"의 뜻이다(Meyer, Bengel, Beet). 무가치한 것은 매장되고 가치 있는 것으로 부활한다는 것이다. 즉 ① 썩을 것과 썩지 않을 것, ② 욕된 것과 영광스러운 것, ③ 약한 것과 강한 것, ④ 육의 몸과 신령한 몸

169) 창골산 봉서방 [[기독자료]] 부활한 몸, 2008.05.12. 19:07. http://cafe.daum.net/cgsbong/21Ky/2632 http://k.daum.net/qna/openknowledge/view.html?category_id=QJ&qid=2dsPn&q=%BA%CE%C8%B0%C0%C7+%B8%F6%C0%BA+%C7%F6%C0%E7+%BF%EC%B8%AE%B0%A1+%B0%A1%C1%F6%B0%ED+%C0%D6%B4%C2+%C0%B0%C3%BC%BF%CD+%B5%BF%C0%CF%C7%CF%C1%F6%B4%C2+%BE%CA%C0%B8%B3%AA+%B1%ED%C0%BA+%BF%AC%B0%FC%BC%BA%C0%CC+%C0%D6%B4%D9.&srchid=NKS2dsPn

의 강한 대조이다. 후자들은 부활의 몸을 묘사한 것이다.

42절에 썩을 것과 썩지 아니할 것이 내용의 대조를 이루고 있다. 현재의 몸은 흙에서 나서 흙으로 돌아가 썩어지고 말 것이다(창 3:19). 그러나 부활의 몸은 썩지 않고, 따라서 영원히 사는 몸이다.

43절은 욕된 것과 영광스러운 것, 가치의 대조이다. 현재의 몸은 병들고 신음하고 결국 죽는(롬 8:11, 23) 욕된 것이나, 부활의 몸은 하나님의 보좌 앞에 설 영광스러운 것이다.

또한 약한 것, 강한 것이라는 능력의 대조이다. 현재의 몸은 스스로 병들고 노쇠하고, 마귀를 상대하여 늘 유혹의 그릇이 되는 약한 것이다. 그러나 부활의 몸은 완전히 강건하여 어떤 침해도 받지 않는다.

44절은 육의 몸과 신령한 몸(σῶμα ψυχικόν, σῶμα πνευματικόν) 본질의 대조이다. 그리고 이상 대조들의 결론이다. 2장 14-15절의 대조(육에 속한 사람과 신령한 사람)와 통하고 또 낱말들도 동일하다(그 주 참조). "육의 몸"은 "혼(ψυχή)의 몸"으로서 사람의 생래의 동물적 육체를 가리킨다("corpus animale," Vulgate). 즉 혈기의 몸이며 영생에 이르는 영의 생활을 할 수 없는 몸이다.

"신령한 몸"은 "영(πνεῦμα)의 몸"으로 성령이 내재하셔서 영생에 이르게 역사하시는 몸이다(πνεῦμα는 성령도, 우리의 영도 가리킨다). "이 몸에는 하나님의 성령(πνεῦμα)이 혼(ψυχή)을 대신하여 계시므로 이 부활의 몸은 그의 내재와 역사에 적합하게 된다"(Vincent). 지상의 몸에는 영(πνεῦμα)이 아니라 혼(Ψυχή)이 그 조직과 요소에 제한되므로, 이는 ψυχή의 기구로 조직된다. 부활의 몸은 영(πνεῦμα)의 활동에 적합한 조직이며 그 성격에 제한된다(Meyer). 하여튼 부활의 몸은 "신령한 몸이다." 그것을 현재의 "육의 몸"과 동일시하기 때문

에 여러 가지 문제가 일어나는 것이다.[170)]

예수님 이전에 죽었다가 살아난 사람들이 있었다. 사르밧 땅의 과부 아들(왕상 17:17-24), 수넴 여인의 아들(왕하 4:17-37)이다. 또 예수님 당시에 죽은 자를 살려 주신 사람도 세 명이 있다. 유대 관원인 야이로의 딸(막 5:22-43), 나인 성의 청년(눅 7:11-17), 나사로(요 11:17-44)이다. 예수 승천 후 사도인 베드로와 바울에 의하여 여제자 다비다(행 9:36-43), 졸다가 떨어져 죽었던 유두고(행 20:7-12) 등이 죽었다가 살았으나 신학적인 의미의 부활은 아니다. 그들은 죽었다가 소생(蘇生)했을 뿐 부활의 몸을 받은 것은 아니었다.

그러나 예수님은 잠자는 자들의 첫 열매이다(고전 15:20). 이제 우리들이 예수 그리스도께서 재림하실 때 첫 열매를 뒤이어 예수님과 같은 영광의 형체로 다시 살아날 것을 믿는다.

2. 부활의 몸이란 예수님의 경우처럼 몇 가지 특징이 있다

먼저 영과 신령한 몸의 차이를 비교해 보면 다음과 같다.

1) 신령한 몸은 숨을 쉬는 몸이다(요 20:22).

"이 말씀을 하시고 저희를 향하사 숨을 내쉬며 가라사대 성령을 받으라"(요 20:22).

영은 숨을 쉬지 않는다. 그러나 신령한 몸은 숨을 쉰다. 요한복음

170) 이상근, 《신약주해 고린도서》(서울: 대한예수교장로회총회교육부, 1977), p. 223.

에서 예수님은 부활하시어 첫 번째로 제자들이 모여 있는 곳을 찾아가셔서 부활하셨음을 인식시키는 사실이 급선무였다. 그래서 먼저 손과 옆구리를 보여 주셨다. 이렇게 부활의 주님은 주님의 부활한 신령한 몸, 손에 못 박히고 옆구리에 창이 찔린 것을 보여주심으로 기독론적으로 3일 전에 돌아가신 주님이라는 것을 입증하셨다. 두 번째는 숨을 내쉬며 성령을 받으라고 말씀하셨다. 그렇다. 살아 있는 사람은 죽은 사람과 다르게 숨을 내쉬어야 하기 때문에 신령한 몸인 것을 보여 주기 위해서 숨을 내쉰 것이다. 특히 죽었다가 산 사람은 먼저 숨을 내쉬어야 살아 있는 존재가 된다. 흔히 죽은 사람을 숨이 끊어졌다고 한다. 죽은 줄 알았던 사람이 아직 호흡을 하고 있으면 살아 있다고 한다. 숨(호흡)은 산 사람과 죽은 사람의 갈림길이다. 이러한 면에서 죽었던 사람이 호흡을 했다는 것은 다시 살아났다는 반증이다. 그래서 예수님이 부활하시고 숨을 내쉬며 엠퓌사오(ἐμφυσάω)[171]라고 기록하고 있다.

그런데 이 엠퓌사오(ἐμφυσάω)는 70인 역본에서 11회 나온다.[172]

---

171) 이병철, 《바이블 렉스 8.0》(서울: 브니엘성경연구소, 2009), 요 20:22 원전(1720, 엠퓌사오)에서 발췌. ἐμφυσάω(엠퓌사오): 숨을 내쉬다, 불어넣다.

1. 고전 헬라어 문헌의 용법. 동사 엠퓌사오(Aristoph., Hippocr.)는 엔(ἐν, 1722)과 퓌사오(φυσάω: 불다)에서 유래했으며, '불어넣다', '숨을 내쉬다', '숨쉬다'를 의미한다.

2. 70인 역본의 용법. 동사 엠퓌사오는 70인 역본에서 11회 나오며, '사람'(창 2:7), '피조물'(시 104:29-30), '죽은 뼈'(겔 37:5, 14)에게 하나님의 숨을 불어넣는 것을 표현했다.

3. 신약성경의 용법. 동사 엠퓌사오는 신약성경에서 요한복음 20장 22절에 한 번 나온다 (참조: Walter Bauer; J. H. Thayer; E. Stauffer).

172) '사람'(창 2:7), '피조물'(시 104:29-30), '죽은 뼈'(겔 37:5, 14)에게 하나님의 숨을 불어넣는 것을 표현했다. "여호와 하나님이 흙으로 사람을 지으시고 생기를 그 코에 불어넣으시니 사람이 생령이 된지라"(창 2:7). "주께서 낯을 숨기신즉 저희가 떨고 주께서 저희 호흡을 취하신즉 저희가 죽어 본 흙으로 돌아가나이다 주의 영을 보내어 저희를 창조하사 지면을 새롭게 하시나이다"(시 104:29-30). "주 여호와께

70인 역본에서 창세기 2장 7절과 시편 104편 29절, 에스겔 37장 5,14절에서 사용된 용례를 보면 모두 죽어 있는 생물에 호흡이 존재하면 호흡이 들어가든 내쉬든 모두 살아나는 역사가 나타난다. 죽은 시체가 살아나는 기적은 반드시 호흡을 내쉬어야 살아나는 것이다. 그래서 부활의 주(主)님도 제자들 앞에서 숨을 내쉼으로 살아 있는 존재로서 부활의 신령한 몸을 보여 주신 것이다. 엠퓌사오(ἐμφυσάω)가 능동태로 되어 있으므로 누구의 도움 없이 부활의 주는 능동적으로 숨을 내쉰 것이다. 즉 "자신의 생명의 호흡에 의하여 그가 살아나셨음을 그들에게 보여 주시기 위함이다."[173] 사람이 죽었다는 것은 숨이 끊어진 것이고, 사람이 살아난 것은 숨을 쉬어야 하기 때문에 부활의 주는 제자들에게 숨을 내쉼으로 부활의 몸이 영이 아니라 신령한 몸이 되었음을 보여 주신 것이다.

2) 신령한 몸은 살과 뼈가 있어 직접 만질 수 있는 몸이다(눅 24:39).

> "내 손과 발을 보고 나인 줄 알라 또 나를 만져 보라 영은 살과 뼈가 없으되 너희 보는 바와 같이 나는 있느니라"(눅 24:39).
>
> 여기서 "살과 뼈"는 지상 인간의 실체를 의미한다. 여기서 대조는 육체적 세계와 비육체적 세계의 대조이다. "살과 뼈"는 비육체적 영에 대조되는 부활하신 예수님의 실재적 육체임을

서 이 뼈들에게 말씀하시기를 내가 생기로 너희에게 들어가게 하리니 너희가 살리라"(겔 37:5). "내가 또 내 신을 너희 속에 두어 너희로 살게 하고 내가 또 너희를 너희 고토에 거하게 하리니 나 여호와가 이 일을 말하고 이룬 줄을 너희가 알리라 나 여호와의 말이니라 하셨다 하라"(겔 37:14).

173) 매튜헨리 저/이기문 역, 《요한복음》(서울: 기독교문사, 1990), p. 666, 요 20:22 주석.

가리킨다.[174]

“영은 살과 뼈가 없으되 너희 보는 바와 같이 나는 있느니라.” 이것은 부활하신 예수님이 단순한 영이 아니라 완전한 육신을 입고 계심을 재차 확인해 주시는 것이다. 이 육신은 장차 모든 성도들이 부활할 때 성도가 입게 될 바로 그 변형된 육체였다(고전 15:35-39, 51-52).[175]

고린도전서 15장에서 바울은 몸의 부활에 대해 말한다. 부활에 대한 바울의 견해는 유대의 인간론의 영향을 받은 것으로 인간의 생명은 오직 몸 안에만 있다고 할 수 있다. 따라서 헬라 인간론의 원리에 따라 인간을 영혼과 몸으로 구분하는 어떠한 구분도 하지 않고 있다(참조: 고후 5:1-10). 부활에 대한 이 강화에서 바울은 지상의 몸, 또는 “육의 몸”(고전 15:44, 소마 프쉬키콘)을 “신령한 몸”(소마 프뉴마티콘)과 대립 관계에 둔다. 이것들은 인간 앞에 놓여 있는 두 가지 가능성들이다. 전자는 인간의 지상 존재를 대표하는 것이며, 후자는 부활 이후의 생명을 대표한다. 이 표상(image)들이 시간과 공간의 용어들로 표현되어 있기는 하지만 신령한 몸이 물질적인 표현으로 이해될 수 없는 것은 당연하다. 바울의 목적은 인간의 본질적 존재가 무엇인가를 나타내는 것이다. 이 본질적 존재는 역시 공간과 시간을 나타내는 용어를 이중으로 사용하여 몸 안에 있는 존재를 묘사하고 있다. ‘나’, ‘인격’이라는 의미에 있어서 몸은 하나님의 창조 사역을 통하여 죽음에서 다시 살아날 것이다. “하나님이 그 뜻대로 저에게 형체를 주시되 각 종자에게 그 형체를 주시느니라……죽은 자의 부활도 이와 같

174) 이병철, 《바이블 렉스 8.0》 (서울: 브니엘성경연구소, 2009), 눅 24:39 원전 스트롱 번호: 4561 사르크스(σάρξ).

175) 제자원, 《그랜드 종합주석 13권 누가복음 요한복음》(서울: 성서교재간행사, 1992), p. 541.

> 으니 썩을 것으로 심고 썩지 아니할 것으로 다시 살며……육의 몸으로 심고 신령한 몸으로 다시 사나니"(고전 15:38, 42, 44). 지상의 몸과 하늘의 몸의 연속성은 변형에 있는 것이 아니다. 만일 그렇다고 한다면 바울은 "신령한 몸"(고전 15:44)에 대한 자신의 개념에서 시간적인 면을 강조했을 것이며, 그러면 프뉴마의 본질을 이루는 몸에 사상이 속한 것이다. 그러나 바울은 하늘의 소마를 구성하는 영적 본질에 대한 묘사에는 관심이 없다. 그의 관심사는 하나님께서 하나님의 권능인 성령을 통해 이 소마를 결정하신다는 사실에 있다(참조: 고전 15:50). 따라서 부활 후에는 이 소마가 더 이상 죄와 사망의 지배를 받지 않는다.176)

요한복음 20장 19-23절의 병행구절인 누가복음 24장 36-49절에서 "내 손과 발을 보고 나인 줄 알라 또 나를 만져 보라 영은 살과 뼈가 없으되 너희 보는 바와 같이 나는 있느니라"(눅 24:39)고 부활의 주님은 말씀하신다. 그렇다. 영은 살과 뼈가 없다. 그러나 신령한 몸은 '몸'이 있다. 누가는 의사이다. 의사의 눈으로 관찰할 때 죽었다가 살아난 사람의 몸은 만질 수 있어야 한다. 그래서 신령한 몸을 만지라고 주님이 말씀하셨다. 부활한 예수를 의심하고 유령으로 오해하는 제자들에게(눅 24:37-38) 예수는 자신이 참으로 십자가에 못 박혀 죽었던 그 예수이며, 유령이 아니라 참으로 육신을 가진 완전한 사람임을 확인시키고자 증거를 제시하셨다.

① 증거로 제시된 것은 십자가에 못 박혔던 '내 손과 발을 보라'는 것이다. ② 제자들에게 확인시킨 것은 부활의 몸인 '나를 만져 보라'는 것이다. 이는 육신의 실재(實在)를 말한다. 이것은 자신이 유령

---

176) 이병철, 《바이블 렉스 8.0》(서울: 브니엘성경연구소, 2009), 고전 15:44, 스트롱 번호: 4983 몸 소마(σῶμα).

이 아님을 나타내려는 의도적 말씀이다. 유령은 살과 뼈가 없음을 상기시키고 있다(눅 24:39). 따라서 자신의 살과 몸을 직접 확인시킴으로써 유령이 아님을 선언하셨다.

예수 그리스도의 부활에서 기독론이 변하는 것은 부활이 아니다. 기독론이 변하지 않아야 한다는 말은 예를 들어 설명을 하면 다음과 같다.

구약에서 "보라 여호와의 크고 두려운 날이 이르기 전에 내가 선지 엘리야를 너희에게 보내리니"(말 4:5)라고 하고 엘리야 대신 세례 요한이 왔다(마 11:14). 이러한 식으로 다르게 변하면 안 되는 것이다. 바로 돌아가신 예수 그리스도 그분이 다시 살아난 것이다. 즉 부활은 인격적으로 3일 전에 십자가에 못 박혀 돌아가신 그 예수님이 다시 살아나야 한다는 것이다. 그렇게 되어야 기독론이 성립된다. 예수님은 부활 후 제자와의 첫 만남을 저녁에 가지셨다. 부활의 주가 제자들과 처음 만나는 그 모임에 가장 중요한 사실은 사흘 전에 죽었던 인격적인 그 예수가 다시 살아났음을 제자들에게 인지시키는 일이었다. 그래서 먼저 평강을 빌어 주는 인사와 더불어 손과 옆구리를 보여 주셨다. 그 손과 옆구리는 예수님의 십자가 사건에서 보여 주신 몸이기 때문에 그 몸을 보여 주심으로 제자들의 의심을 풀게 하신 것이다.

그리고 두 번째로 중요한 사실은 영과 신령한 몸의 차이는 영은 숨을 쉬지 않지만 신령한 몸은 숨을 쉰다는 것이다. 부활의 몸은 신령한 몸이기 때문에 몸(σῶμα)을 가지고 있고, 몸이 있기 때문에 살과 살의 접촉이 가능하고 숨을 쉰다. 그래서 숨을 내쉬면서 성령을 받으라고 말씀하셨다. 그러나 영은 몸(σῶμα)이 없다. 그래서 만져질 수가 없다. 예수님은 몸이 있기에 손과 옆구리를 도마에게 보여 주시며 만져 보라고 말씀하셨다.

또 행동으로 숨을 내쉰 것이다. 영과 신령한 몸은 다 같이 말을 할 수 있기 때문에 말하는 것만 가지고 구분할 수 없다. 그들의 신체 접촉이 가능한 것인가, 불가능한 것인가로 구분지어진다. 영은 한 번 떠나면 다시 돌아오지 않는다. 그리고 떠돌아다니지도 않는다. 유령(幽靈)은 죽은 사람의 혼령이 생전의 모습으로 나타난 형상이다. 유령은 귀신이다.

불신앙의 사람들이 말하는 것처럼 예수님의 현현(顯現-명백하게 나타나거나 나타냄)이 영의 현현(顯現)이거나, 단순한 환각(幻覺)이 아니라는 사실이다. 부활하신 예수님은 의심하는 도마에게 못자국을 보이시며 손가락을 내밀어 창에 찔렸던 옆구리 상처를 만져 보라고 말씀하셨다(요 20:25, 27). 무덤을 찾아왔던 여자들이 예수님의 발을 붙잡았다고 기록하고 있다(마 28:9).

3) 신령한 몸은 음식을 먹을 수 있는 몸이다(눅 24:41-43).

> "(41)저희가 너무 기쁘므로 오히려 믿지 못하고 기이히 여길 때에 이르시되 여기 무슨 먹을 것이 있느냐 하시니 (42)이에 구운 생선 한 토막을 드리매 (43)받으사 그 앞에서 잡수시더라"(눅 24:41-43).

사람이 살았으면 음식을 먹어야 한다. 영(靈)은 음식을 먹을 수 없다. 그러나 신령한 몸은 음식을 먹을 수 있다. 예수가 생선을 제자들 앞에서 먹어 보임으로써 예수 자신이 유령이나 환상이 아님을 최종적으로 확인시키고 있다. 부활한 예수가 식사를 했다는 사실을 누가복음 24장에서 두 번(30, 41-43절) 언급하면서 누가는 예수가 유령이 아니라 분명 죽었던 나사렛 예수가 되살아났음을 강조하고 있다. 부활한 예수가 식사를 했다는 점은 누가의 독특한 강조라고 볼 수 있다.

그런데 요한은 "예수의 인격과 예수 자신을 독수리처럼 대담하게 응시하여 증언하는 복음서"[177]인 요한복음을 기록했다. 영과 신령한 몸의 차이를 먼저 구별해서 요한 사도는 숨을 내쉬면서 말씀하신 것으로 되어 있다. 그러나 누가는 의사이기 때문에 살아 있는 몸과 영의 차이점은 살아 있는 몸은 만질 수 있는 몸이므로 예수님은 당신의 몸을 제자들에게 만지라고 하셨다. 그리고 살아 있는 몸이면 먹을 수 있기 때문에 구운 생선 한 토막을 그들 앞에서 잡수셨다(눅 24:39-43). 요한과 누가가 부활체에 대해 보는 관점이 다르다.

4) 신령한 몸은 현재의 우리의 육체와 동일하지 않으나 연관성 있는 몸이다.

(1) 예수님은 부활 후 열한 명의 제자들에게 세 번 현현하셨다. 주를 만난 횟수를 살펴보면 다음과 같다.

① 두 번 만난 제자들: 5명(도마, 마태, 야고보, 다대오, 시몬)

② 세 번 만난 제자들: 5명(나다나엘, 요한의 형제, 빌립, 안드레)

③ 네 번 만난 제자는 베드로이다. 수제자인 베드로마저 부활하신 예수님을 모르고 사도 요한을 통해 부활의 주를 알아본다.

(2) 예수님의 부활 후 제자들과 여인들에게 사복음서에서만 일곱 번씩이나 나타나셨는데 한 번도 부활의 주를 알아본 사람이 없었다. 변형되셨기 때문이다.

---

177) 이상훈, 《신약개론》(서울: 기독교방송, 1980), p. 64.

① 막달라 마리아(막 16:9–10), ② 다른 부인들에게(마 28:9–10), ③ 엠마오 상의 두 제자(막 16:12–13; 눅 24:13–32), ④ 베드로에게(눅 24:34), 그날의 어느 때에 ⑤ 열 제자에게(막 16:14; 눅 24:36; 요 20:19), ⑥ 열한 제자에게(요 20:26–31), ⑦ 일곱 제자에게(요 21:14). 그것은 예수 부활의 기독론적으로 생존했던 당시의 예수 그분이 형체가 변하고 음성이 변했다는 것이다.

> "그 후에 저희 중 두 사람이 걸어서 시골로 갈 때에 예수께서 다른 모양으로 저희에게 나타나시니"(막 16:12).

> 본문(막 16:12)은 누가복음 24장 13-31절의 엠마오 도상 기사의 요약이다. 그런데 저자는 여기에서 예수의 모습을 비교 대상과는 본질적으로 다른 것을 의미하는 헤테라(ἑτέρα 다른)와 연결하여 에파네로데 엔 헤테라(ἐφανερώθη ἐν ἑτέρα 다른 모양으로)라고 적고 있다. 여기서 에파네로데(ἐφανερώθη 나타나시니)는 부정 과거 수동형으로서 그가 일회적으로 보여졌다는 뜻을 갖고 있다. 그러므로 이들에게 나타나신 예수의 모습은 현존하셨을 때의 모습과는 완전히 다른 영적인 모습을 하고 있음을 알 수 있다. 따라서 영적으로 신령한 눈이 가리워진 무지한 제자들은 예수를 즉시 알아보지 못했던 것이다(눅 24:16).[178]

(3) 육의 몸과 신령한 몸이 외형과 목소리는 달라도 계속성과 연관성이 있어야 한다. 그래야 기독론이 변하지 않는다.

요한복음은 사건의 때를 정확하게 기록하고 있다. 예수 부활 후 제자들에게만 세 번 현현(顯現)하셨다. 그러면 3년 동안 교육을

---

178) missidnsoft, 《2005 plug-in 디럭스 바이블》(경기: 고양시), 막 16:12 캐논 주석.

직접 받고 침식을 같이 했기 때문에 예수님의 일거수일투족을 다 알고 있는 제자들이 왜 못 알아보았을까?

> 부활의 몸은 현재 우리가 가지고 있는 육체와 동일하지는 않으나 깊은 연관성이 있다. 도토리가 자라서 참나무가 되고, 갓난아이가 커서 어른이 될 때 동일한 물질에서 발전하지만 그 형태가 같지 않다. 도토리와 나무, 아이와 어른 사이에 차이가 있으나 계속성이 있음을 의심할 수 없는 것같이 현재의 육체와 부활의 몸은 계속성과 깊은 연관성을 갖는다. 가까이서 예수님을 따르던 막달라 마리아가 부활하신 예수님을 보고도 그를 알아보지 못하고 동산지기로 생각했으며(요 20:14-15), 엠마오로 가던 두 제자들이 길에서 동행하게 된 예수님을 만나 함께 이야기를 나누면서도 예수님을 알아보지 못했다(눅 24:16). 제자들이 무서워하며 모여 있던 다락방을 찾아오신 예수님을 제자들이 영으로 생각할 정도로(눅 24:37) 부활하신 예수님의 모습이 변해 있었다.[179]

예를 들면 예수 그리스도께서 부활하여 신령한 몸이 되셨는데 33년 동안에 실존하셨던 어느 몸의 형태가 아닌 전혀 다른 모양과 형태와 목소리라면 예수 그리스도의 계속성을 인정할 수가 없다. 이런 모습으로 변했으면 으레 당연히 음성도 그때의 음성으로 변해야 한다. 이렇게 계속성과 연관성이 있어야 기독론이 변하지 않는다. 신체와 음성이 변해 있기 때문에 제자들이 알아보지 못했던

---

179) 창골산 봉서방 [[기독자료]] 부활한 몸, 2008.05.12. 19:07.
http://cafe.daum.net/cgsbong/21Ky/2632
http://cafe.daum.net/cgsbong/21Ky/2632?docid=9B6g|21Ky|2632|20080306171332&q=%B5%B5%C5%E4%B8%AE%B0%A1%20%C0%DA%B6%F3%BC%AD%20%C2%FC%B3%AA%B9%AB%B0%A1%20%B5%C7%B0%ED%2C%20%B0%AB%B3%AD%BE%C6%C0%CC%B0%A1%20%C4%BF%BC%AD%20%BE%EE%B8%A5%C0%CC&srchid=CCB9B6g|21Ky|2632|20080306171332

것이다.

(4) 영은 본인의 모습과 동일하나 신령한 몸은 그렇지 않다(눅 16:23-24).

부자 영감이 죽은 나사로가 아브라함의 품 안에 있는 것을 바라보고 한눈에 알아보았다. 이것은 죽었던 거지 나사로의 영을 부자 영감이 지옥 불구덩이 속에서 알아보았다는 것이다.

마태복음 17장 1-8절 변화산 사건 때 죽었던 모세, 엘리야를 세 명의 제자가 즉시 알아보았다. 베드로는 변화산에서 변형된 주님을 보았을 때 주님께 초막 셋을 지어서 모세, 엘리야, 주님께 드리고 싶다고 했다. 그런데 왜 베드로는 변형된 부활의 주님을 몰라뵈었을까(마 17:1-8; 눅 9:28-36)?

> "(32)베드로와 및 함께 있는 자들이 곤하여 졸다가 아주 깨어 예수의 영광과 및 함께 선 두 사람을 보더니 (33)두 사람이 떠날 때에 베드로가 예수께 여짜오되 주여 우리가 여기 있는 것이 좋사오니 우리가 초막 셋을 짓되 하나는 주를 위하여, 하나는 모세를 위하여, 하나는 엘리야를 위하여 하사이다 하되 자기가 하는 말을 자기도 알지 못하더라"(눅 9:32-33).

> "세 제자가 그들을 어떻게 알았느냐"는 것도 흥미 있는 추측이다. 그들이 구약의 인물에 대한 기록에 친숙했기 때문이라는 해석(Zigabenus)보다 영적 직감으로 알았다는 것(Alford)이 오히려 자연스럽다.[180]

만약에 예수 그리스도가 다른 모양으로 변한 모습이 베드로가 변화산에서 본 것과 동일하다면 어떻게 베드로에게는 부활의 주가

180) 이상근, 《신약주해 마태주석》(서울: 대한예수교장로회총회교육부, 1977), p. 262.

4회씩 ①눅 24:34(고전 15:5), ②요 20:19, ③요 20:26, ④요 21:7 나타났는데도 부활의 주를 못 알아봤을까?

베드로는 졸다가 온전히 깨어나서도 생전 처음 보는 모세와 엘리야를 알아보았는데, 더구나 네 번씩이나 부활의 주를 만나면서 몰랐다. 이렇게 죽은 자의 영이 즉시 알아볼 수 있을 만큼 생존 시의 모습과 같다면 부활의 신령한 몸은 다른 모양이기 때문에 못 알아본 것 같다.

(5) 신령한 몸은 시간과 공간의 제한을 받지 않는 몸이다.

> "이날 곧 안식 후 첫날 저녁때에 제자들이 유대인들을 두려워하여 모인 곳에 문들을 닫았더니 예수께서 오사 가운데 서서 가라사대 너희에게 평강이 있을지어다"(요 20:19).

부활체는 닫힌 방 안에 문을 열지 않고 들어갈 수 있으며(요 20:19), 동행하던 일행 중에서 갑자기 사라질 수도 있는(눅 24:31) 몸이다. 가고 싶은 곳에 갑자기 나타났다가, 원할 때 즉시 사라지는 부활체는 현재 우리 육체가 시간과 공간의 제한을 받는 것과 다르다. 우리는 홍길동의 둔갑법을 알고 있지만 예수님의 부활은 그런 것이 절대 아니다.

> 홍길동이 도술을 써서 자객 특재를 물리치는 장면에서 사용되는 도술은 ①둔갑법, ②환술법, ③호풍환우, ④요술의 네 가지이다. 변신을 한다거나, 주변 환경을 바꿔 층암절벽이나 첩첩산중을 만들기도 하고, 비바람을 불러 넋을 빼앗다가 칼을 빼앗아 상대를 제압하는 도술을 보여 준다. 이는 도선사상이 들어가 있는 것이기도 하나 길동의 뛰어난 재주를 부각시키기 위한 하나의 장치다.[181]

예수의 부활은 이러한 둔갑법이 아니다.

(6) 신령한 몸은 하늘에 속한 자의 형상을 입는다(고전 15:49).

> "우리가 흙에 속한 자의 형상을 입은 것같이 또한 하늘에 속한 자의 형상을 입으리라"(고전 15:49).

지금 우리의 몸은 썩고 욕된 약한 육의 몸이지만, 부활 때에 갖게 될 몸은 썩지 않고, 영광스러우며, 강하고 신령한 몸이 될 것이다(고전 15:42-44).

부활체는 죄를 짓거나, 늙거나, 병들거나, 죽는 일이 없는 하늘의 천사들과 같다(마 22:30). 고칠 수 없는 병에 걸려 고통하는 일도, 늙는 것을 두려워하지도, 사랑하는 사람을 죽음에 뺏기고 통곡하는 일도 부활 이후엔 없을 것이다. 예수님께서 다시 오시는 재림의 날에 죽은 자들이 다시 살고, 살아 있는 성도들도 예수님의 영광스러운 것처럼 변화를 받을 것이니(고전 15:15-52) 성도들의 몸이 구원을 받는 복되고 소망스러운 날이 될 것이다(롬 8:23).

> "그러나 이제 그리스도께서 죽은 자 가운데서 다시 살아 잠자는 자들의 첫 열매가 되셨도다"(고전 15:20).
>
> "잠자는 자"란 말은 죽은 자들을 비유한다. "첫 열매", 하나님께 처음 익은 열매를 바치면, 수입되는 곡식 전부를 바치는 것과 마찬가지의 의의(意義)를 가진다(롬 11:16; 출 23:19, 34:26; 레 2:12, 23:10, 17, 20; 민 15:20, 21). 그와 마찬가지로 그리스도께서 다시 살아나심으로 그의 백성의 부활도 얻어진 것이다. 그는 머리요 그의 백성은 몸이니, 머리가 부활하였은 즉 몸 된 교회도 부활하도록 되어 있다(롬 6:5; 골 1:18).[182]

---

181) http://mybox.happycampus.com/deresa1003/1967013 10-04-16

(7) 부활 때 시집 장가도 아니 가고 천사들과 같다.

"부활 때에는 장가도 아니 가고 시집도 아니 가고 하늘에 있는 천사들과 같으니라"(마 22:30).

이것은 하나님의 능력이 어떻게 나타나는가에 대한 설명의 도입부인 것이다. 예수는 먼저 부활의 성격을 통해서 하나님의 능력부터 언급하고 다음에 성경으로 입증하신다.

부활 때에는 시집도 아니 가고 - 현생에서의 결혼은 하나님께서 인류를 번식시키기 위한 창조 법칙이다. 그래서 결혼의 중요한 기능의 하나는 출산이다. 그러나 부활 때는 창조의 목표가 완성된 마지막 때이므로 더 이상 출산이 필요 없고, 그러므로 자연히 성적 만족을 요구하는 본능도 없어진다. 부활의 몸은 이렇게 존재의 규모와 질(質)이 달라지므로 결혼관계가 해소(dissolution)되고, 결혼이 필요 없게 된다. 또한 이 세상의 쾌락과 만족과는 다른 새롭고 영원한 즐거움과 만족이 있게 된다. 이 대답으로부터 어떤 이들은 천국에서는 그 이전의 삶이나 여러 관계들에 대한 기억조차 없어질 것이라고 생각하는데, 그에 대한 확실한 근거는 없다. 여하튼 오늘날에도 선한 어머니는 그녀의 모든 자녀를 다 사랑할 수 있고 또한 그들에게 사랑을 받을 수 있듯이, 일곱 형제들의 아내는 틀림없이 모든 형제들을 사랑할 수 있을 것이며 그들 모두의 사랑의 대상이 될 수 있을 것이다(D. A. Carson).

하늘에 있는 천사들과 같으니라 - 예수는 부활체의 상태를 가장 분명하게 천사들과 비교해서 가르치신다. 천사들이 영적인 존재이듯이 부활한 인간의 몸도 영적인 존재이다. 그러나 천사가 되는 것이 아니라 천사의 존재 특성과 유사한 존재가 되는 것이다. 크리소스톰(Chrysostom)은 부활한 몸은 무성(無性)이라고 했으나 그렇게 단정할 수는 없다. 왜냐하면 하나

---

182) BEC 벧엘 컴퓨터, 《할렐루야 9》, 고전 15:20 주석 참조.

님께서는 결혼이 필요 없다고 하셨지, 남녀의 구별이 없어진다고 말씀하지는 않으셨기 때문이다. 남녀의 구분은 하나님의 창조와 구속의 은혜를 드러내는 증거로 존속될 것이다.[183]

(8) 우리가 신령한 몸을 입으려면 어떤 방법론이 요구되는가?

"(35)누가 묻기를 죽은 자들이 어떻게 다시 살며 어떠한 몸으로 오느냐 하리니 (36)어리석은 자여 너의 뿌리는 씨가 죽지 않으면 살아나지 못하겠고 (37)또 너의 뿌리는 것은 장래 형체를 뿌리는 것이 아니요 다만 밀이나 다른 것의 알갱이뿐이로되 (38)하나님이 그 뜻대로 저에게 형체를 주시되 각 종자에게 그 형체를 주시느니라 (39)육체는 다 같은 육체가 아니니 하나는 사람의 육체요 하나는 짐승의 육체요 하나는 새의 육체요 하나는 물고기의 육체라 (40)하늘에 속한 형체도 있고 땅에 속한 형체도 있으나 하늘에 속한 자의 영광이 따로 있고 땅에 속한 자의 영광이 따로 있으니 (41)해의 영광도 다르며 달의 영광도 다르며 별의 영광도 다른데 별과 별의 영광이 다르도다 (42)죽은 자의 부활도 이와 같으니 썩을 것으로 심고 썩지 아니할 것으로 다시 살며 (43)욕된 것으로 심고 영광스러운 것으로 다시 살며 약한 것으로 심고 강한 것으로 다시 살며 (44)육의 몸으로 심고 신령한 몸으로 다시 사나니 육의 몸이 있은즉 또 신령한 몸이 있느니라 (45)기록된 바 첫 사람 아담은 산 영이 되었다 함과 같이 마지막 아담은 살려 주는 영이 되었나니 (46)그러나 먼저는 신령한 자가 아니요 육 있는 자요 그 다음에 신령한 자니라 (47) 첫 사람은 땅에서 났으니 흙에 속한 자이거니와 둘째 사람은 하늘에서 나셨느니라 (48)무릇 흙에 속한 자는 저 흙에 속한 자들과 같고 무릇 하늘에 속한 자는 저 하늘에 속한 자들과 같으니 (49)우리가 흙에

183) Ibid., 마 22:30 주석 참조.

속한 자의 형상을 입은 것같이 또한 하늘에 속한 자의 형상을 입으리라 (50)형제들아 내가 이것을 말하노니 혈과 육은 하나님 나라를 유업으로 받을 수 없고 또한 썩은 것은 썩지 아니한 것을 유업으로 받지 못하느니라 (51)보라 내가 너희에게 비밀을 말하노니 우리가 다 잠잘 것이 아니요 마지막 나팔에 순식간에 홀연히 다 변화하리니 (52)나팔 소리가 나매 죽은 자들이 썩지 아니할 것으로 다시 살고 우리도 변화하리라"(고전 15:35-52).

그렇다. 신령한 몸을 입으려면 주 예수를 믿으라는 것이다. 그리고 죄에서 용서를 받으라는 것이다. 현재 생활이 어렵고 힘들어도 부활과 신령한 몸을 믿는 우리는 더 좋은 몸을 입기 위해서 현실의 고난도 이겨나갈 수 있어야 한다. 주의 재림의 "나팔 소리가 나매 죽은 자들이 썩지 아니할 것으로 다시 살고 우리도 변화하리라"(고전 15:52).

◆ 결론

성경은 우리에게 육의 몸(σῶμα ψυχικόν)이 있는 것처럼, 부활체도 몸이 있다고 증거하고 있다. 이런 몸을 신령한 몸이라고 한다. 영(靈, πνεῦμα, 프뉴마)과 신령한 몸(σῶμα πνευματικόν)은 다르다는 것이다. 영은 몸이 없다. 그러나 부활의 몸은 몸이 있다. 그래서 헬라어 원전에도 영에는 몸(σῶμα)이 없다고 말한다. 그러나 신령한 몸에는 몸(σῶμα)이 있다. 몸이 있고 없고의 차이가 영과 신령한 몸의 차이이다.

우리 모두 신령한 몸을 입을 수 있도록 예수 그리스도를 영접하고 죄에서 용서함을 받아 구원받아야 한다. 신령한 몸은 영원히 병들거나 아프거나 늙거나 죽지 않고 먹지 않아도 사는 몸이다. 그리고 우리의 육체의 생존의 몸과 연속성과 계속성이 있는 몸으로서 어느 한 경점(更點)에 있었던 가장 아름답고 완벽한 몸과 목소리를 가지고 영원히 살게 된다. 이것이 인생으로서의 최고의 복이다. 이것을 얻기 위해 인생은 예수 그리스도를 좇아 가야 한다.

제9장

뱀은 왜 하와를 선택했는가?

(창 3:1-7)

(1)여호와 하나님의 지으신 들짐승 중에 뱀이 가장 간교하더라 뱀이 여자에게 물어 가로되 하나님이 참으로 너희더러 동산 모든 나무의 실과를 먹지 말라 하시더냐 (2)여자가 뱀에게 말하되 동산 나무의 실과를 우리가 먹을 수 있으나 (3)동산 중앙에 있는 나무의 실과는 하나님의 말씀에 너희는 먹지도 말고 만지지도 말라 너희가 죽을까 하노라 하셨느니라 (4)뱀이 여자에게 이르되 너희가 결코 죽지 아니하리라 (5)너희가 그것을 먹는 날에는 너희 눈이 밝아 하나님과 같이 되어 선악을 알 줄을 하나님이 아심이니라 (6)여자가 그 나무를 본즉 먹음직도 하고 보암직도 하고 지혜롭게 할 만큼 탐스럽기도 한 나무인지라 여자가 그 실과를 따먹고 자기와 함께한 남편에게도 주매 그도 먹은지라 (7)이에 그들의 눈이 밝아 자기들의 몸이 벗은 줄을 알고 무화과나무 잎을 엮어 치마를 하였더라(창 3:1-7).

뱀이 하와를 유혹의 대상으로 선택한 이유는 무엇일까? 뱀이 아담을 선택하지 않고 하와를 유혹의 대상으로 삼은 이유 말이다.

매튜 헨리는 그의 창세기 주석에서 뱀이 하와를 유혹한 동기를 네 가지로 정리하였다.

> 1. 연약한 그릇과 같은 여자를 유혹하는 것이 마귀의 간계였다. 하와가 비록 여자들 중에서는 온전하다고 할 수 있겠으나 지식이나 힘, 그리고 침착성에 있어서 아담보다 훨씬 못했다고 볼 수 있다. 어떤 사람들은 하와가 하나님으로부터 직접 계명을 받지 않고 그녀의 남편을 통해 간접적으로 받았기 때문에 그처럼 쉽사리 그 계명에 불순종하도록 설복당했을 것이라고 생각한다.
>
> 2. 마귀는 그녀가 혼자 있을 때 이야기를 걸기 시작하는 술책을 세웠다. 그녀가 만일 남편 편에만 있었다면 그런 일을 당하지 않았을 것이다. 혼자 있기 때문에 심하게 유혹당하는 경우가 참으로 많다. 그러나 성도의 교제는 힘을 주고 안전하게 유혹을 피할 수 있게 해준다.
>
> 3. 마귀는 그녀가 금단의 나무 가까이 있는 틈을 탔다. 그리고 아마 그녀가 호기심에 이끌려서 그 나무 위에 있는 열매를 쳐다보고 있을 때였을 것이다. 금단의 열매를 먹어서는 안 되는 자는 금단의 나무 가까이 오는 것도 안 되었던 것이다. "그 길을 피하고 지나가지 말라"(잠 4:15).
>
> 4. 사탄은 하와를 통해 아담을 유혹하기 위하여 먼저 하와를 유혹하였다. 마찬가지로 사탄은 그의 아내를 통해 욥을 유혹했으며, 베드로를 통해 그리스도를 유혹하였다. 우리가 전혀 생각지도 않았던 방법으로 우리를 유혹하며, 우리의 관심을 크게 끌며, 그리고 우리에게 많은 영향을 끼치는 사람들을 통해서 유혹하고자 하는 것이 사탄의 술책이다.[184]

---

184) 매튜 헨리 저/박근용 역, 《성서주석 시리즈 창세기(상)》(서울: 기독교문사, 1991), pp. 95-96.

이에 대하여 본 연구자의 주장도 대동소이(大同小異)하다.

1. 하와는 선악과를 따 먹지 말라는 하나님의 직접적인 명령을 듣지 못했다

> "(16)여호와 하나님이 그 사람에게 명하여 가라사대 동산 각종 나무의 실과는 네가 임의로 먹되 (17)선악을 알게 하는 나무의 실과는 먹지 말라 네가 먹는 날에는 정녕 죽으리라 하시니라 (18)여호와 하나님이 가라사대 사람의 독처하는 것이 좋지 못하니 내가 그를 위하여 돕는 배필을 지으리라 하시니라"(창 2:16-18).

이 하나님의 말씀은 아담에게 직접 하셨는데 하와가 창조되기 전의 일이다. 그렇기 때문에 하와는 하나님으로부터 선악과가 금단의 열매라는 사실을 직접 듣지 못한 것이다. 그러므로 하와는 선악과에 대한 이야기를 아담에게서 전달 교육 내지 학습되었다는 것이다.

창세기 2장 16-18절을 통해 하나님이 하와를 창조하시기 전, 아담 홀로 있을 때 선악과를 금단의 열매로 지정하셨음을 알 수 있다. 그렇기 때문에 하와는 남편인 아담에게서 에덴 동산의 선악과가 금단의 열매로 지정되었다는 사실을 들은 것이다. 선악과가 금단의 열매라는 원초적인 하나님의 말씀을 하와는 하나님에게서 직접적으로 듣지 못하였다는 주장은 이렇다.

"어쩌면 여자는 선악과 금단 명령을 하나님께로부터 직접 듣지 아니하고, 남편 아담으로부터 간접적으로 들었기 때문에 사탄은 바로 그 점을 노리고 여자에게 접근한지도 모른다."[185]

"선악과를 따 먹지 말라는 명령을 아담은 하나님으로부터 직접 들었으나(창 2:16, 17) 하와는 아담을 통하여 간접적으로 들었으므로 그만큼 경각심이 약했기 때문일지 모른다."[186)]

"여자는 아담이 전해 준 말을 분명하게 이해하지 못했을 수도 있었을 것이다."[187)]

이렇게 많은 학자가 하와는 하나님으로부터 직접 선악과를 따 먹지 말라는 금지 명령을 못 들었다는 것이다. 그 이유를 밝히면 다음과 같다.

1) 하나님은 명령 불복종에 대해 아담에게만 책망의 말씀을 하셨다.

아담과 하와가 하나님의 명령에 불순종하여 선악과를 따 먹은 후에 하나님으로부터 징계를 받을 때 하나님의 명령에 대한 불복종에 대해 아담 한 사람에게만 두 번씩(창 3:11, 17)이나 "너더러 먹지 말라 명한 그 나무 실과를 네가 먹었느냐"라고 불순종을 책망하고 계신다. 즉 불순종에 대해 하나님은 먼저 선악과를 따 먹고 그것을 남편에게 준 하와를 책하지 않으셨다는 것이다. 만약에 하와가 하나님으로부터 선악과를 따 먹지 말라는 금지 명령을 들었으면 마땅히 하나님은 하와를 먼저 책망하셨을 것인데, 하와가 하나님으로부터 선악과가 금단의 열매라는 사실을 직접 들은 일이 없기 때문에 하나님은 아담만을 책망하고 계심을 볼 수 있다.

---

185) 제자원, 《그랜드 종합주석 1권 성경총론, 성경교리, 창세기》(서울: 성서교재 간행사, 1991), p. 357.

186) 제자원, 《옥스퍼드 원어성경대전, 001 창세기 제1장-11장》(서울: 성서교재(주), 1998), p. 223.

187) 이상근, 《구약주해 창세기》(대구: 성등사, 1990), p. 43.

"가라사대 누가 너의 벗었음을 네게 고하였느냐 내가 너더러 먹지 말라 명한 그 나무 실과를 네가 먹었느냐"(창 3:11).

"아담에게 이르시되 네가 네 아내의 말을 듣고 내가 너더러 먹지 말라 한 나무 실과를 먹었은즉 땅은 너로 인하여 저주를 받고 너는 종신토록 수고하여야 그 소산을 먹으리라"(창 3:17).

이렇게 두 곳에서 모두 하나님은 아담만을 직접 책망하신다.

2) 하와가 선악과를 먼저 따 먹었음에도 불구하고 하나님께서 아담을 먼저 부르신 이유가 무엇인가?

"여호와 하나님이 아담을 부르시며 그에게 이르시되 네가 어디 있느냐"(창 3:9)라고 하나님이 아담을 찾으신 이유는 아담에게 먼저 선악과를 따 먹지 말라고 명령하셨기 때문이다. 만약에 하와에게도 선악과를 따 먹지 말라고 명령하셨으면 하나님은 아담을 먼저 부르지 않고 하와를 먼저 부르셨을 것이다. 왜냐하면 하와가 먼저 따 먹은 범죄자이기 때문이다.

3) 하나님께서 하와에게 "네가 어찌하여 이렇게 하였느냐"라고 책망하신 것은 하와가 직접 하나님의 금지 명령을 듣지 못했기 때문이다.

만약 하와가 선악과가 금단의 열매라는 사실을 하나님으로부터 직접 들었다면 하나님은 하와에게 아담과 똑같이 "내가 너더러 먹지 말라 명한 그 나무 실과를 네가 먹었느냐"라고 책망하셨을 것이다. 그러나 하와는 하나님으로부터 선악과가 금단의 열매라는 사실을 직접 들은 일이 없기 때문에 하나님의 명령 불순종에 대해 직접적인 언급이 없고 벌(창 3:16)만 부여받았다.

2. 하와가 홀로 있었기 때문이다

창세기 3장 6절에 "여자가 그 나무를 본즉 먹음직도 하고 보암직도 하고 지혜롭게 할 만큼 탐스럽기도 한 나무인지라 여자가 그 실과를 따 먹고 자기와 함께한 남편에게도 주매 그도 먹은지라"고 기록하고 있다. 주석가 매튜 헨리는 이 본문을 이렇게 해석한다.

> 아마 하와가 유혹을 당할 때 아담이 함께 있지 않았던 것 같다는 것이다(분명히 만약 아담이 함께 있었다면 죄를 짓지 못하도록 가로막았을 것이다). 그런데 그는 하와가 그것을 먹은 다음에 왔으며, 하와가 선악과를 주매 아담도 먹었다는 것이다.[188]

사탄에게 유혹의 기회를 준 여자에게도 문제점은 있었다. 곧 남편과 떨어져 '금단의 나무 가까이' 홀로 있었다는 점이다.[189] 이렇게 하와는 아담을 떠나 있었다는 것이다. 그러나 이에 반하여 아담이 하와와 같이 있었다는 견해도 많다.

> 한편 본문의 '함께한'(임마흐)이란 표현은 하와가 선악과를 따 먹을 당시 아담도 그 자리에 있었다는 추측을 가능케 한다. 심지어는 하와가 뱀과 대화를 나누고 있을 때에도 아담이 그 옆에 같이 있었다고 볼 수도 있다. 이러한 사실은 뱀이 여자와

188) 매튜 헨리 저/박근용 역, 《성서주석 시리즈① 창세기(상)》(서울: 기독교문사,1991), p. 107.

189) 제자원, 《그랜드 종합주석 1권 성경총론, 성경교리, 창세기》(서울: 성서교재 간행사, 1991), p. 357.

이야기를 나누는 동안 뱀이 계속 '너희가 죽다'(4절), '너희가 먹다'(5절) 등과 같이 2인칭 복수 대명사를 사용하고 있다는 점에서도 추측이 가능하다(Nahum, Sarna).[190]

또 "아담은 여자의 곁에 있어 그녀의 행동의 시종을 목격했거나(Delitzsch), 여자가 따 먹는 순간 그곳에 왔거나(Calvin) 했을 것이다."[191] 하여튼 범죄 행위이다. 아담이 모든 이전 사건에서 하와와 같이 있었다는 것을 나타낸다(Delitzsch, Wordsworth). "여자는 뱀의 유혹적인 간계에 굴복하였을 뿐만 아니라 남자도 여자가 시험하는 것을 허락하였다."[192]

위에서 하와가 뱀의 유혹을 받을 때 하와 곁에 아담이 있었는가에 대하여 두 가지 의견이 나누어져 있음을 보았다. 이것을 종합하여 대표적인 학설로 델리취(Delitzsch)는 하와가 뱀에게 유혹을 받을 때 아담이 하와 곁에 있었다는 견해이고, 칼빈(Calvin)은 아담이 하와 곁에 없었다는 견해이다. 이에 대해 필자는 아담이 하와 곁에 없었다는 견해에 동조한다. 그 이유는 하나님께서 아담에게 "선악과를 따 먹는 날에는 정녕 죽으리라" 했는데 독처하는 것 자체를 싫어하는 아담이 선악과를 따 먹고 하와가 죽으면 또 다시 ① 아담은 독처하게 된다는 것, ② 아담이 하와를 보고 "이는 내 뼈 중의 뼈요 살 중의 살이라" 하고 한눈에 반한 여자인데 그녀가 하나님의 명령에 불순종하여 선악과를 따 먹으면 다시 아담은 독처로 돌아가든지 아니면 하나님에게 다시 또 다른 여자를 만들어 달라고

190) 제자원, 《옥스퍼드 원어성경대전, 001 창세기 제1장-11장》(서울: 성서교재(주), 1998), p. 231.

191) 이상근, 《구약주해 창세기》(대구: 성등사, 1990), p. 45.

192) 카일 델리취 저/고영민 역, 《카일 델리취 舊約註釋 창세기①》(서울: 기독교문화협회, 1992), p. 102.

청을 해야 하는데, 그런 상황에서 아담이 하와가 범죄하여 죽게 그냥 놓아둔다는 것은 하나님의 형상으로 지음 받은 인간이 그렇게 악할 수 있는가 하는 생각이 든다. ③보편적으로 사람들은 하나님의 말씀에 불순종하면 죽는다는 것을 알면 그 과일을 따 먹지 못하도록 말리는 것이 인지상정(人之常情)인데 하물며 아담이 한눈에 반한 여인이 범죄 후 죽게 놓아둔다는 것은 맞지 않는다고 본다. 만약에 아담이 하와 곁에 버젓이 있으면서 하와가 선악과를 따 먹는 것을 허용했으면 하나님의 형상대로 지음 받은 인간은 실패작이다. 왜냐하면 옆에 있는 "내 뼈 중의 뼈요 살 중의 살"인 사랑하는 자기 아내 하나 못 챙기고 죽게 만드는 것을 보는 인간으로 만족했다면 말이다.

단지 '함께한'(임마흐)이란 표현은 하와가 선악과를 따 먹을 당시 아담은 그 자리에 없었다고 주장한 칼빈의 말대로 아담은 뱀이 하와를 유혹한 뒤에 와서 함께 있었다고 본다. 그리고 진정 아담이 자기의 아내를 사랑할진대 하와가 선악과를 따 먹는 것을 보았을 때 말리는 것이 정상이라고 본다. 그리고 둘이 함께 있었으면 무슨 대화가 있어야 한다. 하와를 말리든 허락하든 말이다. 둘 사이에 대화가 없었다는 것은 하와가 홀로 있었음을 나타낸다고 본다.

문제는 히브리 원전에는 창세기 3장에서 '너희'라는 용어가 두 번 나오는데(1, 5절) 이 너희라는 말이 복수라는 것이다.

창 3:1 תֹאכְלוּ(398, 아칼) תֹאכְלוּ 칼 미완 2인 남성 복수, 너희더러……먹지

창 3:5 תֹאכְלוּ(398, 아칼) תֹאכְלוּ 칼 부정사 연계-2인 남성 복수, 너희가……먹는

복수이기 때문에 선악과를 따 먹은 것은 하와가 홀로 있을 때가

아니라 아담과 같이 있었을 때 유혹을 받았다는 것이다. 그러나 필자는 뱀이 여자와 이야기를 나누는 동안 뱀이 계속 '너희더러……먹지'(1절), '너희가……먹는'(5절) 등과 같이 2인칭 복수 대명사를 사용하고 있다는 견해에 대해서 '2인칭 복수 대명사'의 사용은 그 범죄의 장소에 아담과 하와 둘이 꼭 같이 있어서가 아니라 대화 중에 얼마든지 부부지간의 관계에서 공히 다 사건의 내막을 알고 있는 사실이라면 한쪽만 있는 자리에서도 상대방을 통하여 '너희'라는 복수 대명사를 사용할 수 있는 표현이라고 본다.

왜냐하면 선악과에 대한 하나님의 금지 명령 사실을 아담이 하와에게 알려 주었기 때문에 이 부부가 공히 이 사실을 알고 있으므로 뱀은 하와가 홀로 있어도 '너희가'라고 표현할 수 있다. 만약에 이 사실을 하와 혼자만 알고 있는 사실이라면 이러한 '너희가'라는 표현을 사용하지 못한다.

"선악을 알게 하는 나무의 실과는 먹지 말라 '네가' 먹는 날에는 정녕 죽으리라 하시니라"(창 2:17)는 말씀 중에 '네가'는 2인칭 단수 대명사이나 이것을 받는 하와가 "동산 중앙에 있는 나무의 실과는 하나님의 말씀에 '너희'는 먹지도 말고 만지지도 말라 '너희'가 죽을까 하노라 하셨느니라"(창 3:3)고 2인칭 복수 대명사를 사용했다고 해서 하나님이 원래 선악과를 금단의 열매로 아담에게 명하실 때 하와도 함께 들었다고 말한다면 이것은 잘못된 주장이다. 그렇기 때문에 선악과를 따 먹는 장소에 아담이 없었어도 뱀은 하와에게 복수인 '너희'라는 대명사를 사용했다고 본다.

이 정황으로 볼 때 꼭 두 부부가 함께 있었기 때문에 '너희'라는 말을 사용했다고 보기 어려운 것이다. 창세기 3장 1-5절까지 '너희가'라는 말이 세 차례 나오는데 그것을 아담이 듣고도 일언반구 말이 없었다면 남편의 의무를 다하지 않았든지 아니면 아담이 '하와, 너는 죽으라'고 방치하는 행위이다.

하나님께서는 아담이 독처하는 것 때문에 하와를 만들어 짝지어 주신 것이다. 하와도 홀로 놔두지 말라는 것인데 하와가 홀로 있을 때 뱀이 유혹했다. 왜냐하면 뱀이 유혹하는 말을 아담이 들었으면서도 '내 뼈 중의 뼈요 살 중의 살'로 만든 여자가 하나님의 금단의 열매를 먹도록 유혹하는 뱀을 그대로 놔두었다면 남편으로서의 직무유기요 하와를 사랑하지 않은 증거일 것이기 때문이다.

3. 아담이 하와를 너무 사랑했기 때문에 하와를 먼저 타락시킨 후에 하와를 통해 아담을 넘어뜨리도록 한 것이다

창세기 2장 23절에서 "아담이 가로되 이는 내 뼈 중의 뼈요 살 중의 살이라 이것을 남자에게서 취하였은즉 여자라 칭하리라 하니라"고 말씀하고 있다. 하와를 너무 좋아하는 아담을 보면서 사탄은 가까운 자를 내세워 죄를 짓도록 유혹한 것이다. 즉 "욥에게는 그의 아내를(욥 2:8-9), 심지어 그리스도에게는 그의 수석 제자 베드로를(마 16:21-23) 유혹자로 내세웠다."[193] 뱀이 여자에게 접근한 것은 여자가 남자보다 감정적이고 연약하기 때문일지 모른다(벧전 3:7). 여하튼 "뱀이 여자가 지니고 있었던 모든 약점을 잘 알고 접근할 만큼 간교했던 것은 분명하다."[194]

아담은 하나님이 하와를 만드시고 그에게 이끌어 오셨을 때는

---

193) 제자원, 《그랜드 종합주석 1권 성경총론, 성경교리, 창세기》(서울: 성서교재간행사, 1991), p. 358.

194) 제자원, 《옥스퍼드 원어성경대전, 001 창세기 제1장-11장》(서울: 성서교재(주), 1998), p. 223.

감성을 제대로 발휘하여 최고의 찬사를 했다.

하나님께서는 그 많은 "피조물들 가운데 아담에게 어울리는 짝이 있는가를 보시기 위해 모든 피조물들을 이끌고 오셨지만 거기서 아담을 위한 짝을 찾을 수가 없었던 것이다."[195] "눈에 보이는 피조물 가운데는 그의 동료가 될 만한 것들도 없었다."[196] 그래서 하나님은 아담에게 어울리는 배필을 주기 위해 아담을 깊이 잠들게 하고 감성이 메마른 아담의 갈빗대를 취하여 하와를 만드셨으니 하와 역시 감성이 메말랐다. 그리고 그를 아담에게 이끌어 왔을 때 "아담이 가로되 이는 내 뼈 중의 뼈요 살 중의 살이라 이것을 남자에게서 취하였은즉 여자라 칭하리라 하니라"고 말했다. 아담은 하나님의 창조물에 명명을 할 때(창 2:19-20) 하나님께 감탄과 찬양은 없었지만 하와를 보는 순간에는 인간의 감성이 최고로 살아나 극치의 표현을 했다. 외로움을 달래 주는 여자, 나를 도와주고 나를 이롭게 해줄 수 있는 여자라는 인간 이기심(利己心)의 발로인 것이다. 내 앞에 다가와 있는 이 여자가 오직 나를 위한 배필이 된다는 사실 때문에 감성이 발동된 것이지, 아담의 눈앞의 여인이 아담을 이롭게 하지 못하는 여인이라면 이러한 감성이 발동되었을까?

아담이 하와에게 "이는 내 뼈 중의 뼈요 살 중의 살"이라고 표현한 것은 최고 극치의 표현과 행동이다. 이러한 "동일 단어의 반복은 매우 경쾌한 리듬감을 주며, 생동감 넘치는 운율의 시이다. 또 기쁨이 넘치는 감사와 찬양의 노래인 것이다."[197] 벌써 아담은 하와를

---

195) 매튜 헨리 저/박근용 역, 《성서주석 시리즈 창세기(상)》(서울: 기독교문사, 1991), p. 86.

196) Ibid.

197) 제자원, 《그랜드 종합주석 1권 성경총론, 성경교리, 창세기》(서울: 성서교재간행사, 1991), p. 347.

보고 시인으로 변했다. 그리고 어느새 가수가 되어 노래를 불렀다. 아담의 감성은 하와가 자신의 소유라는 이기적일 때 최고로 발동을 했다.

사랑했기 때문에 아담은 하와가 주는 선악과를 받아 먹었다. 그것은 아담이 사랑하는 하와에 대한 사랑의 표현과 맞아떨어진다. 선악과를 하와에게서 받아 먹으면 죽는 줄 아담은 뻔히 알면서 사랑하는 자를 위하여 함께 죽는 사랑을 택한 것이다. 뿐만 아니라 아담은 하와가 선악과를 이미 따 먹었으니 하나님의 형벌을 받아 죽고 나면 다시 아담은 하와 없이 독처하는 것보다 사랑하는 자와 함께하려고 하와가 주는 선악과를 받아 먹은 것이다. "사탄은 보다 약한 여자를 유혹의 첫 대상으로 했다. 장수를 쏘려면 먼저 말을 쏘라는 방법이다."[198]

◆ 결론

예수님은 뱀의 지혜를 인정하셨다(마 10:16). 뱀은 작전에 실패하지 않도록 용의주도(用意周到)하게 준비를 했다. 우리 성도도 준비해야 한다. 사탄이 용의주도하게 준비한 유혹에 걸리지 않기 위해서이다.

1. 하나님의 말씀은 직접 들어라. 그래야 힘이 되기 때문이다.
2. 유혹을 받을 수 있는 거리를 삼가하라.
3. 가장 가까이 있는 자를 조심하라.

---

198) 이상근, 《구약주해 창세기》(대구: 성등사, 1990), p. 42.

제10장
아벨의 제사와 가인의 제사

(1)아담이 그 아내 하와와 동침하매 하와가 잉태하여 가인을 낳고 이르되 내가 여호와로 말미암아 득남하였다 하니라 (2)그가 또 가인의 아우 아벨을 낳았는데 아벨은 양 치는 자이었고 가인은 농사하는 자이었더라 (3)세월이 지난 후에 가인은 땅의 소산으로 제물을 삼아 여호와께 드렸고 (4)아벨은 자기도 양의 첫 새끼와 그 기름으로 드렸더니 여호와께서 아벨과 그 제물은 열납하셨으나 (5)가인과 그 제물은 열납하지 아니하신지라 가인이 심히 분하여 안색이 변하니(창 4:1-5).

아벨과 가인의 제사가 드려질 때는 모세가 하나님께로부터 제사법(출애굽기 25-31장, 레위기 1-27장)을 계시받기 전이기 때문에 모세의 제사법에 의하여 본문을 해석하는 것은 무리라고 생각된다. 제사법에 의하여 하나님이 어떤 제사를 받고 안 받고는 모세의 제사법의 계시 이후에 적용되어야 한다.

칼빈은 이에 대하여 이렇게 말했다. "가인의 제물(祭物)만이 열납(悅納)되지 못할 뚜렷한 증거와 단서가 잡히지 않는다. 그러므로 이 사건을 전혀 인간이 알 수 없는 하나님의 섭리의 과정 속에 있는 것으로 처리해 버리려는 경향도 생겨났다"(비교: 칼빈).[199]

또 폰 라트는 "분명히 여기서 설화자에게 중요한 점은 제물을 받아들이는 것은 전적으로 하나님의 자유의지에 맡겨져 있다는 것이다"[200]라고 주장했다.

김이곤은 "그리하여 폰 라트 같은 학자는 하나님께서 제사를 받으시고 받지 않으시는 것은 인간의 제사행위에 의해서 결정되는 것이 아니라 전혀 하나님의 자유로운 뜻에 의해서 되는 것임을 나타내려는데 창세기 기자(記者)의 의도(意圖)가 있었다고 판단하기까지 하였었다"[201]라고 말하고 있다.

이 부분에 대한 해석이 부정적인 해석도 있는가 하면 또 여러 가지의 다른 해석들도 많다. 그러나 필자는 "하나님은 왜 아벨의 제사를 받으셨는가?" 하는 질문에 누구의 제사를 받고 안 받으시는 것이 하나님의 자유로운 의사라면 왜 창세기 기자는 가인과 아벨의 이름

---

199) 김이곤, 《神의 約束은 破棄될 수 없다》(서울: 한국신학연구소, 1996), pp. 190-191.
200) 게르하르트 폰 라트/한국신학연구소, 《국제성서주석 창세기》(서울: 한국신학연구소, 1996), p. 112.
201) 김이곤, 《神의 約束은 破棄될 수 없다》(서울: 한국신학연구소, 1996), p. 191.

의 차서를 본문에서만 두 차례 바꾸어 썼는지 이유를 묻고 싶다.

성경은 본문의 맥락에서 해석되어야 한다. 창세기 4장 1-5절 안에 가인과 아벨의 이름이 차서를 따라 두 번은 가인의 이름이 먼저 나오고 두 번은 아벨의 이름이 먼저 나온다. 창세기 기자는 창세기 4장 1-2절에서 아담이 자녀를 낳을 때에 차서를 따라 가인의 출생을 먼저 기술하고, 아벨의 출생을 뒤에 기록했다. 그러나 4장 2절 하반절에서 두 형제의 직업을 말할 때는 아벨의 직업이 먼저 나오고 가인의 직업이 뒤에 나온다. 그리고 4장 3-4절에서 제사를 드릴 때는 차서대로 가인이 먼저 드린 다음 아벨이 나중에 드린다. 그러나 하나님이 받으실 때는 4장 4b-5절에서 아벨과 그 제물을 먼저 받으시고 가인과 그 제물은 받지 않으신다.

이렇게 성서 기자가 형과 아우 간의 차서를 왜 의도적으로 바꾸어 놓았는지를 밝히는 것이, 하나님이 왜 아벨의 제사를 받으셨는가를 푸는 열쇠라고 생각한다. 뒤에 다시 창세기 기자가 창세기 내에서 다섯 명의 차서를 의도적으로 바꾼 사례를 기술했다. 그러므로 가인의 제물과 아벨의 제물의 차이점이 무엇이며, 과연 그것이 있는가에 대해 살펴보려고 한다.

1. 직업을 말할 때 가인과 아벨의 차서가 바뀌었다

4장 2절에 "아벨은 양 치는 자이었고 가인은 농사하는 자이었더라"고 기록하고 있다. 왜 성서 기자는 두 형제의 직업을 말할 때 동생 아벨의 직업을 먼저 소개하고 뒤에 형 가인의 직업을 소개했는지 저자의 의도를 밝혀야 한다.

가인은 농경 생활을 했고 아벨은 유목 생활을 했다. 창세기 기자인 모세는 유목 생활을 했다. 또 이스라엘 민족은 조상 때부터 유목 생활을 하며 야훼를 섬겨 왔다. 그러나 가나안 땅은 농경 생활이 주다. 제사는 문화와 긴밀히 연관이 있어서 나름의 고유한 제의(祭儀)를 만들기 때문에 가나안의 농경 생활에서 오는 제의와 유목민의 생활에서 오는 두 개의 문화와 제의가 충돌함을 볼 수 있다.

S문서(The S Document)를 명명한 학자는 파이퍼(R. H. Pfeiffer)인데 그는 창세기에만 S를 국한시켰다.[202] 가인과 아벨(4:1-16)은 S^2문서로서 …S에 추가된 부분이며, 기원전 600-400년 사이에 추가된 것이다.[203] "S^1의 특징은 제사적(祭祀的)이다. S^2의 기자가 제사들의 집단에 속한 사람이라고 보는 이유는 가인과 아벨의 이야기에서 가인의 살인 동기가 비록 다를망정 희생을 문제 삼고 있지 않은가 추측하기 때문이다"[204]라고 말한다.

> 창세기의 가인과 아벨의 제사에는 서로 다른 文化史的 배경이 뚜렷이 나타나고 있음은 확실하다. 일반적으로 우리는 가인의 祭物을 생각할 때 定着民의 農耕文化와 유랑민의 遊牧文化 사이의 대립이라는 관점에서 생각해 볼 수 있을 것이다. 즉 農耕文化와 反文化的 사막문화 사이의 충돌은 가나안에 정착한 유랑민의 야웨 종교와 가나안 정착민들의 바알 종교 사이의 팽팽한 긴장관계의 역사 속에 뚜렷이 내재되어 있었다는 것은 부인할 수 없는 이스라엘의 역사 현실이었다. 따라서 양떼를 따라 유랑하던 유목민의 動物犧牲濟만이 야웨 하느님께서 기뻐 받으시는 祭物이며, 동시에 유목종교의 동물희생제사가 가나안 바알종교의 곡물제사보다는 월등한 것이라는 관념

202) 金正俊 金燦國 朴大先 共著, 《舊約成書槪論》(서울: CLSK, 1973), p. 75.
203) Ibid, p. 76.
204) Ibid, p. 77.

은 가나안 定着 이후 그 땅의 원주민과의 긴박한 대결 속에 살아온 그들에게 있어서는 결코 지워질 수 없는 불변의 관념이 되었음이 분명하다.[205]

그러나 본문을 성경의 문서설이나 문화와 제물의 차이로 해답을 얻기는 어렵다. 왜냐하면 하나님을 편애나 편파적인 문화의 틀에 가두어 놓고 마는 결과를 가져오기 때문이다.

"각자의 文化史的 배경은 단지 편집자의 손에 '우연히' 들려진 논술상의 도구로써 이용된 것 이상의 더 다른 신학적 의미를 부여할 필요가 없다는 것이다."[206] 그럼에도 불구하고 성경이 의도적으로 직업을 말할 때 가인과 아벨의 차서를 바꾼 일은 우연이 아니라는 것이 필자의 견해이다.

2. 제물에 차이가 있다

창세기 4장 4절에 "아벨은 자기도 양의 첫 새끼와 그 기름으로 드렸더니"라고 말씀하고 있다. 이 뜻은 아벨은 양의 첫 새끼 중에 가장 기름진 것으로, 즉 살찌고 기름진 제일 좋은 것으로 골라서 하나님께 예물을 드렸다는 말이다. 그러나 가인은 제물을 준비할 때 별로 신경을 쓰지 않았다. 그는 자기가 지은 땅의 소산 중의 일부를 드렸다. 그런데 성경에는 가인의 제물은 '첫 소산'이란 말도 없고, '소산 중에 가장 기름지고 알찬 것'이란 말도 없는 것을 볼 때 제사자가 별 신경을 쓰지 않고 제물을 드린 것 같다.

---

205) 김이곤, 《神의 約束은 破棄될 수 없다》(서울: 한국신학연구소, 1996), pp. 187-188.
206) Ibid., p. 190.

> 그러나 우리는 결코 곡물제사에 대한 히브리인의 이러한 배타적 관념이 곧 가인說話에 나타난 사상의 중심이라고는 생각지 말아야 할 것이다. 왜냐하면 가인 설화가 노리는 목표는 결코 祭物의 내용과 제사에 대한 히브리적 관념을 설명하려는데 있지 않기 때문이다.207)

> 따라서 모든 文化는 그 자신의 특유한 祭儀를 탄생시킨다는 보편적 현실에 비추어 볼 때 농부가 그 땅의 所産으로 제사를 드린다는 것과 목양자가 그 羊의 所産으로 제사를 드린다는 것은 누구나가 당연히 기대할 만한 것이 아니겠는가? 그러므로 여기에서 우리가 祭物의 내용 즉 그 祭祀의 食物 때문에 그 제사에 대한 神의 反應을 다르게 나타나는 結果였다고 관찰한다는 것은 창세기의 J의 신학적 의도를 지나치게 약화시키는 결과를 가져오게 되는 것이라 생각된다.208)

그래서 제물의 차이도 아니라는 것이다.

3. 하나님이 제물을 받으실 때 가인과 아벨의 차서를 바꾸어 받으셨다

본문 4장 4b-5절에서 "아벨과 그 제물은 열납하셨으나 가인과 그 제물은 열납하지 아니하신지라"고 기록하고 있다. 본문의 제물 앞에 제사자의 이름이 있는 것으로 보아 하나님은 제물보다 제사자를 먼저 받으셨다. 본문에 아벨이 자신을 제물로 드렸다는 표현은 없는데 하나님은 제물 전에 제사자인 아벨을 먼저 받으신 것이다.

성경해석에서 하나님이 말씀하시고자 하는 메시지를 제대로 파

207) Ibid., p. 188.
208) Ibid., p. 189.

악하기 위해서는 문장의 행간을 놓쳐서는 안 된다. 행간에 내재된 하나님의 말씀을 들어야 한다. 따라서 아벨의 제사에서 보이지 않는 아벨이 드리는 제사의 모습을 보아야 한다. 이것을 발견해야 한다. 그래서 본문에 아벨이 자기 자신을 제물로 드렸다는 표현은 없으나 하나님은 제물 전에 제사자인 아벨을 먼저 받으셨기 때문에 행간에 숨어 있는 아벨이 자기 자신을 드렸다는 것을 읽어야 한다.

하나님은 제사자인 그 사람을 먼저 받으심을 볼 수 있다. 성경에서 제사자를 받았다는 표현은 이곳뿐이다. 하나님은 제물을 받기 전에 그 사람을 먼저 받으신다. 창세기 기자가 본문에서 제물보다 사람의 이름을 앞세워 "아벨과 그 제물은 열납하셨으나"로 기록한 이유가 있는 것이다. 김이곤은 제사자의 마음을 인격이라고 《神의 約束은 破棄될 수 없다》라는 책에서 심도 깊게 주장하고 있다.

> 즉 제물보다는 그것이 땅의 所産이든 양의 첫 새끼와 기름이든- '가인'이라는 人格과 아벨이라는 人格이 먼저 문제되고 있다. 바로 이것이 說話子가 試圖한 신학적 意圖가 아니었겠는가?[209)]

또 "예배자의 선결문제"에서 예배자의 인격을 논하고 있다.[210)] 그러나 제사자의 인격은 신앙인이 아니어도 얼마든지 고매한 인격을 가질 수 있다. 하나님은 제사자의 인격이 고매하고 훌륭하다고 해서 제사를 받으시는 하나님은 아니라는 것이다. 인격이 고매하면서도 하나님을 섬기지 않는 사람들을 얼마든지 발견할 수 있다.

그렇다. 중요한 것은 제물이 아니다. 그러나 필자는 인격이라는

---

209) Ibid. p. 193.
210) Ibid. pp. 192-193.

것보다도 제사자 자신을 드렸기에 하나님이 그 제사자를 받으셨다고 주장하고 싶다. 즉 제사자의 마음이다. 하나님은 단순히 제물만을 받으시려고 제사를 드리라고 말씀하시는 것이 아니다. 제사자의 감사한 마음, 상한 마음, 제사자의 중심을 받기 원하시는 것이다.

여기 아모스, 호세아 선지자들을 통해 그동안 드려진 제사종교의 현실을 가차 없이 통박한다.[211] 그 내용들을 살펴보면 하나님께 드려지는 제물에 문제가 있어서 지적하는 것이 아니다. 두 선지자의 지적은 하나님께 드려지는 제물이나 제물의 상태(레 4-5장 흠없는 것), 제삿날(안식일, 월삭, 절기), 또는 제사를 드리는 방법, 그리고 제사자의 신체의 상태(레 21:18-21) 문제가 아니라는 것이다. 오직 제사자들의 심령 상태를 지적하고 있다.

> "(21)내가 너희 절기를 미워하여 멸시하며 너희 성회들을 기뻐하지 아니하나니 (22)너희가 내게 번제나 소제를 드릴지라도 내가 받지 아니할 것이요 너희 살진 희생의 화목제도 내가 돌아보지 아니하리라 (23)네 노래 소리를 내 앞에서 그칠지어다 네 비파 소리도 내가 듣지 아니하리라 (24)오직 공법을 물 같이, 정의를 하수같이 흘릴지로다"(암 5:21-24).
>
> 제사의 祭物보다는 公法과 正義가 하나님이 원하시는 바임을 力說하고 있는 아모스는, 모든 祭儀의 儀式이란 倫理性이 결여될 때는 아예 야웨 하나님의 好意는커녕 하나님의 憎惡와 蔑視의 대상이 된다고 주장한다.
>
> "이스라엘아 너는 행음하여도 유다는 죄를 범치 말아야 할 것이라 너희는 길갈로 가지 말며 벧아웬으로 올라가지 말며 여호와의 사심을 가리켜 맹세하지 말지어다……나는 인애를 원하고 제사를 원치 아니하며 번제보다 하나님을 아는 것을

211) 김이곤, 《神의 約束은 破棄될 수 없다》(서울: 한국신학연구소, 1996), p. 189.

원하노라……내가 그 모든 희락과 절기와 월삭과 안식일과 모든 명절을 폐하겠고"(호 4:15, 6:6, 2:11).

제사장 계열이 아니면서도 제사직에 익숙하고 예민한 예언자로 알려진 호세아도 야웨의 제사종교가 바알化되어 가는 경향에 신랄한 비판을 가함으로 제사 드리기 위하여 길갈로도 벧아웬으로도 아예 올라가지 말 것을 경고한다.[212]

진실로 종교란 하나님의 뜻보다 그 祭物 자체에 더 관심할 때는 반드시 부패하게 되며, 그 종교의 부패와 함께 신앙인들도 함께 부패하는 것이다. 그 드리는 祭밥과 祭酒에 미혹되고 만취되므로 돌이킬 수 없는 종교적 부패를 우리의 현실로 만들어 버렸다.[213]

이렇게 하나님은 제물을 원하지 않는 하나님이라는 사실을 우리에게 가르쳐 주고 있다.

중요한 것은 제사자의 마음 중심이라는 것이다. 제사자가 자기 자신을 하나님께 드리는 자세가 우선할 때 제물에 앞서 하나님은 제사자를 먼저 받으시고 그 다음에 제물을 열납하신다.

예수 그리스도도 십자가에서 자신이 제물이 되셨음을 말씀하고 있다. "저가 저 대제사장들이 먼저 자기 죄를 위하고 다음에 백성의 죄를 위하여 날마다 제사 드리는 것과 같이 할 필요가 없으니 이는 저가 단번에 자기를 드려 이루셨음이니라"(히 7:27), 또 "이 뜻을 좇아 예수 그리스도의 몸을 단번에 드리심으로 말미암아 우리가 거룩함을 얻었노라"(히 10:10)고 말씀하고 있다.

아벨도 제물에 앞서 자기를 먼저 하나님께 드렸다. 그래서 하나

212) Ibid.
213) Ibid., p. 190.

님이 제물 전에 아벨을 먼저 열납하셨다. 제사자는 주체(主體)가 되고 제물은 종속물(從屬物)이다. 주체(主體)가 되는 제사자를 먼저 받으시면 그 종속물(從屬物)인 제물도 함께 받는 것이고, 하나님이 제사의 주체(主體)가 되는 제사자를 먼저 받지 않으시면 아무리 좋은 직업에 좋은 제물을 드린다 해도 거들떠보지도 않으시는 하나님이라는 것이다. 창세기 기자는 이것을 밝히기 위하여 의도적으로 하나님이 제물을 받으실 때 제사의 주체(主體)가 되는 제사자를 먼저 받으시고 그 다음 종속물(從屬物)인 제물을 받으신 것이다. 이것이 창세기에서 하나님이 아벨의 제사를 열납하신 이유라고 본다.

다시 부연하면 만약에 하나님께 있어서 제물이 중요 관심사라면 성서 기자는 본문(창 4:4b-5a)을 이렇게 표현을 했어야 한다. "여호와께서 아벨의 제물은 열납하셨으나 가인의 제물은 열납하지 아니하신지라", 또는 "여호와께서 제물과 아벨은 열납하셨으나 제물과 가인은 열납하지 아니하신지라"라고 기록했어야 한다. 그러나 성경은 "여호와께서 아벨과 그 제물은 열납하셨으나 가인과 그 제물은 열납하지 아니하신지라"고 기록하고 있다. 우리는 성서 기자가 제사자의 이름을 먼저 기록하고 제물을 그 다음 순서로 기록한 의도를 생각해야 한다. 그리고 열납하실 때도 아우인 아벨의 이름이 먼저 나온다.

이렇게 이름의 차서를 바꾸는 역사 기술은 구속사적으로 기록할 때 창세기 한 권의 책에서만도 의도적으로 다섯 곳에서 나타난 차서가 바뀐 다섯 명의 명단은 다음과 같다. ① 가인과 아벨 ② 하란과 아브라함 ③ 이스마엘과 이삭 ④ 에서와 야곱 ⑤ 므낫세와 에브라임이다. 그러면 왜 창세기 기자는 다섯 명의 이름의 차서를 바꾸었을까를 기술(記述)하려고 한다.

형제들의 차서를 바꾼 이유를 찾아보면 다음과 같다.

① 가인과 아벨

> "(1)아담이 그 아내 하와와 동침하매 하와가 잉태하여 가인을 낳고 이르되 내가 여호와로 말미암아 득남하였다 하니라 (2)그가 또 가인의 아우 아벨을 낳았는데 아벨은 양 치는 자이었고 가인은 농사하는 자이었더라"(창 4:1-2).

"그가 또 가인의 아우 아벨을 낳았는데 아벨은 양 치는 자이었고 가인은 농사하는 자이었더라"(창 4:2)고 기록했다. 가인과 아벨이, 아벨과 가인으로 직업을 말할 때 차서를 바꾸고 있고, 또 하나님이 제물을 열납하실 때도 아우 아벨의 것을 먼저 열납하시고 후에 형 가인의 것은 열납하지 않으셨다. 이렇게 차서를 두 번씩이나 바꾼 것은 의도적이었다.

② 하란과 아브라함

> "데라는 칠십 세에 아브람과 나홀과 하란을 낳았더라"(창 11:26).

"데라는 칠십 세에 아브람과 나홀과 하란을 낳았더라"고 기록하고 있다. 데라가 70세에 아브람과 나홀과 하란 3형제 세쌍둥이를 낳은 것이 분명히 아니다.

그러면 아브라함의 형제의 차서는 어떤 순서이며, 또 차서를 바꾸었다면 이유는 무엇일까?

데라 나이 70세에 하란을 낳고 130세에 아브라함을 낳았다 〔창 11:32, 데라는 205세에 죽었고 데라가 죽은 해에 아브라함이 75세이면(창 12:4) 데라가 아브라함을 낳을 때 나이는 205세-75세=130세이다. 그렇다면 데라 나이 130세에 낳은 자식은 아브라함이다〕 [214] 그리고 "이 여덟 사람은 아브라함의 동생 나홀의 처 밀가의 소생이며 브두엘은 리브가를 낳았고"(창 22:23)에서 아브라함의 동생이 나홀이라고 기록되어 있으므로 아브라함의 형제의 순서는 장자 하란, 차자 아브라함, 삼자 나홀 순이다. 그런데 성서 기자는 창세기 11장 26절에서 데라의 아들 순서를 아브람과 나홀과 하란으로 명기했다. 의도적으로 차자인 아브라함을 차서를 바꾸어 맨 앞에 기록했다.

③ 이스마엘과 이삭

> "하갈이 아브람의 아들을 낳으매 아브람이 하갈의 낳은 그 아들을 이름하여 이스마엘이라 하였더라"(창 16:15).
>
> "아브라함이 그 낳은 아들 곧 사라가 자기에게 낳은 아들을 이름하여 이삭이라 하였고"(창 21:3).

창세기 16장 16절에서 "하갈이 아브람에게 이스마엘을 낳을 때에 아브람이 팔십육 세이었더라"고 기록하고 있으며, 창세기 21장 5절에서는 "아브라함이 그 아들 이삭을 낳을 때에 백 세라"고 기록하고 있어 두 이복 형제 간의 나이 차는 14세이다. 그러나 창세기 25장 9절에서는 두 형제의 아버지인 아브라함이 죽었을 때 두 형제

---

214) 제자원, 《그랜드 종합주석 1권 성경총론 성경교리 창세기》(서울: 성서교재간행사, 1991), p. 457.

가 함께 모여 장례를 치른 사실을 "그 아들 이삭과 이스마엘이 그를 마므레 앞 헷 족속 소할의 아들 에브론의 밭에 있는 막벨라 굴에 장사하였으니"라고 기록하고 있다. 아브라함이 죽어 장사 지낼 때 두 아들인 이스마엘과 이삭이, 이삭과 이스마엘로 차서가 바뀌어 나타난다.

1925-1931년 펜실베이니아 대학 박물관 팀에 의해 B.C. 15세기경 기록된 누지 토판(Nuzi Tablets)이 발굴되었다. 이 토판은 당시 호리족의 생활에 대해 많은 정보를 준다. 이는 성경 기사를 비롯한 고대 근동의 생활 풍습을 이해하기 위한 하나의 자료가 될 수 있다.[215] 이 누지 토판의 발굴은 성경의 많은 기사들을 당시의 문화적 상황과 더불어 이해하는 데 많은 도움을 준다.

> i) 당시의 결혼은 자녀 출산으로 인해 완전한 계약으로 성립되었다. 따라서 자녀가 없는 경우 부인은 여종을 자기 남편에게 주어 자녀를 생산해야 했다. 아브라함의 아내 사라의 경우나(창 16:1-2) 야곱의 아내 레아의 경우(창 30:9-10)가 이에 해당된다.
>
> ii) 아내의 아들과 여종의 아들 사이의 상속권의 우선순위에 있어서 먼저 태어난 여종의 아들이 우선된다. 이 경우 주인은 여종의 여종과 그 자녀를 내보내지 않는다.[216]

누지 토판의 발굴에 의하면 "아내의 아들과 여종의 아들 사이의 상속권의 우선순위에 있어서 먼저 태어난 여종의 아들이 우선된다. 이 경우 주인은 여종의 여종과 그 자녀를 내보내지 않는다"라는 말에서 당시의 문화를 이해할 수 있다. 즉 아버지인 아브라함이

215) Ibid., pp. 507-508.
216) Ibid.

죽었기 때문에 누지 토판에 의하면 당연히 그 차서는 이스마엘, 이삭이라고 기록해야 마땅한 것이다. 그러나 성서 기자는 의도적으로 아버지인 아브라함이 죽자 곧바로 가정의 서열이요 차서인 형제간의 순서를 바꾸었다.

이 누지 토판 문서가 아버지가 죽고 아들들 중에 누가 상속자인가를 법적으로 인정받기 위한 문서라면 이스마엘, 이삭이라고 기록했어야 한다. 그러나 성서 기자는 그렇게 기록하지 않고 조강지처이며 하나님의 약속의 씨인 이삭을 하갈의 자식인 서열이 위인 이스마엘보다 앞세웠다. 그래서 아버지인 아브라함이 죽자 누지 토판을 따르는 것이 아니라 창세기 기자는 하나님의 약속을 기억하고 하나님의 약속의 성취를 이루기 위하여 의도적으로 창세기 25장 9절에서 차서를 바꾸어 이삭을 이스마엘 앞에 기록했다.

뿐만 아니라 창세기 기자가 차서를 바꾼 또 하나의 의도는 이때부터 구속사의 맥을 아버지인 아브라함이 죽었으므로 아들이 계승해야 하는데 동생 이삭의 이름을 앞세움으로 구속사의 맥이(씨 흐름이) '아브라함에서 이삭'으로 흐르고 있음을 말해 준다.

④ 에서와 야곱

> "(24)그 해산 기한이 찬즉 태에 쌍둥이가 있었는데 (25)먼저 나온 자는 붉고 전신이 갖옷 같아서 이름을 에서라 하였고 (26)후에 나온 아우는 손으로 에서의 발꿈치를 잡았으므로 그 이름을 야곱이라 하였으며 리브가가 그들을 낳을 때에 이삭이 육십 세이었더라"(창 25:24-26).

창세기 28장 5절에는 "이에 이삭이 야곱을 보내었더니 밧단아람으로 가서 라반에게 이르렀으니 라반은 아람 사람 브두엘의 아들이요 야곱과 에서의 어미 리브가의 오라비더라"고 에서와 야곱을, 야곱과 에서로 차서를 바꾸었다.

이삭의 가정에 쌍둥이의 동생으로 태어난 야곱은 한 번은 형 에서의 장자 명분을 팥죽 한 그릇을 주고 샀고, 또 한 번은 아버지인 이삭을 속이고 형 대신 들어가서 축복을 받았다. 그 이후로 성서 기자는 이제부터 구속사의 씨 흐름이 형 에서가 아니라 야곱이 된다는 뜻에서 에서와 야곱의 이름의 차서를 바꾸었다.

그렇다면 왜 이삭이 죽었을 때(창 35:29)도 창세기 28장 5절의 공식에 의해 차서가 바뀌어야 하는데 바뀌지 않은 이유는 계속 연구하기로 한다. "이삭이 나이 많고 늙어 기운이 진하매 죽어 자기 열조에게로 돌아가니 그 아들 에서와 야곱이 그를 장사하였더라"(창 35:29)고 기록하고 있다.

⑤ 므낫세와 에브라임

> "(50)흉년이 들기 전에 요셉에게 두 아들을 낳되 곧 온 제사장 보디베라의 딸 아스낫이 그에게 낳은지라 (51)요셉이 그 장자의 이름을 므낫세라 하였으니 하나님이 나로 나의 모든 고난과 나의 아비의 온 집 일을 잊어버리게 하셨다 함이요 (52)차자의 이름을 에브라임이라 하였으니 하나님이 나로 나의 수고한 땅에서 창성하게 하셨다 함이었더라"(창 41:50-52).

창세기 48장 5절에는 "내가 애굽으로 와서 네게 이르기 전에 애굽에서 네게 낳은 두 아들 에브라임과 므낫세는 내 것이라 르우벤과 시므온처럼 내 것이 될 것이요"라고 기록함으로 므낫세와 에브라임이, 에브라임과 므낫세로 바뀌었다. 이것은 전적으로 야곱의 영감에 의해서이다. 창세기 48장 5절, 20절에서 야곱은 손자 에브라임과 므낫세(장자)를 축복할 때 의도적으로 형제의 이름 순서를 바꾸었다.

이렇게 창세기에서 상기 다섯 명의 이름을 의도적으로 차서를 바꾼 것도 신학적인 의도가 있다는 것이 필자의 주장이다. 그렇다면 해석도 그 의도를 살려서 해야 한다는 것이다. 성서 기자는 사람의 이름을 꼭 필요한 때에 차서를 바꾸어서 새로운 역사의 장을 여는 것이다. 이것은 하나님의 섭리요 간섭으로 이해되어야 하고 인간은 거기에 순응해야 한다는 것이다.

◆ 결론

에덴 동산에서 타락하여 쫓겨난 아담과 하와의 후예인 '아벨과 가인의 제사' 사건을 가지고 창세기 기자를 통해 과연 하나님이 원하시는 참된 본질의 제사는 무엇인가를 찾아보았다.

1. 제사는 하나님과의 만남이라는 것이다. 인생은 하나님께 드려지기 위해서 사는 삶이다. 제사는 하나님과의 만남이 중요하다. 제사를 통해 과연 하나님을 만나고 있는가? 그러나 하나님과의 만남이 있다고 해도 죄인 된 인간에게는 시기와 분노 때문에 하나님이 열납하신 제사 뒤에 고난도 함께 받는다는 것이다.

2. 하나님께 드리는 제사는 직업과 제물이 중요하지 않다는 것이다. 창세기 기자는 제사를 드리는 제사자가 제사장이나 선지자, 왕 등의 직업을 가진 자라도 그 직업이 중요치 않다는 것이다. 구약의 제사제도에는 다섯 개의 제사 종류가 있고 가나안의 농경생활에

들어가서 지켜야 할 절기로 3대 절기가 있다. 이러한 제사와 절기에도 하나님은 농경문화인 소제(식물 사용)와 오순절(맥추절), 수장절(추수감사) 등 농경생활에서 얻어지는 소산물로 제사를 받으셨다. 즉 하나님은 유목민의 제사는 받으시고 농부의 제사는 받지 않는 편협한 하나님이 아니라는 사실이다. 그렇기 때문에 하나님은 유목민에 대한 우월성으로 짐승 제사만을 원하시는 것이 아니라 농경생활의 소산물로도 제사나 절기를 받으신다는 것이다. 즉 제사에 있어서 가장 중요한 것은 직업이나 제물에 상관없이 제사자의 마음 중심이라는 것이다. 하나님은 먼저 제사자의 마음 중심을 받으신다.

3. 제사자는 하나님이 열납하실 만한 제물이 되어야 한다는 것이다.

본문에서 창세기 기자는 타락한 인생 중에 참 제사의 의미를 밝히려고 하는 의도가 있다. 인생이 살아가는 동안 중요한 사건은 하나님과의 만남인 첫 제사였다. 창세기 기자는 그 첫 제사의 제물이나 직업이 중요한 것이 아니라 제사자 자체가 하나님이 열납하시는 제물이 되어야 한다는 것이다. 제사자의 마음 중심을 받으시는 하나님이라는 사실을 가르쳐 주고 있다.

그러면 하나님이 받으시는 제사는 무엇인가? 그 제사는 마치 십자가에서 자신이 제물이 되어 단번에 드림으로 인류를 구속한 예수 그리스도처럼, 또한 아벨과 제물을 받으셨던 것처럼, 제사자가 제물이 되어 하나님께 드려지는 제사이다. 또한 감사함으로 드리는 제사(시 50:14, 23), 상한 심령을 드리는 제사(시 51:17), 그리고 다윗과 같이 백성의 인구의 수를 세고 하나님으로부터 심한 책망을 받고 진솔하게 하나님께 드린 회개의 예물(대상 21:15-28)을 열납하신다는 것이다.

제11장

무죄(無罪)한 자들을 무고(無故)히 죽인 자에 대한 하나님의 심판

(1)사울이 그 아들 요나단과 그 모든 신하에게 다윗을 죽이라 말하였더니 사울의 아들 요나단이 다윗을 심히 기뻐하므로 (2)그가 다윗에게 고하여 가로되 내 부친 사울이 너를 죽이기를 꾀하시느니라 그러므로 이제 청하노니 아침에 조심하여 은밀한 곳에 숨어 있으라 (3)내가 나가서 너 있는 들에서 내 부친 곁에 서서 네 일을 내 부친과 말하다가 무엇을 보거든 네게 알게 하리라 하고 (4)요나단이 그 아비 사울에게 다윗을 포장하여 가로되 원컨대 왕은 신하 다윗에게 범죄치 마옵소서 그는 왕께 득죄하지 아니하였고 그가 왕께 행한 일은 심히 선함이니이다 (5)그가 자기 생명을 아끼지 아니하고 블레셋 사람을 죽였고 여호와께서는 온 이스라엘을 위하여 큰 구원을 이루셨으므로 왕이 이를 보고 기뻐하셨거늘 어찌 무고히 다윗을 죽여 무죄한 피를 흘려 범죄하려 하시나이까(삼상 19:1-5).

(1)블레셋 사람이 이스라엘을 치매 이스라엘 사람들이 블레셋 사람 앞에서 도망하여 길보아 산에서 엎드러져 죽으니라 (2)블레셋 사람들이 사울과 그 아들들을 쫓아 미쳐서 사울의 아들 요나단과 아비나답과 말기수아를 죽이니라 (3)사울이 패전하매 활 쏘는 자가 따라 미치니 사울이 그 활 쏘는 자를 인하여 중상한지라 (4)그가 병기 든 자에게 이르되 네 칼을 빼어 나를 찌르라 할례 없는 자들이 와서 나를 찌르고 모욕할까 두려워하노라 하나 병기 든 자가 심히 두려워하여 즐겨 행치 아니하는지라 이에 사울이 자기 칼을 취하고 그 위에 엎드러지매 (5)병기 든 자가 사울의 죽음을 보고 자기도 자기 칼 위에 엎드러져 그와 함께 죽으니라 (6)사울과 그 세 아들과 병기 든 자와 그의 모든 사람이 다 그날에 함께 죽었더라(삼상 31:1-6).

사울 왕은 왕이 된 후부터는 교만해지고 어린 다윗을 정적으로 보고 죽이려고 다윗에게 창을 던졌으나 다윗은 두 번씩이나 피했다(삼상 18:11). 사울 왕은 계속 다윗을 죽이려고 뒤를 쫓았으나 하나님께서 도우심으로 죽이지 못했다. 그러나 사실은 사울 왕에 의하여 다윗은 죽은 목숨과 같았다. 무고히 다윗을 죽여 무죄한 자의 피를 흘리려는 사울 왕을 하나님은 끝내 심판하시고 다윗을 구원하여 하나님의 뜻을 이루게 되었다.

사무엘상 31장 1-6절의 말씀은 사울과 세 아들의 죽음을 고하는 내용이다. 사울이 블레셋과의 마지막 전투에서 대패하여 사울 일가가 전멸하는 장면의 이야기이다. 즉 사울이 이끄는 이스라엘 군대들은 블레셋과의 길보아 산 전투에서 대패하였고, 그 와중에 사울의 세 아들인 요나단과 아비나답과 말기수아가 전사했다. 그리고 사울 왕 역시 큰 부상을 당하므로, 끝내는 자결하고 만다. 이로써 결국 사울 왕가는 완전 몰락을 고하였다.

이와 마찬가지로 성경에는 내가 왜 죽어야 되는지 모르게 죽어간 수많은 사람들의 이야기들이 나온다. 이렇게 참 억울하고 무고(無故)하게 죽은 자들의 피의 호소에 대하여 하나님은 어떻게 신원(伸寃: 가슴에 맺힌 원한을 풀어 버림)해 주시는지 찾아보았다. 그 사례들은 많지만 그중에 악독한 몇 사람들을 소개하면, 단지 히브리인의 자녀로 태어나는 것 때문에 핏덩이 남아들을 죽인 바로 왕, 예수 탄생 때 유아들을 희생시킨 헤롯 왕, 그리고 아벨을 죽인 가인, 율법을 지키며 의롭게 살아가는 백성 나봇을 죽인 아합 왕, 우리야의 아내 밧세바에게 간음죄를 범하고 은폐하기 위하여 충복 우리야를 죽인 다윗, 그리고 죄 없는 하나님의 아들 예수 그리스도를 죽인 유대인들, 이러한 자들에 대하여 하나님은 어떻게 피의 보수(報讎: 앙갚음)를 해주셨는지를 찾아보고자 한다.

1. 애굽의 바로 왕

"그러므로 바로가 그 모든 신민에게 명하여 가로되 남자가 나거든 너희는 그를 하수에 던지고 여자여든 살리라 하였더라"(출 1:22).

1) 바로 왕의 히브리인 남아 학살령에 의해 죽은 아기의 수는 얼마나 될까?

"(15)애굽 왕이 히브리 산파 십브라라 하는 자와 부아라 하는 자에게 일러 (16)가로되 너희는 히브리 여인을 위하여 조산할 때에 살펴서 남자여든 죽이고 여자여든 그는 살게 두라 (17)그러나 산파들이 하나님을 두려워하여 애굽 왕의 명을 어기고 남자를 살린지라 (18)애굽 왕이 산파를 불러서 그들에게 이르되 너희가 어찌 이같이 하여 남자를 살렸느냐 (19)산파가 바로에게 대답하되 히브리 여인은 애굽 여인과 같지 아니하고 건장하여 산파가 그들에게 이르기 전에 해산하였더이다 하매 (20)하나님이 그 산파들에게 은혜를 베푸시니라 백성은 생육이 번성하고 심히 강대하며 (21)산파는 하나님을 경외하였으므로 하나님이 그들의 집을 왕성케 하신지라 (22)그러므로 바로가 그 모든 신민에게 명하여 가로되 남자가 나거든 너희는 그를 하수에 던지고 여자여든 살리라 하였더라"(출 1:15-22).

애굽의 바로들은 이스라엘 자손이 번성해가는 것에 대한 두려움 때문에 드디어 어린 남아 출생 때는 하수(나일 강)에 버려 모두 죽이라는 학살령까지 내렸다. 이 학살령은 바로의 세 번째 박해(迫害)이다.

공개적으로 모든 남아(男兒)는 하수에 던지라는 것이었다. 무죄한 영아를 대중적으로 물에 던져 죽이라는 것은 전례가 없는 잔인무도한 박해령이었다. 통계학적인 계산에 의하면 이때 이스라엘의 남자 장정이 60만 명이 넘었으니 전체 인구는 200만이 넘었을 것이고, 그렇다면 매일 출생하는 남아 수도 100명이 넘었을 것이라 한다.

그러나 바로의 세 번째 박해령도 실패하였다. 내다 버린 모세를 바로의 딸이 주워다 길렀기 때문이다. 그리고 이 박해령은 잠정적으로 시행되었다가 폐지된 것으로 본다.[217)]

2) 모세의 출생 당시 애굽의 왕은 과연 누구였는가?

이에 대하여는 몇 가지 학설이 있으나 필자가 밝히려고 하는 것은 그 왕이 누구인가를 조사하는 것이 목적이 아니라, 그가 누구였든지 그들에게 내리신 하나님의 심판을 보려고 한 것이기 때문에 폐일언(蔽一言)하고 성경에서 기록된 바로 왕으로 정했다. 그러나 "바로(출 1:11)라는 이름은 애굽어로 '큰 집'(great house)이라는 뜻으로 애굽 왕에 대한 공식 명칭이다. 아마도 왕이 큰 궁궐에 거처했기 때문에 이 호칭이 사용된 듯하다(창 12:15)."[218)] 그렇기 때문에 바로 왕은 왕의 고유명사가 아니므로 통칭 바로 왕이라고 부르면 우리는 누구인지 알 수가 없다.

다시 본론으로 돌아가 히브리인의 남아 출생 때 학살령을 내렸던 왕들은 역사의 뒤안길로 사라졌다. 그리고 모세는 출생하여 애굽의 궁궐에서 40년의 세월을 차세대의 애굽의 대권주자로 모든 학문 등을 수학(修學)했을 때 어느 날 동족인 히브리인들의 고역의 현장에 나갔다가 애국심이 잘못 발동되어 살인자가 되었다. 그는

---

217) 이상근, 《구약주해 출애굽기》(대구: 聖燈社, 1990), p. 26.
218) BEC 벧엘 컴퓨터, 《할렐루야 8》, 출 1:11 주석.

이 사건이 탄로가 났으므로 바로의 낯을 피하여 미디안 광야로 도망했다. 그리고 미디안 광야 생활도 40년의 세월이 흘렀으니 애굽의 왕도 새로운 바로로 계승되었던 것이다.

모세가 나이 80세가 되어 시내 산에서 하나님을 만나고 능력의 지팡이를 가지고 다시 바로 왕 앞에 나왔을 때 그 바로가 누구인지는 정확하게 알 수 없어도 모세는 그 바로 왕에게 히브리인들을 내놓으라고 하는 데서부터 바로 왕과 일전을 벌인다. 끝내 왕은 열 번째 재앙인 장자 죽는 재앙을 통해 애굽 전역에 초상이 나게 됨으로 애굽 나라에 사람이 죽지 않은 가정이 없었다. 이것이 바로들이 히브리인들에게 행한 피의 죄값을 받은 것이다.

> "(29)밤중에 여호와께서 애굽 땅에서 모든 처음 난 것 곧 위에 앉은 바로의 장자로부터 옥에 갇힌 사람의 장자까지와 생축의 처음 난 것을 다 치시매 (30)그 밤에 바로와 그 모든 신하와 모든 애굽 사람이 일어나고 애굽에 큰 호곡이 있었으니 이는 그 나라에 사망치 아니한 집이 하나도 없었음이었더라" (출 12:29-30).

이것은 그동안 애굽의 바로 왕들이 이스라엘 민족에 저지른 학살령에 대한 하나님의 심판으로, 힘없는 하나님의 백성을 위해 역사는 피의 복수를 애굽 전 가정에 내리었음을 볼 수 있다. 하나님은 모세가 태어날 무렵 애굽 전역에 내린 히브리인의 남아 학살령에 대해 약 80년 후에 피의 보수를 철저하게 하셨다. 의로운 자들의 고통의 신음과 무고하게 죽은 어린것들의 핏소리를 들으시고 하나님은 몇 배로 더 갚아 주셨다.

2. 헤롯 왕(예수 탄생)

또 성경에서 무고한 자를 죽인 큰 살인 사건은 예수 그리스도의 탄생 당시에 일어났던 헤롯 임금의 사내아이 살해 사건이다.

1) 예수 탄생 당시의 헤롯 왕은 무고한 2세 이하의 어린 생명을 죽였다.

> "이에 헤롯이 박사들에게 속은 줄을 알고 심히 노하여 사람을 보내어 베들레헴과 그 모든 지경 안에 있는 사내아이를 박사들에게 자세히 알아본 그때를 표준하여 두 살부터 그 아래로 다 죽이니"(마 2:16).

그러면 예수 그리스도 탄생 당시 헤롯 왕에 의하여 죽은 아이의 수가 얼마나 될까? 베들레헴이 소읍이었으므로 적었을 것이라는 편(Carr)과 많았을 것으로 보는 편(Alford)이 있다. 한 전설은 그 수가 14,000명이었다고 한다. 아마 그 수는 극히 적었다고 본다.[219]

2) 헤롯 왕의 최후

> 헤롯(B.C. 37-A.D. 3)의 죽은 연대와 형편은 거의 분명하다.[220] 그리스도와 아기들에게 행한 잔인하고 방약무인한 행위로 인해 헤롯이 어떤 보응을 받았는지도 살펴볼 가치가 있다. 하나님의 공의는 한시도 지체함이 없이 그에게 임했다. 그

219) 이상근, 《신약주해 마태복음》(서울: 예장총회교육부, 1977), p. 54.
220) Ibid., p. 55.

가 죽기 전에 이미 죽은 뒤에 그에게 임할 형벌의 서막이 전개되었다. 그의 재위 기간 중에 있었던 연속적인 가정의 불상사들, 아내와 자녀의 학살 및 가장 가까운 친척들의 학살로 말미암아 그의 통치의 기쁨이 얼마나 훼손되었는지는 여기에서 이야기할 수 없다. 온갖 비극적 표현들을 무색하게 하는 이 특별한 사건들은 요세푸스가 기록한 역사 속에 상세히 다루어져 있다. 그러나 죽을 때까지 계속하여 그를 채찍질한 하나님의 징계를 알기 위해서는 요세푸스가 《고대문물기》(*Antiquities*) 제17권에 기록한 그의 종말에 귀를 기울여 보는 것도 좋을 것이다.

"하나님께서 헤롯이 범한 죄로 인해 그에게 가하신 형벌인 질병은 나날이 악화되었다. 그의 육체가 내면에서 쇠진해 감에 따라 계속하여 미열이 발생했다. 그리고 그는 끊임없이 음식을 먹으려 했는데 그 욕망은 누구도 꺾을 수 없었다. 게다가 창자에 종기가 생겼는데 특히 결장의 고통이 심했다. 그의 두 발은 축축한 체액으로 덮여 있었다. 심장 주변에도 비슷한 증세가 있었으며, 썩은 하복부에는 벌레가 생겼다. 그리고 호흡이 빨라지고 악취가 났기 때문에 호흡하기가 매우 어려웠다. 또한 그의 온몸에 극복할 수 없을 만큼 강력한 경련이 일어나기도 했다. 그러므로 거룩한 일들을 알고 있으며 지혜가 있어 그런 일들을 선포하는 사람들은 하나님께서 왕의 큰 불경함 때문에 이런 형벌을 내리셨다고 말했다."221)

위의 기록들을 종합해 볼 때 헤롯 왕이(마 2:16) 박사들에게 속은 줄을 알고 심히 분노하여 박사들에게 자세히 알아본 그때를 기점으로 베들레헴으로 사람들을 보내어 그 모든 지경 안에 있는 남자 아이를 두 살부터 그 아래로 다 죽이는 학살령을 내리고 나서 얼마

221) 유세비우스 팜필리우스 저/임성옥 역, 《유세비우스의 교회사》(서울: 도서출판 은성 1995), pp. 71-72.

있지 않아서(3년) 죽은 것이라고 볼 수 있다.

헤롯은 하나님의 아들 예수 그리스도의 출생 자체를 이해하지 못하고 이 세상의 임금이 태어난 줄 알고 그런 학살극을 연출했다. 그것은 큰 실수였다. 헤롯 대왕은 베들레헴을 중심으로 그 지경의 두 살 아래 모든 어린아이들을 죽이는 학살령 공포 후인 그 다음 해에 죽었다. 헤롯이 그렇게 일찍 죽은 것은 하나님의 징계요 심판이라고 볼 수 있다. 뿐만 아니라 그의 악함은 3, 4대까지 저주를 받아서 그의 후손들은 모든 악한 인물들로서 살인자요, 반 기독교적인 사람들로 '헤롯 대왕의 아들 헤롯 안디바스(Herod Antipas), 그의 손자 헤롯 아그립바(Herod Agrippa), 그의 증손, 헤롯 아그립바 2세'였다.

3. 가인

1) 하나님은 무혐(無嫌)한 사람을 살해할 때, 즉시 심판의 경고를 하신다.

> "(8)가인이 그 아우 아벨에게 고하니라 그 후 그들이 들에 있을 때에 가인이 그 아우 아벨을 쳐 죽이니라 (9)여호와께서 가인에게 이르시되 네 아우 아벨이 어디 있느냐 그가 가로되 내가 알지 못하나이다 내가 내 아우를 지키는 자니이까 (10)가라사대 네가 무엇을 하였느냐 네 아우의 핏소리가 땅에서부터 내게 호소하느니라 (11)땅이 그 입을 벌려 네 손에서부터 네 아우의 피를 받았은즉 네가 땅에서 저주를 받으리니 (12)네가 밭 갈아도 땅이 다시는 그 효력을 네게 주지 아니할 것이요 너는 땅에서 피하며 유리하는 자가 되리라"(창 4:8-12).

2) 그들의 핏소리와 억울함을 하나님이 들으신다.

"가라사대 네가 무엇을 하였느냐 네 아우의 핏소리가 땅에서부터 내게 호소하느니라"(창 4:10).

3) 성경에는 범죄하고도 회개가 없는 자는 그대로 심판하셨다.

성경에서는 생명을 가장 귀하게 다루었다. 무죄한 사람의 생명을 빼앗은 일에 대해 하나님께서 즉시 큰 벌을 내리셨다. 그러나 회개하면 용서해 주셨다. 가인은 무고한 아벨을 죽이고도 하나님의 책망에 대해 회개가 없다.

"(8)가인이 그 아우 아벨에게 고하니라 그 후 그들이 들에 있을 때에 가인이 그 아우 아벨을 쳐 죽이니라 (9)여호와께서 가인에게 이르시되 네 아우 아벨이 어디 있느냐 그가 가로되 내가 알지 못하나이다 내가 내 아우를 지키는 자니이까 (10) 가라사대 네가 무엇을 하였느냐 네 아우의 핏소리가 땅에서부터 내게 호소하느니라 (11)땅이 그 입을 벌려 네 손에서부터 네 아우의 피를 받았은즉 네가 땅에서 저주를 받으리니 (12) 네가 밭 갈아도 땅이 다시는 그 효력을 네게 주지 아니할 것이요 너는 땅에서 피하며 유리하는 자가 되리라"(창 4:8-12).

그 저주의 내용을 살펴보면 다음과 같다.

"땅에서(민 하아다마) 저주를 받으리니"(창 4:11)라는 의미는 두 가지로 해석될 수 있는 구절이다. (1) '그 땅에서부터'라는 뜻이다. 이는 하나님께서 땅을 사용하시어 가인에게 저주를 내리셨다는 의미가 된다. (2) '그 땅보다 더 많이'라는 뜻으로 이는 인간 범죄로 말미암아 인간과 더불어 자연계가 함께 당하고 있는 고통(창 3:17)보다 더욱 극심한 고통과 저주가 가

인에게 임할 것이라는 의미가 된다.[222)]

"땅이 다시는 그 효력을 네게 주지 아니할 것이요"(창 4:12) 라는 말씀대로 억지로 의인의 피를 삼킨 땅이 그 분노로 소산을 내어주기를 거절했다는 뜻이다. 땅을 인간의 고향으로 생각한 고대인들에게 있어, 특히 농사를 그 업(業)으로 삼고 있는 가인에게 있어, 이러한 땅으로부터의 처절한 배척과 단절은 아담의 형벌(창 3:17)보다 훨씬 무거운 저주였다.[223)]

창세기 4장 12절의 '피하며 유리하는 자'라는 뜻을 살펴보자.

'나'(도망자, 피난자)는 '누아'(계속해서 도망치다, 흔들리다)에서 파생된 말로, 하나님께로부터 내어침을 당한 가인이 다른 피조 세계에서조차 배척당하였음을 보여 준다. 그리고 죄의식에 사로잡혀 일생 동안 심적으로 쫓기는 삶을 살았음을 시사해 준다. 두 번째 단어인 '나드'(방랑자, 부랑자)는 '누드'(헤매다, 방황하다)에서 유래된 말로, 가인이 한 곳에 안주하지 못하고 이리저리 떠도는 나그네의 삶을 살았음을 증거해 준다.

가인이 그 같은 삶을 산 이유는 (1) 아무리 수고하여도 그에 준하는 소산을 얻지 못하자 다른 삶의 터전을 구하기 위해 (2) 양심의 가책과 고통에 짓눌려 심적 안정을 누리지 못했기 때문으로 이해할 수 있다.[224)]

가인은 동생 아우를 죽인 죄로 하나님의 형벌을 받아 심적(心的) 가책(呵責)과 더불어 평생 도망자로서 유리 방황하는 신세로 살아야 했다.

---

222) BEC 벧엘 컴퓨터, 《할렐루야 9》, 창 4:11 주석.
223) 제자원, 《그랜드 종합 주석 1권 성경총론 성경교리 창세기》(서울: 성서교재간행사, 1991), p. 375.
224) BEC 벧엘 컴퓨터, 《할렐루야 9》, 창 4:12의 주석.

4. 다윗

> "(9)그러한데 어찌하여 네가 여호와의 말씀을 업신여기고 나 보기에 악을 행하였느뇨 네가 칼로 헷 사람 우리아를 죽이되 암몬 자손의 칼로 죽이고 그 처를 빼앗아 네 처를 삼았도다 (10)이제 네가 나를 업신여기고 헷 사람 우리아의 처를 빼앗아 네 처를 삼았은즉 칼이 네 집에 영영히 떠나지 아니하리라 하셨고"(삼하 12:9-10).

하나님은 다윗이 밧세바를 범했을 때에는 즉시 심판의 경고를 하지 않으셨다. 그러나 다윗이 그녀의 남편 우리야를 죽였을 때 하나님은 나단 선지자를 보내서 다윗을 책망하셨다. 나단 선지자는 다윗에게 우리야를 죽인 것을 먼저 책망하고 난 다음에, 밧세바와의 간음 사건에 대하여 하나님의 심판의 벌을 예고한다(삼하 11-12장).

이에 대해 마태복음 1장에서 예수님의 족보를 기록하면서 다섯 명의 여인을 선택했다. 마태 기자는 네 명의 여인의 이름은 실명을 기록하고 유독 마태복음 1장 6절에서 밧세바를 '우리야의 아내'라고 하였지, 그녀의 실명을 밝히지 않고 있다. 그러면 마태 기자가 의도적으로 밧세바를 빼고 예수님의 족보 속에 우리야를 기록한 이유가 무엇인가 하는 것이다. 마태 기자가 예수님의 족보 속에 이방인의 이름과 기생의 이름도 넣어 주는 후함이 있는데 유독 밧세바의 이름은 삭제하고 그의 남편의 이름을 넣은 이유는 간음한 밧세바보다 우리야가 의롭게 죽었기 때문이다. 아마 그가 의롭게 죽어 땅속에서 핏소리를 발하는 것을 하나님이 들으셨을 것이다.

그러나 다윗은 무고한 생명을 죽인 범죄 후에 나단 선지자의 책망을 듣고 하나님 앞에 회개했다. 그 때문에 즉각 내릴 하나님의 심판인 "칼이 네 집에 영영히 떠나지 아니하리라"는 것이 변경되어 다윗의 생명을 연장시켜 주셨으나 본인에게 살아가는 동안 징계하셨다.

하나님은 무고하게 죽었던 우리야의 죽음에 대해 하나님이 대신 보수(報讎)하셨다.

> "보수(報讎)는 내 것이라 그들의 실족할 그때에 갚으리로다 그들의 환난의 날이 가까우니 당할 그 일이 속히 임하리로다"(신 32:35).

5. 아합

> "(17)여호와의 말씀이 디셉 사람 엘리야에게 임하여 가라사대 (18)너는 일어나 내려가서 사마리아에 거하는 이스라엘 왕 아합을 만나라 저가 나봇의 포도원을 취하러 그리로 내려갔나니 (19)너는 저에게 말하여 이르기를 여호와의 말씀이 네가 죽이고 또 빼앗았느냐 하셨다 하고 또 저에게 이르기를 여호와의 말씀이 개들이 나봇의 피를 핥은 곳에서 개들이 네 피 곧 네 몸의 피도 핥으리라 하셨다 하라"(왕상 21:17-19).

아합 왕은 이스라엘과 유대 및 통일왕국을 포함해 42명의 왕 중 가장 악한 왕이다. 그는 무고한 나봇을 죽였다. 아합 왕은 나봇의 포도원을 빼앗기 위하여 이세벨과 공모하여 무고하게 나봇을 죽였다.

> "(25)예로부터 아합과 같이 스스로 팔려 여호와 보시기에 악을 행한 자가 없음은 저가 그 아내 이세벨에게 충동되었음

이라 (26)저가 여호와께서 이스라엘 자손 앞에서 쫓아내신 아모리 사람의 모든 행한 것같이 우상에게 복종하여 심히 가증하게 행하였더라 (27)아합이 이 모든 말씀을 들을 때에 그 옷을 찢고 굵은 베로 몸을 동이고 금식하고 굵은 베에 누우며 행보도 천천히 한지라 (28)여호와의 말씀이 디셉 사람 엘리야에게 임하여 가라사대 (29)아합이 내 앞에서 겸비함을 네가 보느냐 저가 내 앞에서 겸비함을 인하여 내가 재앙을 저의 시대에 내리지 아니하고 그 아들의 시대에야 그 집에 재앙을 내리리라 하셨더라"(왕상 21:25-29).

아합의 회개는 비록 일시적인 것이기는 하나 그 순간에 있어서만큼은 결코 가식적이거나 표면적이지는 않았던 것 같다. 만일 그렇지 않았다면 하나님께서 그에게 선포하신 재앙을 아합 당대에서 그의 아들 대로 연기하시지는 않았을 것이다. 그러나 문제는 아합이 이처럼 회개하고 나서도 다시금 악을 행했다는 데 있다(왕상 22:8, 26, 27). 즉 아합은 일시적으로는 회개하였으나 지속적으로 회개의 참된 열매를 맺지는 못하였던 것이다. 따라서 그의 회개는 다윗의 회개(시 51편)와는 본질적으로 달랐다 하겠다.[225]

아합과 다윗은 회개를 했어도 하나님의 징계를 받았다.

회개한 자에게도 하나님이 징계하시는 이유는 하나님이 공의로운 하나님이기 때문이다. 즉 하나님은 죄인은 사랑하시지만 그 죄에 대해서는 결코 용서할 수 없는 공의로운 분이기 때문이다.[226] 또 하나님께서 회개한 자에 대해 징계하시는 것은 죄의 결과가 얼마나 혹독한 것인가를 체험케 하여 다시는 하나님께서 미워하시는 바 죄에 접근하지 못하도록 연단하시기

225) BEC 벧엘 컴퓨터, 《할렐루야 8》, 왕상 21:27 주석.
226) 제자원, 《그랜드 종합주석 5권 사무엘 상하》(서울: 성서교재간행사, 1991), P. 643.

위해서이다.[227]

아합 왕은 아람 나라와 전쟁 중 변장을 하고 나갔으나 한 아람 병사가 무심코 쏜 화살에 맞아 병거 안에서 죽어 "그 병거를 사마리아 못에 씻으매 개들이 그 피를 핥았으니 여호와의 하신 말씀과 같이 되었더라 거기는 창기들의 목욕하는 곳이었더라"(왕상 22:38)고 말씀하고 있으며, 뿐만 아니라 왕후 이세벨은 예후 때 내시가 이세벨을 창 밖으로 내던져 그 피가 담과 말에게 튀고(왕하 9:33) 예후가 그 시체를 밟았으며, 이스르엘 토지에서 개들이 이세벨의 고기를 먹어 그 두골과 발과 손바닥 외에는 찾지 못할 만큼 처참하게 죽었다(왕하 9:34-36). 아합 왕의 왕자 70인은 큰 권세가들과 교육자가 잡아 죽이고 그 머리를 광주리에 담아 이스르엘 예후에게로 보내므로(왕하 10:7) 아합 왕가는 완전 전몰(戰歿)당했다.

또 "성도의 죄에 대한 하나님의 징계는 궁극적으로 당신의 백성을 연단하사 성화(聖化)에 이르게 하기 위한 훈련의 과정이며 또한 하나님의 근본적인 사랑에서 시작된 것이다."[228] 우리는 아합처럼 회개한 뒤 다시 돌이켜 범죄함으로 하나님의 징계를 다시 받는 어리석은 자가 아니라 다윗처럼 회개하고 할 수 있으면 사탄의 죄의 유혹에 걸려들지 않도록 늘 절제와 그리스도 안에서 사는 삶을 살아가야 한다.

6. 예수 그리스도를 죽인 유대인

"(22)빌라도가 가로되 그러면 그리스도라 하는 예수를 내가

227) Ibid., P. 643.
228) Ibid., P. 644.

어떻게 하랴 저희가 다 가로되 십자가에 못 박혀야 하겠나이다 (23)빌라도가 가로되 어찜이뇨 무슨 악한 일을 하였느냐 저희가 더욱 소리 질러 가로되 십자가에 못 박혀야 하겠나이다 하는지라 (24)빌라도가 아무 효험도 없이 도리어 민란이 나려는 것을 보고 물을 가져다가 무리 앞에서 손을 씻으며 가로되 이 사람의 피에 대하여 나는 무죄하니 너희가 당하라 (25)백성이 다 대답하여 가로되 그 피를 우리와 우리 자손에게 돌릴지어다 하거늘 (26)이에 바라바는 저희에게 놓아주고 예수는 채찍질하고 십자가에 못 박히게 넘겨주니라"(마 27:22-26).

예수 그리스도는 하나님의 아들로 이 땅에 오시어 무죄한 한 사람으로서 무고히 돌아가셨다. 그때 예수 그리스도의 형장에서 "백성이 다 대답하여 가로되 그 피를 우리와 우리 자손에게 돌릴지어다"(마 27:25)라고 외친 대로 유대인들과 그의 자손들이 받은 형벌을 역사 속에서 기록을 통해 조사해 보았다.

1) 70년에 로마의 타이터스 대장은 시리아군과 연합한 군대를 이끌고 예루살렘을 침공했다.

예수님께서 이 예언을 하신 37년 후인 A.D. 70년, 예수님 사후 이스라엘이 로마에 대항하여 몇 번의 독립전쟁을 한 것이 원인이 되어, 로마의 타이터스 대장은 시리아군과 연합한 군대를 이끌고 예루살렘을 침공했다. 구약에 기록된 형벌의 날이 그들에게 이루어지고 만 것이다.

아이 밴 자를 칼로 가르고 젖먹이를 어미 품에서 빼앗아 땅에 메어쳐 죽이는 잔인한 학살이 있었고, 살아남은 자들은 로마의 포로가 되어 노예로 팔려 전 세계에 흩어지게 되었다. 그리고 성지 예루살렘은 그때부터 이방인에게 짓밟히게 된 것이다.

A.D. 70년의 사건을 좀 더 자세히 살펴본다. 예수님 사후 이스라엘은 여러 차례에 걸쳐 로마에 대항하여 독립전쟁을 일으켰다. 당시 로마는 내부적으로 어수선한 데다가, 이스라엘 같은 변방의 반란으로 강력한 진압이 필요한 때였다. 더구나 유대 저항군과 전투에서 생존을 약속받고 투항했던 로마 군인들이 유대인에게 떼죽음을 당한 일도 있고 해서, 로마의 분노가 극심해진 상태였다. 결국 당시 로마 황제인 베스파시안의 아들 타이터스 장군이 이끄는 8만 명의 병력이 이스라엘의 구심점인 예루살렘을 박살내고자 한 것이다.

로마군은 예루살렘 성을 에워싸고 압박하며 고사 작전을 폈다. 물줄기를 끊고, 식량 보급로를 차단했다. 당시 로마군의 성벽을 공략하는 기술은 역사상 가장 뛰어났다고 평가받는 수준의 것이었다. 그런데 예루살렘 성벽 또한 고지대에 위치한 데다가 워낙 견고한 터라, 전쟁에 승산이 있다고 여겼었는지 유대인들은 로마군의 투항 권유를 무시한 채 결사항전의 의지를 보였다. 달리 방법이 없다고 판단한 로마군은 예루살렘 성 주변으로 토성을 쌓기 시작했다.

"(43)날이 이를지라 네 원수들이 토성을 쌓고 너를 둘러 사면으로 가두고 (44)또 너와 및 그 가운데 있는 네 자식들을 땅에 메어치며 돌 하나도 돌 위에 남기지 아니하리니"(눅 19:43-44).

"(28)예루살렘의 딸들아 나를 위하여 울지 말고 너희와 너희 자녀를 위하여 울라 (29)보라 날이 이르면 사람이 말하기를 수태 못하는 이와 해산하지 못한 배와 먹이지 못한 젖이 복이 있다 하리라 (30)그때에 사람이 산들을 대하여 우리 위에 무너지라 하며 작은 산들을 대하여 우리를 덮으라 하리라"(눅 23:28-30).

"보라 너희 집이 황폐하여 버린 바 되리라"(마 23:38).

구약에 예언된 말씀에 더하여, 예수님께서 직접 말씀하신 전쟁에 대한 구체적인 언급이 바로 '토성'이다. 고지대의 비탈진 성벽 주변에 어떻게 토성을 쌓을 수 있었을까? 당시 전쟁을 직접 목격한 요세푸스가 《유대전쟁사》에 그 해답을 서술하고 있다. 요세푸스는 유대 제사장 신분으로서 이전에 독립전쟁을 지휘하다 생포되었던 저항군의 우두머리이기도 했던 인물이다.

토성은 나무를 엮어 칸들을 만들고, 그 안에 돌과 흙을 채워 넣는 방식으로 쌓았다. 그러자니 엄청난 양의 나무가 필요했다. 그 목재를 충당키 위해 예루살렘 주변 사방 18km(90퍼얼롱) 내 전 지역의 나무들을 완전히 벌목하여 황폐화시켰다. 서울의 경우 시청을 중심한 반경 18km 내의 면적이면 서울이 거의 다 포함된다. 예루살렘의 규모를 생각하면 엄청난 면적이 초토화된 것이다.

뿐만 아니라 식량 보급원을 차단하기 위해 유실수 역시 모두 베어 없앴다. 그 이전에는 나무들과 숲으로 둘러싸인 아름다운 성 예루살렘의 자태가 나무가 다 베어져 버린 벌거숭이의 황량한 벌판으로 변하고 말았다고 요세푸스는 적고 있다.

후에 로마군이 점령하고 확인한 것이지만, 오랜 기간의 고사 작전으로 성 내에서는 먹을 것이 바닥나고 굶주림이 극에 달해 자식을 삶아 먹는 일이 벌어졌다. "유순하고 연약한 부녀"가 그 가족조차도 질시하여 "그 다리 사이에서 나온 태와 자기의 낳은 어린 자식을 가만히" 먹은 사건(신 28:56-57)들이 실제 일어난 것이다. 같은 유대인인 요세푸스조차도 그것을 확인해 주고 있다.

결국 성벽은 무너졌고, 로마군은 무자비한 살상을 서슴지 않았다. 어린아이를 엄마의 품에서 빼앗아 부모가 보는 데서 내동댕이쳐 죽이고, 그 부모마저 죽여 버렸다. 임신한 여인의 배를 칼로 갈라 태아와 임부를 죽였고, 여느 전쟁과는 달리 노약자라고 해서 살려 주는 일도 없었다. 이 전쟁으로 110만 명의 유대인이 죽임을 당했다. 기록에 의하면, 유월절을 지키고자 전국에서 수많은 인파가 모였을 때 예루살렘 성이 포위되었다고 한다.

로마군은 성벽을 파괴하고 성전을 불질렀다. 성전이 불에 탐으로 인해 금으로 입혔던 것이 녹아내려 벽과 바닥에 스며들었고, 군인들이 그 금을 긁어내고자 말 그대로 "돌 위에 돌 하나 남지 않는" 파괴가 자행되었다. 성읍이 황폐케 되고, 성소가 황량케 되리란 예언이 그대로 성취된 것이다. 당시 예루살렘을 함락시킨 로마군은 죽이지 않은 10만여 명의 유대인은 포로로 잡아갔고, 예루살렘은 졸지에 죽은 성이 되었다.

로마에는 타이터스가 세운 개선문이 있는데, 그 개선문 내부에는 예루살렘 점령 당시 예루살렘 성전에서 약탈한 금촛대를 로마로 이송하고 있는 광경이 새겨져 있다.[229)]

2) A.D. 135년 로마의 하드리안 황제가 이스라엘의 땅 전역을 불태우고 백성은 전 세계에 소개(疏開)시켰다.

그 후 예루살렘을 제외한 이스라엘 전국에서 독립 전쟁이 다시 발발하자, A.D. 135년 하드리안 황제는 아예 이스라엘 전역 985개 성읍을 초토화시키고 58만 명을 학살한 후 생존자는 세계 전역에 이산시켜 살게 했다. 이스라엘 전역을 다 불태워 볼모지로 만들고, 국민 또한 그 땅에 남겨두지 않았다.

그래도 이전에는 주권만 없었지 영토나 국민은 있었는데, 국가를 구성하는 세 요소가 하나도 남지 않고 이스라엘 국가는 비참하게 망해 역사의 무대에서 사라졌다. "그 온 땅이 유황이 되며 소금이 되며 또 불에 타서 심지도 못하며 결실함도

---

229) 창골산. 봉서방 cafe.daum.net/cgsbong 이스라엘의 형벌에 대한 예언과 성취 http://cafe.daum.net/cgsbong/20OT/6287?docid=9B6g|20OT|6287|20100206072751&q=%BF%B9%BE%F0%B0%FA%20%BC%BA%C3%EB&srchid=CCB9B6g|20OT|6287|20100206072751

> 없으며 거기 아무 풀도 나지 아니함"(신 29:23)이 그대로 사실로 이루어진 것이다.
>
> 예루살렘 멸망 시에 110만 명, 이스라엘 전 국토가 초토화되고 58만 명이 죽임을 당하면서 남은 자들이 세계 만방에 흩어짐을 당할 때 시작된 유대 민족의 수난사는 역사 속에서 끊임없이 이어졌다. 이스라엘 민족, 즉 유대인을 핍박하고 죽인 주된 구실은 그들이 망국민이기 때문은 아니었다.[230]

예수 그리스도를 죽인 죄의 값은 현대사에까지 연결되어 고난의 연속 속에 생명을 이어온 유대인들은 1948년 독립되어 잃어버렸던 고토에 다시 돌아왔지만 지금까지도 쉼 없는 중동의 화약고로 자리매김 되어져 있다.

◆ 결론

이상과 같이 하나님 앞에서 무죄한 사람들을 죽인 여섯 명의 사람들을 살펴보았다. 사람이 사람에 대한 죄 가운데 가장 큰 죄는 살인죄다. 이러한 큰 죄에 대하여 하나님은 반드시 심판을 하신다는 것이다. 그렇기 때문에 마귀보다 더 무서운 것은 하나님 앞에서 범한 죄이다. 이러한 죄는 회개를 했어도 하나님의 징계를 받았다.

우리는 예수 그리스도의 피 공로로 구원받은 하나님의 자녀들이다. 악은 반드시 심판을 받는다. 더구나 아무도 몰래 나 홀로만 아는 듯 은폐된 사건도 하나님은 낱낱이 뒤져내어 심판하시는 하나님임을 성경은 보여 주고 있다. 그렇기 때문에 마귀에게 유혹되어 범죄하지 않도록 늘 주의해야 한다. 뿐만 아니라 하나님은 공의로

---

230) Ibid.

우셔서 반드시 악을 행한 자를 심판하신다는 사실을 믿고, 악과 죄 앞에서 두려워하지 말고 싸워야 하는 것이다. 또한 오늘날 기독교가 회개만을 가르치고 강조하는데 회개한 죄도 하나님이 징계를 하신다는 사실도 가르쳐야 한다. 그래야 다시는 범죄치 않으려고 한다.

하나님께서 사람을 죽인 가장 악한 자를 반드시 심판하신다는 역사적인 사실을 보면서 미워하는 사람, 원한 관계, 이기적인 생각들을 버리고 사람의 생명을 가장 귀한 것으로 알고 의롭고 바르게 살아가야 한다. 또한 하나님은 악인을 반드시 심판하시고 벌하신다는 것을 알고 악한 자와 서로 대결하는 입장이라도 하나님께 심판을 맡기고 의롭게 살아가야 한다.

제12장

두 여인(기생 라합과 가나안 여인)

(30)믿음으로 칠 일 동안 여리고를 두루 다니매 성이 무너졌으며 (31)믿음으로 기생 라합은 정탐꾼을 평안히 영접하였으므로 순종치 아니한 자와 함께 멸망치 아니하였도다(히 11:30-31).

어느 날 히브리서 11장 30-31절인 "(30)믿음으로 칠일 동안 여리고를 두루 다니매 성이 무너졌으며 (31)믿음으로 기생 라합은 정탐꾼을 평안히 영접하였으므로 순종치 아니한 자와 함께 멸망치 아니하였도다"라는 말씀을 읽는 순간 여리고 사건에서 견고한 이중(二重) 성인 성벽을 무너뜨리고 전쟁을 승리로 이끈 주역인 여호수아 장군의 이름은 제외되고 전쟁의 난장판 속에서 구원받은 기생 라합의 이름이 눈에 띄게 확 들어와 어떻게 된 일인지, 왜 기생 라합의 이름이 돋보이는지를 찾아보기 시작한 데서부터 이야기는 시작된다.

성경은 구원과 거리가 먼 이방인들이 구원을 받아 하나님의 자녀요 백성이 된 사례들을 특이하게 기록하고 있다. 그 대표적인 사례로 두 여인들을 선택했다. 신구약 성경에서 사람의 수(數) 속에 들어가지도 못하는 사람들이요 이방인이기에 유대 사회에서 개처럼 취급받은 여인들인데, 이들의 신앙이 유독 빛이 강하여 하나님의 구원과 더불어 칭송을 받은 기생 라합과 가나안 여인의 신앙을 선별해 쓰고자 한다.

마태복음에서 예수 그리스도의 족보(마 1:1-16)에는 네 명의 여인들의 이름을 실명으로 사용하고 있다. 다말, 라합, 룻, 마리아이다. 네 명 중 이방의 땅에서 이방 여자로서 산 사람은 기생 라합 한 사람뿐이다. 그 밖의 세 명 중 두 명은 이방인이지만 이스라엘 땅에서 이스라엘 사람과 함께 산 사람들이다. 그러나 여기에 쓰고자 하는 두 여인은 다르다.

기생 라합은 가나안 땅 여리고 성의 완전 이방 여인이요, 이스라엘이 여리고 성을 정복할 때까지는 이방인의 땅에서 산 여자이다. 또 하나의 인물은 기생 라합과 같은 믿음의 여인이다. 신약에서 믿음이 크다고 칭찬을 들은 가나안 여인(마 15:21-28)이다.

이 두 여인(라합, 가나안 여인)들은 이방인이면서 하나님과 예수 그리스도에 대한 신앙고백을 한 여인들이다. 신앙고백은 사전적 의미가 "개인·단체·회중·교회회의·교회 등이 주로 교리적 신념을 공적으로 선언할 의도로 작성한 공식적인 진술서"라고 되어 있다. 그러면 이 두 여인들의 신앙고백에는 어떤 교리적 신념이 들어 있는가를 조사해 보면 이렇다. 기생 라합은 두 명의 정탐꾼 앞에서 이스라엘의 하나님을 "너희 하나님 여호와는 상천하지(上天下地)에 하나님이시니라"(수 2:11)고 고백했고, 가나안 여인은 예수님이 가나안 베니게 땅인 두로와 시돈 지방으로 들어가셨을 때 "주 다윗의 자손이여"(마 15:22)라고 예수를 호칭했는데, 이 호칭 속에 신앙고백이 담겨 있다. 예수님의 '주'(Lord, 여호와)라는 신성과 '다윗의 자손'이라는 인성을 모두 함축하는 신앙고백적인 호칭이다.

이러한 신앙을 소유한 구약의 한 여인은 메시아의 족보에 등재되고, 또 한 여인은 신약성경에서 이방인이면서 '믿음이 큰 여인'으로 기록되었다. 여기에 이 두 여인의 신앙에만 주목하고 두 여인에 초점을 맞추어 글을 쓴다.

Ⅰ. 기생 라합

"(8)두 사람이 눕기 전에 라합이 지붕에 올라가서 그들에게 이르러 (9)말하되 여호와께서 이 땅을 너희에게 주신 줄을 내가 아노라 우리가 너희를 심히 두려워하고 이 땅 백성이 다 너희 앞에 간담이 녹나니 (10)이는 너희가 애굽에서 나올 때에 여호와께서 너희 앞에서 홍해 물을 마르게 하신 일과 너희가 요단 저편에 있는 아모리 사람의 두 왕 시혼과 옥에게 행한 일

곧 그들을 전멸시킨 일을 우리가 들었음이라 (11)우리가 듣자 곧 마음이 녹았고 너희의 연고로 사람이 정신을 잃었나니 너희 하나님 여호와는 상천하지에 하나님이시니라 (12)(13)그러므로 청하노니 내가 너희를 선대하였은즉 너희도 내 아버지의 집을 선대하여 나의 부모와 남녀 형제와 무릇 그들에게 있는 모든 자를 살려주어 우리 생명을 죽는 데서 건져내기로 이제 여호와로 맹세하고 내게 진실한 표를 내라 (14)두 사람이 그에게 이르되 네가 우리의 이 일을 누설치 아니하면 우리의 생명으로 너희를 대신이라도 할 것이요 여호와께서 우리에게 이 땅을 주실 때에는 인자하고 진실하게 너를 대우하리라"(수 2:8-14).

"(30)믿음으로 칠 일 동안 여리고를 두루 다니매 성이 무너졌으며 (31) 믿음으로 기생 라합은 정탐꾼을 평안히 영접하였으므로 순종치 아니한 자와 함께 멸망치 아니하였도다"(히 11:30-31).

히브리서 기자는 히브리서 11장 31절에서 "믿음으로 기생 라합은 정탐꾼을 평안히 영접하였으므로 순종치 아니한 자와 함께 멸망치 아니하였도다"라고 증언하고 있다. 역시 히브리서 기자는 여리고 성의 멸망 중 구원받은 자를 기록하면서 여호수아나 정탐꾼의 이름은 제하고 기생 라합의 이름을 기록했다. 그 이유가 무엇일까?

1. 라합의 신분

라합은 이방인 여자로서 여관집 주인과 기생(약 2:25, πόρνη)이다. "'기생'이라는 말은 히브리어 '조나'를 번역한 것으로 이방 신전에서 일하는 창녀가 아니라 일반 창녀를 가리킬 때 사용된 용어였다(수 2:1, Bruce)."[231] 즉 라합은 별 볼일 없는 천한 사람이다.

2. 라합의 신앙

> 신약성경에서도 라합의 믿음은 본절 이외에 야고보서 2장 25절에서 찬양되고 있으며 예수님의 족보에도 등장한다. 이와 같이 그녀가 믿음의 인물로 추앙받는 것은 이스라엘의 첩자를 숨겨준 자신의 행동이 동족에게 발견될 경우 이적행위로서 본인이 죽음을 면치 못한다는 사실을 알고서도 그러한 행동을 실행하여 결국 이스라엘이 여리고를 점령하는 데 중대한 공헌을 하였기 때문이었다. 이는 목숨을 걸고 믿음을 실천한 행위였다(수 2:1-21, Morris).[232]

이제 기생 라합의 면모와 신앙을 여호수아 2장 8-14절을 통해서 참고하면 이렇다.

1) 라합은 이 땅(여리고)을 너희에게 주신 줄을 내가 안다고 했다(수 2:9).

라합은 바람결에 들려오는 소문인 이스라엘 백성이 홍해를 건널 때 홍해를 마르게 한 일과 가나안의 일곱 족속 중 가장 강한 민족인 아모리 두 왕을 전멸시킨 일을 듣기만 하고도 하나님이 여리고와 가나안을 이스라엘에 주신 것을 믿었다(수 2:9-11). 믿음은 들음에서 난다(롬 10:17)는 말처럼 라합은 듣기만 해도 믿는 위대한 신앙인이라는 것이다.

2) 이방 여자로서 여호와의 이름을 부르고 있다.

여호수아 2장 9-14절에는 여호와의 이름이 4회, 하나님의 이름

---

231) BEC 벧엘 컴퓨터, 《할렐루야 9》, 히 11:31 주석.
232) Ibid.

이 2회 나오고 있다. 이방 여자가 '여호와' 또는 '하나님'이라고 말한 것은 대단한 신앙이다.

3) 기생 라합은 정탐꾼과 대화의 첫 마디가 "여호와께서" (수 2:9)이다.

어떻게 이방 여자요 천민인 기생이 고귀한 하나님을 알았으며, 더구나 하나님의 이름의 고유명사인 '여호와'를 알았을까? 대단한 신앙이다. 그러나 여호수아 2장 14절에 보면 정탐꾼은 라합과의 대화 중에 첫 마디가 자기들이 정탐으로 몰래 여리고 성에 잠입했음을 누설치 말라고 하는 생명 구원에 대한 부탁이다. 그리고 정탐꾼은 딱 한 번 '하나님'이라는 말을 사용했다. 여호와는 히브리어이고 헬라어로는 주(主)이다.

마태복음 15장 21-28절에는 가나안 여인의 믿음에 대하여 기록하고 있다. 그녀는 이방 여자 베니게(레바논) 나라의 여인이고, 헬라인이요 수로보니게 족속이다(막 7:24-30). 그런데 예수 그리스도에게 자기의 흉악한 귀신 들린 딸을 고쳐 달라는 것이다. 이때 가나안 여인이 예수를 호칭할 때 '주여'(Κύριε)라고 마태복음 15장 23, 25, 27절에서 세 번 호칭하고 있다. 신약의 가나안 여인의 신앙은 구약의 라합에 필적(匹敵)할 만한 신앙이다.

4) 라합의 신앙고백은 구약에서 가장 아름다운 신앙고백이다.

"여호와는 상천하지(上天下地)의 하나님이시다"라고 고백을 했다. 구약에서 여호와를 상천하지(上天下地)의 하나님이라고 고백한 인물들은 대단한 인물들이었다. 즉 모세(신 4:39)가 했고, 또 하나의 인물은 솔로몬(왕상 8:23)이다. 그러므로 라합의 신앙고백을 다음과 같이 설명할 수 있다.

> 상천하지(上天下地)의 하나님은 하늘과 땅에 동시에 계실 수 있는 하나님의 무소부재(無所不在)하신 속성(屬性)을 나타내는 말로 이스라엘의 전통적 신앙 핵심(신 4:32-40)이다. 또 무소부재(공간적 무한성)하신 하나님으로 하나님은 공간적 제한을 받지 않으시고 모든 공간의 각 부분에 임재하심을 가리키는 적극적으로는 공간을 초월하여 존재하심을 가리킨다. 공간적 무한성과 관련된 용어 중 하나님께서 모든 공간에 계심은 편재성(omnipresence)이라 한다. 이 편재(偏在)성이 창조물에 대한 내재(內在)성을 강조한다면 무변(無邊)은 초월(超越)성을 강조하는 용어이다(왕상 8:27; 사 66:1; 행 7:48-49). 그런데 이방 여인에 불과한 라합이 이처럼 비교적 정확한 신 지식을 가지고 있었다는 것은 정말 놀랍다. 아마도 그녀는 당시 고대 근동에서 전개되던 역사를 지켜보는 가운데 하나님의 권능과 사역하심을 간파하였던 것 같다.[233]

5) 기생 라합의 신앙이 여리고 성이 멸망 받는 중에 자기 자신과 가족을 구원했다.

라합은 두 명의 정탐꾼을 숨겨 줌으로써 여리고 성 멸망될 때 자기의 가족의 구원을 부탁하여 부모, 형제, 가족들이 구원을 받았다.

3. 신약성경에서 라합에 대한 평가

1) 야고보서 기자는 야고보서에서 믿음의 인물 네 명을 선택했다. ① 아브라함(약 2:23) ② 라합(약 2:25) ③ 욥(약 5:11) ④ 엘리야

---

233) 제자원, 《그랜드 종합주석 4권 여호수아 사사기 룻기》(서울: 성서교재간행사, 1991), P. 95, 수 2:11 주석.

(약 5:17)이다. 이중에 라합을 아브라함 같은 동질의 행함이 있는 믿음으로 보았다. 행함으로 의롭다고 한 것은 야고보서 기자가 야고보서 2장 23-25절에서 주장하는 것으로, 그 예로 아브라함과 라합을 말하고 있다. 따라서 야고보서 기자는 라합(약 2:25)을 아브라함의 신앙의 반열에 올려놓은 것이다.

2) 히브리 기자는 히브리서 11장 믿음의 장에서 신앙의 영웅 16명을 선택하고 그중 여인 두 명에 라합(11:31)을 넣었다.

그 밖의 또 한 사람은 사라이다(히 11:11).

3) 마태복음 1장 예수의 족보에 라합의 이름이 기록되었다.

그리고 살몬과 결혼하여 보아스(룻)-오벳-이새-다윗-예수 그리스도로 연결되는 메시아의 족보에 등재(登載)되었다.

4) 라합의 이름이 성경에 기록된 횟수는 다음과 같다.

라합은 구약 10회, 신약 3회, 합 13회 나온다. 이렇게 신약성경에는 여호수아의 이름보다 오히려 기생이지만 라합의 이름이 더 많이 나온다.

그러므로 기생 라합에 대한 위의 내용을 정리해서 말하면 신앙의 영웅들이라고 해서 결코 흠 없는 완전한 인간은 아니라는 것이다. 참 신앙인은 흠 없이 완전한 인간이 아니라 불완전하고 미흡(未洽)하지만, 그러나 부족한 가운데서도 하나님을 신뢰하며 순종하는 사람들이다.

다음으로 신약성경에 있는 '가나안 여인'의 신앙의 내용을 설명하려고 한다.

Ⅱ. 가나안 여인

가나안 여인에 대해 상고해 본 배경은 어느 날 기생 라합에 대한 설교를 했더니 그날 마침 신학대학 신약학 교수가 방문하여 설교를 듣고 구약의 기생 라합 같은 신앙의 여성이 신약에도 또 하나 있으니 가나안 여인이라 하면서, 그 여인도 예수님을 처음 만났을 때 '주'(主)라고 불렀다고 했다. 그 말을 듣고 그 후편으로 다시 가나안 여인의 이야기를 쓰기 시작했다. 연구 중 왜 예수님은 가나안 여인에게 강아지로 비유해서 말씀하셨을까 하는 이유에 대해 많은 고민을 했다.

> "(21)예수께서 거기서 나가사 두로와 시돈 지방으로 들어가시니 (22)가나안 여자 하나가 그 지경에서 나와서 소리 질러 가로되 주 다윗의 자손이여 나를 불쌍히 여기소서 내 딸이 흉악히 귀신 들렸나이다 하되 (23)예수는 한 말씀도 대답지 아니하시니 제자들이 와서 청하여 말하되 그 여자가 우리 뒤에서 소리를 지르오니 보내소서 (24)예수께서 대답하여 가라사대 나는 이스라엘 집의 잃어버린 양 외에는 다른 데로 보내심을 받지 아니하였노라 하신대 (25)여자가 와서 예수께 절하며 가로되 주여 저를 도우소서 (26)대답하여 가라사대 자녀의 떡을 취하여 개들에게 던짐이 마땅치 아니하니라 (27)여자가 가로되 주여 옳소이다마는 개들도 제 주인의 상에서 떨어지는 부스러기를 먹나이다 하니 (28)이에 예수께서 대답하여 가라사대 여자야 네 믿음이 크도다 네 소원대로 되리라 하시니 그 시로부터 그의 딸이 나으니라"(마 15:21-28).

마태복음 15장 21-28절의 가나안 여자에 대하여 마가복음 7장 26절에 '수로보니게'(syrian phoenicia)라고 하는 고유명사를 사용해서 혈통이 시리아에 거주하는 페니키아인이었음을 나타내고 있다. 반면에 본문에서는 그녀를 페니키아에 복속(服屬)되기 전의 고대명인 가나안족으로 언급하였다. 이는 마태가 그녀의 옛 조상을(민 13:29; 삿 1:30, 32, 33)잊지 않고 있음을 보여 주는 동시에 이스라엘의 옛 원수의 자손이 축복을 받기 위해 유대인의 메시아에게로 왔다고 하는 사실을 강조하고자 함이었다. 한편 2세기말 클레멘트(Clement) 설교에 의하면 가나안 여인의 이름은 '유스타'(Justa)요, 그의 딸은 '베레니케'(Berenice)였다고 전한다.[234]

1. 개(κύων, 퀴온, dog)

유대인들은 이방인들을 '개'같이 여겼다. 성경에서 '개'라고 하는 말은 모두 악한 것을 상징하고 그것을 야유하기 위해서 사용된 것으로서, 대체로 구약성경에서 '개'는 길가에 던져진 쓰레기 더미에 어슬렁거리는 크고 포악하고 비천하고 추한 동물로 본다. 개는 야생하며 흔히 동서양에서 공통적으로 인식하는 대로 성적(性的)으로 음란한 동물로 청결치 못한 추잡한 존재를 의미한다. 특히 이스라엘 사람들의 경멸의 대상인 이방인이나 이단자를 가리키기 위해 자주 사용되었다. 우리나라도 이스라엘과 같이 개는 성적 문란이나 부정적인 의미로 속담에서 40개나[235] 사용되고 있다.

> "거룩한 것을 개에게 주지 말며 너희 진주를 돼지 앞에 던지지 말라 저희가 그것을 발로 밟고 돌이켜 너희를 찢어 상할까 염려하라"(마 7:6).

---

234) BEC 벧엘 컴퓨터, 《할렐루야 9》, 마 15:22 주석.
235) http://www.rosetwo.pe.kr/dog/doc/cont3-7.htm 개에 관한 이야기

"개들을 삼가고 행악하는 자들을 삼가고 몸을 상해하는 일을 삼가라"(빌 3:2, 개역개정).

"그들이 저물게 돌아와서 개처럼 울며 성으로 두루 다니고" (시 59:6).

개(퀴온, dog)는 구약 헬라어 70인 역본의 용법에서 약 40회 나오며, 히브리어 켈렙(개, dog)의 역어로 사용되었으며, 랍비들도 신앙심이 없거나 이방인들을 개에게 비유할 때 개와 비슷한 경멸감을 나타내 보였다. 신약성경에서 개(퀴온)는 5회 (① 마 7:6 ② 눅 16:21 ③ 빌 3:2 ④ 벧후 2:22 ⑤ 계 22:15) 나온다.[236]

개는 "복음이 그들에게 전파되고 설교된 후에도 악하고 더러운 성품을 그대로 가지고 있다가 발하는 사람이다(참조: Lenski)."[237] 사실 개는 경멸적 의미에서의 '들개'나 거리를 쏘다니는 사납고 악하고 더러운 개(퀴온, dog)를 호칭하는 말이다.

그러나 예수님은 가나안 여인을 향하여 '개'라고 호칭하지 아니하고 '강아지'로 호칭하셨다.

2. 강아지(κυνάριον, 퀴나리온)

"(26)대답하여 이르시되 자녀의 떡을 취하여 개들에게 던짐이 마땅치 아니하니라 (27)여자가 가로되 주여 옳소이다마는

236) 이병철, 《바이블 렉스 8.0》(서울: 브니엘성경연구소, 2009), 마 15:26, 원전 스트롱 번호 2965 개.

237) Ibid.

개들도 제 주인의 상에서 떨어지는 부스러기를 먹나이다 하니"(마 15:26-27).

1) 마태복음 15장 26-27절에 나오는 퀴나리온(κυνάριον, 강아지)을 3개국(우리나라, 일본, 미국)의 성경에서 어떻게 번역했는지 조사해 보면 다음과 같다.

(1) 우리나라 성경 중 '개'로 번역하지 않고 '강아지'라고 번역한 성경은 두 권이다.

① [신약전서(새번역) 1972년 판]

예수께서 또 말씀하시었습니다. "아이들이 먹을 떡을 집어 강아지에게 던져주는 것은 옳지 않다." 여인이 예수께 "주님, 그렇습니다. 그러나 강아지도 주인의 상에서 떨어지는 부스러기는 주워 먹습니다" 하고 말했습니다.

② [공동번역(개정)]

예수께서는 "자녀들이 먹을 빵을 강아지에게 던져주는 것은 옳지 않다" 하며 거절하셨다. 그러자 그 여자는 "주님, 그렇긴 합니다마는 강아지도 주인의 상에서 떨어지는 부스러기는 주워 먹지 않습니까?" 하고 말하였다.

그러나 우리나라 개신교 성경 중에서 마태복음 15장 26-27절의 퀴나리온(κυνάριον, 강아지)을 "개"라고 번역한 성경은 여덟 권[238]이나 된다.

(2) 일본어 성경에는 마태복음 15장 26-27절의 퀴나리온(κυνάρ

238) missidnsoft, 《2005 plug-in 디럭스 바이블》(경기: 고양시), 마 15:26-27 참조. 개역(한글), 개역(개정), 개역(혼용), 개역한자, 개역한글침례, 표준새번역(개정), 현대인의성경, 쉬운성경

ιον)을 "강아지"[小犬(こいぬ)](코이누)〉라고 번역했다.

イェスは答えて言われた,「子供たちのパンを取って小犬(こいぬ)に投げてやるのは, よろしくない」. すると女は言った,「主よ, お言葉どおりです. でも, 小犬(こいぬ)もその主人の食卓から落ちるパンくずは, いただきます」.[239]

(3)영어 성경에도 마태복음 15장 26-27절의 퀴나리온(κυνάριον)을 dogs라고 번역하지 않고 little dogs로 번역한 성경(아래 각주를 참조하라)[240]은 두 권(NKJV, YLT)이다.

뿐만 아니라 영어성경 마태복음 15장 26-27절의 퀴나리온(κυνάριον, 강아지)을 개라고 번역한 성경은 13권[241]이나 된다.

2) 그러면 예수는 이 가나안 여인을 향하여 '개'라고 하지 않고 왜 '강아지'라고 호칭하셨을까? 그 이유는 무엇인가?

그동안 이방인들을 모두 '개'라고 호칭을 하는데 예수님이 유독 가나안 여인에게만 강아지라고 2회 호칭을 하셨고 15:26-27; 막 7: 27-28의 병행구 또 가나안 여인이 2회 사용했다. 그러면 예수님은 왜 이방인 가나안 여자에게만 '개'로 호칭하지 않고 '강아지'라

---

239) 신약성서 1954년 개역, 일본성서협회 발행 1986년, p. 25.

240) ① [NKJV] 26 But He answered and said, "It is not good to take the children's bread and throw it to the little dogs." 27 And she said, "Yes, Lord, yet even the little dogs eat the crumbs which fall from their masters' table." ② [YLT] 26 and he answering said, 'It is not good to take he children's bread, and to cast to the little dogs.' 27 And she said, 'Yes, sir, for even the little dogs do eat of the crumbs that are falling from their lords' table;'

241) missidnsoft, 《2005 plug-in 디럭스 바이블》(경기: 고양시), 마 15:26-27 참조. KJV, KJVS, NIV, ASV, NASB, RSV, NRSV, NLT, DBY, BBE, Webster, WEB, DOUAY

고 호칭하셨는가를 설명한 주석들을 참고해 보면 다음과 같다.

명사 퀴나리온은 신약성경에서 4회 나오며, 마 15:26, 27; 막 7:27, 28에만 사용되었다. 예수님께서 다른 신앙을 가진 사람을 퀴온이라고 부르는 유대인의 습관을 생각하고 말씀하셨는지 논쟁의 여지가 있다(참조: 마 7:6의 예수님의 비유적인 말씀). 여기서 자녀들과 개들의 권리를 대조시킨다. 퀴나리온이라는 단어의 선택은 예수님께서 집 안에서 허용되는 작은 개들을 염두에 두셨다는 것을 보여 준다.[242]

개들에게 던짐이 마땅치 아니하니라. 여기서 '개'(퀴나리온)는 마태복음 7장 6절에 사용된, 개(퀴온)과는 다르다. 후자는 길가에 던져진 쓰레기 더미에 어슬렁 거리는 크고, 포악하고 추한 개를 의미하는 반면, 전자는 집에서 애완동물로 기르는 강아지를 말한다. 따라서 예수께서 가나안 여인을 개에 비유한 것은 유대인들이 이방인을 개나 돼지로 취급한 것처럼 그녀를 그렇게 취급하여 비난하기 위함보다는 단순히 이스라엘 백성과 이방인을 구분하려는 의도로 사용하였음을 알 수 있다. 결국 본 절은 개가 아무리 주인으로부터 귀여움을 받는다 할지라도 자녀와 같은 대우를 받지 못한다는 뜻으로서 결코 이방인은 하나님의 자녀 곧 이스라엘 백성들에게만 주어진 축복에 동참할 수 없음을 가리킨다. 그러나 이 비유 역시 예수께서 가나안 여인의 요청을 거절한 것이라기보다는 24절의 '잃어버린 양'의 비유와 마찬가지로 그녀의 믿음을 다시 한 번 시험하시기 위한 의도라고 볼 수 있다.[243]

---

242) 이병철, 《바이블 렉스 8.0》(서울: 브니엘성경연구소, 2009), 마 15:26. 원전 스트롱 번호 2965 개.

243) 제자원, 《그랜드 종합주석 12권 마태복음 마가복음》(서울: 성서교재간행사, 1992), 마 15:26 주석, P. 424.

즉 예수께서 가나안 여인을 '개'에 비유하신 것은 이스라엘 백성과 이방인 또는 이단자들을 구분하려는 의도로 사용하셨다는 것이다.

Calvin, Hendricksen, Williams는 여기에서 개라는 뜻으로 쓰인 헬라어는 'kunaria 퀴나리아'로서 애완용 개를 의미한다고 주장한다. 개도 주인의 사랑과 관심을 받긴 하지만 그보다는 먼저 주인의 자녀가 혜택을 받아야 한다는 뜻으로 해석되고 있다. 즉 받기는 받되 순서상의 차이가 있다는 말이며, 사실 이 말씀대로 구원의 진리는 우선 유대인에게 후에 이방인들에게 전파되었다.[244]

예수께서는 26절에서 당시 유대인들이 가지고 있던 일반적인 관념을 그대로 인용하시어 유대인들은 집의 자녀로, 이방인들은 개로 표현하셨다. 그런데 여기서 사용된 '개들'(κυνάρια, 퀴나리아)이라는 단어는 일반적인 단어인 퀴온(κύων 7:6; 눅 16:21; 빌 3:2)과 비교되어 지소사(指小辭, 각주의 해석을 보라)[245]에 해당하는 '작은 개'라는 뜻으로서 현대적인 표현으로 애완견을 뜻한다. 즉 야생하며 쓰레기나 썩은 고기를 먹기에 더러우며 피해야 하는 개가 아니라 집 안에서 식탁의 부스러기 음식으로 길러지는 개를 의미한다. 따라서 이 표현은 개를, 흔히 동서양에서 공통적으로 인식하는 대로 성적(性的)으로나 청결의 측면에서 추잡한 존재를 의미하는 것은 아니다. 하지만 그렇다고 해도 예수께서 자신을 개로 빗대는 것이 호의적으로 들릴 수는 없었다. 그럼에도 불구하고 가나안 여인은 자신은 그 개들이 얻어먹는 주인 상의 부스러기라도 얻기를 원했다. 이것은 자신에 대한 지극한 겸손을 의미하며 그만큼 강

244) missidnsoft, 《2005 plug-in 디럭스 바이블》(경기: 고양시), 마 15:26 주석. 헤세드 레마

245) 指小辭-〈언어〉 원래의 뜻보다 더 작은 개념이나 친애(親愛)의 뜻을 나타내는 접사. 또는 그렇게 하여 파생된 말. '망아지'에서 '-아지', '꼬랑이'에서 '-앙이' 따위이다.

력한 소원을 가지고 있었다는 뜻이다.[246)]

'강아지', 개(마 15:26). puppy

1)작은 개[247)]

헬라어는 성(性)을 남성, 여성, 중성 세 가지로 나누는데, 관사를 명사의 성이 바뀔 때에 명사의 성(性)에 일치를 시켜 줘야 한다. 그래서 본문 τά κυνάρια 단어의 τά와 τοι'ς κυναρί의 τοι'ς는 중성명사로 주로 인격이 없는 것(사물이나 性이 없는 것)을 나타낼 때 쓰이는데, 무생물(無生物), 지소사(指小辭) 인용구(引用句) 등도 중성명사로 표기된다. (예) 아이, 선물, 영(πνευ'μα) 등이다. 그렇기 때문에 본문에 아이가 중성명사로 사용되기 때문에 짐승의 새끼들도 중성명사가 된다. 그래서 '개'가 아니고 개의 새끼이기 때문에 '강아지'라고 해석해야 한다.

3) 예수께서 가나안 여인을 '개'로 호칭하지 않고 '강아지'라고 호칭하신 두 가지 이유가 있다고 필자는 본다.

(1) 가나안 여인은 예수를 '주'라고 호칭했다(22절).

① 가나안 여인은 본문의 짧은 여덟 구절 중에 세 구절에서 '주'라는 호칭을 사용했다.

마태복음 15장 21-28절에서 예수님과 가나안 여인의 대화 여덟 구절 중에 가나안 여인이 말한 구절이 세 구절 나오는데, 가나안 여인이 말한 세 구절 모두가 다 '주'(22, 25, 27절)라는 말로 시작했다. 이방 여인이지만 예수님을 '주'(主)라고 호칭한 이유는 그녀가 예수님이 누구신지를 확실히 알고 있었기 때문이다.

---

246) missidnsoft, 《2005 plug-in 디럭스 바이블》(경기: 고양시), 마 15:26 캐논 주석.
247) Ibid., 마 15:26 스트롱 번호 2952.

그러면 '주'(主)에 대하여 부연하여 설명하면 다음과 같다.

> 3. 신약성경의 용법
> (b) 퀴리오스이신 하나님
> 헬라 회당에서 사용하던 용법에 따라, 하나님을 종종 퀴리오스라고 칭하였으며, 특히 여호와를 뜻하는 말로 퀴리오스를 사용하는 수많은 구약성경 인용문에서 그러했다. 공식적으로 성경을 봉독할 때에 신성 4문자 대신 퀴리오스를 사용하는 관습과 일치한다(예: 롬 4:8=시 32:2 시 9:28 이하=사 10:22 이하; 사 10:16=사 53:1 사 11:3 눅 19:10 눅 11:34=사 40:13 사 14:11 =사 45:23 사 15:11=시 117:1 고전 3:20 시 94:11 시 14:21=사 28:11 이하).
> 퀴리오스는 자주 누가복음의 탄생 기사에서 하나님을 가리켜 말한다(예: 눅 1:32, 2:9).[248]

뿐만 아니라 예수님의 제자들은 예수를 호칭할 때 '주'라고 몇 명이나 호칭했는가를 조사해 보는 것도 중요하다고 생각한다. 열두 명의 제자 중 겨우 다섯 명만 예수를 '주'라고 호칭했다. 또한 그 횟수를 조사해 보면 베드로(11회),[249] 네 명 [요한(눅 9:54), 야고보(눅 9:54), 빌립(요 14:8), 도마(요 14:5)]은 모두 1회씩 사용했다. 그러나 가나안 여인은 앞에서 말한 대로 짧은 본문(마 15:21-28)의 여덟 구절 안에 세 구절씩이나(22, 25, 27절) '주여'라고 호칭한 것이다. 그러면 그 밖의 제자들은 예수에 대한 호칭을 어떻게 불렀는가? 제자들은 예수를 거의 '랍비'라고 호칭했다.

---

248) 이병철, 《바이블 렉스 8.0》(서울: 브니엘성경연구소, 2009), 마 15:27, 원전 스트롱 번호 2962 원어 κύριε.

249) 마 14:28, 16:22, 17:4, 18:21; 눅 5:8; 요 6:68, 13:6, 9, 36, 37; 행 10:14.

> ῥαββί(랍비)라는 말은 '나의 주'를 뜻하는 히브리어 랍비의 음역이다. 유대교의 용법에서 셈어 랍은 '큰', '위대한'을 뜻하며, 높은 존경받는 지위에 있는 사람을 뜻하는 칭호이며, '관리'에 대하여 사용되었다. 따라서 랍비는 '나의 큰(위대한) 자, 나의 존경할 만한 분'을 의미하며, 유대인들이 자신들의 스승에게 말을 걸 때 습관적으로 사용한 칭호이며, 선지자 엘리야, 메시아, 하나님에 대해 사용되기도 하였다.[250]

> 랍비는 신약성경에서 15회 나오며, 복음서에서만 나타난다. 제자들에 의해서 11회 사용되고 특히 가룟 유다가 제일 많이 사용했다. 사용한 횟수는 다음과 같다. ① 베드로 2회(막 9:5, 11:21), ② 나다나엘 1회(요 1:49), ③ 가룟 유다 3회(마 26:25; 막 26:49, 14:45), ④ 제자들 5회(요 1:38, 4:31, 6:25, 9:2, 11:8).[251]

마태복음에서는 오직 가룟 유다만 예수님을 '랍비'라고 호칭했다. 이렇게 제자들과 가나안 여인의 '주여'라고 호칭한 횟수를 비교해 볼 때 가나안 여인이 예수님을 '주'라고 호칭한 것은 대단한 의미가 있다.

② 가나안 여인은 예수를 "다윗의 자손이여"라고 호칭했다(22절).

마태복음 9장 27절에서 "예수께서 거기서 떠나가실새 두 소경이 따라오며 소리 질러 가로되 다윗의 자손이여 우리를 불쌍히 여기소서 하더니"라고 했다. 소경이 예수님을 향하여 부를 때 "다윗의 자손이여"라고 호칭했다.

> 다윗의 자손은 메시아의 별칭으로 예수에 대한 호칭으로서

---

250) 이병철, 《바이블 렉스 8.0》(서울: 브니엘성경연구소, 2009), 마 26:25, 원전 스트롱 번호 4461 랍비 (ῥαββί).

251) Ibid.

> 는 마태복음에 처음 나타난다. 이는 본서에 특징적인 이름으로 7회(12:23, 15:22, 20:30, 31, 21:9, 15) 사용되나 마태복음 이외는 6회만 보인다(마가복음 세 번, 누가복음에 세 번). 메시아를 모든 외적 압제나 역경에서의 해방자로 대망하던 유대인들이 구약의 영웅 다윗을 메시아의 그림자로 본 것은 자연스런 일이었다.[252]

"다윗의 자손은 그대로 메시아의 대명사로 취급되었던 것이다(행 2:30; 롬 1:3; 딤후 2:8; 계 22:16)."[253] 이렇게 예수가 메시아라는 소문은 가나안까지 벌써 전파되어 가나안 여인마저 예수를 '주 다윗의 자손'이라고 호칭했다.

③ 가나안 여인은 "주"(主)란 말과 "다윗의 자손"이란 말을 결합시켜 호칭했다.

가나안 여인이 호칭한 "주 다윗의 자손이여"(κύριε, υἱὸς Δαυίδ)라는 말은 '주'를 보다 고차원적 의미 즉 메시아적 칭호(마 9:27, 12:23)로 이해했다. 이 여인은 이스라엘의 메시아적 소망(所望)에 대한 지식을 소유하고 있었고"[254] "이 여인이 예수를 가리켜 '주여, 다윗의 자손이여'라고 호칭함으로써 예수를 메시아적 측면으로 이해하고 있다."[255]

이러한 면에서 가나안 여인은 예수 그리스도께 신성(神性)과 인성(人性)의 호칭을 함께 사용했다고 본다. 또한 마태복음에서 이스라엘 사람들인 두 소경도 예수를 가나안 여인처럼 동일하게 "주여 우리를 불쌍히 여기소서 다윗의 자손이여"(마 20:30)라고 불렀다.

---

252) 이상근, 《신약주해 마태복음》(서울: 예수교대한장로회, 1977), p. 164, 마 9:27.
253) Ibid. 33.
254) BEC 벧엘 컴퓨터, 《할렐루야 9》마 15:22 주석.
255) missidnsoft, 《2005 plug-in 디럭스 바이블》(경기: 고양시), 마 15:21-28 캐논 주석.

그들은 예수님과 같은 이스라엘 사람으로 선민이다. 그러나 가나안 여인은 이방인 여자로서 예수를 "주 다윗의 자손이여"라고 호칭한 것은 대단한 의미가 있다. 이스라엘의 선민도 아닌 이방인 가나안 여인이 예수를 "주 다윗의 자손"이라고 호칭한 것은 이방인으로서는 대단한 신앙고백이다.

> 유대 지도자들은 예수를 '주' 또는 '메시아'로 인식하지 못하고 거부하였으나 그들이 하나님께 저주받은 자들로 경멸하던 육체적인 불구자들(20:27)과 소경(20:30-31), 이방인들이 오히려 예수가 메시아이심을 알아보고 순종(順從)하였다.[256]

(2) 와서 예수께 절을 했다(25절).

가나안 여인이 처음에는 뒤에서 "주 다윗의 자손이여"라고 소리를 질렀다(마 15:22). 그러나 25절에 가나안 "여자가 와서 예수께 절하며 가로되 주여 저를 도우소서"라고 한 것을 보면 가나안 여인은 처음에는 뒤에서 소리를 질렀으나 '가까이 와서'라는 말의 '와서'를 의미하는 프로셀코마이(προσέρχομαι)는 능동태로서 매우 무참(無慚)하게 거절을 당했어도 이 가나안 여자는 뒤에서 앞으로 능동적으로 왔다는 뜻이고, 앞으로 온 이유가 예수께 절을 하고 애원하며 사정(事情)하려고 앞으로 온 것이다.

그리고 그 앞에서 절을 했다.

> 본 절의 프로스퀴네이(προσεκύνει)[257]는 미완료 시제로 쓰였는데, 이것은 가나안 여인이 예수의 발 아래 계속하여 엎드

---

256) BEC 벧엘 컴퓨터, 《할렐루야 9》. 마 15:22 주석.

257) 이병철, 《바이블 렉스 8.0》(서울: 브니엘성경연구소, 2009) 마 15:25, 원전 προσκυνέω 4352 '프로스퀴네오' 동직설 미완 능동 3인 단수, 절하며.

려 있음을 나타내 준다. 그런데 이러한 그녀의 태도는 앞에서 예수를 향해서 불렀던 칭호(주 다윗의 자손이여)에서처럼 그녀가 예수를 진정한 경배의 대상으로 여겼음을 시사해 줄 뿐만 아니라 그녀의 경건한 마음 자세를 암시해 주고 있다.[258]

가나안 여인이 뒤에서 앞으로 나와 예수님이 가시는 길을 막으며 절을 할 정도면 예수님을 경배의 대상으로 알았다는 표시이다. 이 여인의 행동은 길을 걷는 예수의 발을 묶어 맨 것이요, 예수님의 발걸음을 진행할 수 없도록 막은 것이다. 이렇게 가나안 여인이 가지고 있는 예수에 대한 간절한 소망은 "제자들의 냉대와 무관심도 그 여자의 열심을 꺾지 못하였다."[259]

다시 말해서 헬라어 '퀴나리온'은 집 안에서 기르는 '애완용 개'나 '강아지'를 의미한다. "성경에서 '개'라고 하는 말은 앞에서도 지적한 대로 모두 악한 것을 상징하고 그것을 야유하기 위해서 사용된 것으로서(출 11:7; 삿 7:5; 마 7:6; 빌 3:2), 특히 이스라엘 사람들의 경멸의 대상인 이방인이나 이단자를 가리키기 위해 자주 사용되었다(시 59:6). "그러나 예수께서 사용하신 '개'라고 하는 말인 헬라어 '퀴나리온'은 경멸적 의미에서의 '들개'나 거리를 어슬렁거리며 다니는 사납고 악한 개를 가리키는 것이 아니라 집 안에서 기르는 '애완용 개'나 '강아지'를 의미한다"[260]라고 말하고 있다.

또 "'작은 개'는 가정의 애완용이며 그들은 참으로 아이의 밥상 곁에서 그 부스러기를 먹을 수 있다."[261]

---

258) 제자원, 《그랜드 종합주석 12권 마태복음 마가복음》(서울: 성서교재간행사, 1992), p. 424. 마15:25
259) 이상근, 《신약주해 마태복음》(서울: 대한예수교장로회, 1977), p. 244.
260) BEC 벧엘 컴퓨터, 《할렐루야 9》, 마 15:26 주석.

그렇다. 가나안 여인은 예수 그리스도를 정확히 알고 있었다. 그렇기 때문에 예수를 '메시아', '주'(퀴리오스)와 또 '다윗의 아들'이라고 호칭한 것이다. 그렇기 때문에 예수님은 이 가나안 여인에게 대개 썩은 음식을 먹고 토했던 것을 도로 먹으며, 탐욕이 심한 도덕적, 영적으로 악한 자를 상징하는 '개'라는 용어를 사용하시지 않고 이방 여자에게 처음 가정의 애완용인 강아지(κυνάριον, 퀴나리온)라는 용어로 호칭한 것이다.

그렇다면 우리나라 성경 개역한글 또는 개역개정판 번역대로 예수님이 가나안 여인에게 과연 개라고 하셨을까? 그렇게 말씀하셨으면 이것은 비인격적인 언어요, 언어의 폭력이다. 뚱뚱한 사람에게 돼지, 화장하는 여자에게 화장발, 얼굴 예쁜 여자에게 성형발, 밥 잘 먹은 학생에게 밥벌레, 혼자 사는 여자에게 평생 독신이라고 말하면 일본에서는 언어폭력으로 보고 있다.[262] 예수님이 단지 이방여인이라는 것 하나 때문에 가나안 여인을 개라고 말씀하셨다면 다시 말하지만 이것은 언어폭력이다.

예수님이 어떻게 사람을 개라고 말씀하실 수 있을까? 앞에서도 지적한 대로 가나안 여인은 예수님에게 호감을 가지고 와서 '주'라고 고백하고 '다윗의 자손'이라고 호칭했다. 더구나 예수님의 가시는 걸음을 묶어 매고, 그 앞에 나와 절을 하며 일어서지도 않았다. 이러한 여인에게 그렇게 무참(無慘)하게 개라고 하셨다면 예수님은 비인격자이고 아니면 인격 파탄자인지도 모른다. 또한 예수님이 이렇게 말씀하셨으면 인종차별주의자요, 성차별주의자인 것이다.

---

261) 이상근, 《신약주해 마태복음》(서울: 대한예수교장로회총회교육부, 1977), p. 245.

262) http://tvpot.daum.net/clip/ClipView.do?clipid=20883240&q=%BE%F0%BE%EE%C6%F8%B7%C2 언어폭력!2010.01.08 | tv팟(일본의 동영상이다.)

성경에는 예수님이 그동안 교권주의자들을 대하면서 이렇게 과격하리만큼 거칠게 취급한 경우가 혹 있었다. 그 당시 종교 지도자들이었던 바리새인들이 예수님에게 바알세불을 힘입어 귀신을 쫓아낸다고 하니 예수님이 그들을 향하여 "독사의 자식"(마 12:34, 23:33)이라 하셨다. 또한 외식하는 서기관들과 바리새인들에게 "화 있을진저"(마 23:13, 15, 16, 23, 25, 27, 29)라는 용어를 7회 사용하셨다. 이들은 예수님의 사역을 훼방하고 방해하는 무리이기에 "독사의 자식" 또는 "화가 있다"고 말씀하신 것이다.

또한 신약성경에는 '개'라는 언어가 5회(마 7:6; 눅 16:21; 빌 3:2; 벧후 2:22; 계 22:15) 나오는데, 예수님은 이방인이든 유대인이든 그 사람의 면전에서 대놓고 '개'라는 표현을 사용하지 않으셨다. 더구나 예수님은 당신에게 호감을 가지고 나아오는 사람에게 어떠한 종류의 저속한 언어를 사용하지 않으셨다. 예수님은 당신 앞에 나와 구하는 사람들에게 "동냥은 못 줄 망정 쪽박은 깨지 마라"는 우리나라의 속담과 같이 말로 쪽박을 깨는 사람이 아니요 또 무심코 연못에 던진 돌에 개구리가 맞아 죽는 경우 같이, 말로 상대방에게 심한 상처를 주는 사람도 아니다. 그 때문에 예수님은 단연코 '개'라고 하는 비속한 언어를 가나안 여인에게 사용하지 않으셨다.

예수님은 가나안 여인에게 무심코 던지는 말이 아닌 준비된 아주 정제(精製)된 언어를 사용하셨다. 그렇다. 이렇게 순박하게 옷소매를 부여잡고 매달리는 여인에게 어떻게 발길질과 같은 개라는 상스러운 언어를 사용한단 말인가? 예수님은 처음 만나는 많은 민초들과 하류 계층민들에게 아주 친절하고 호의(好意)로 대해 주셨다. 예수님 앞에 호감을 가지고 나오는 사람들에게 비호감으로 말씀하신 적이 없다. 오히려 예수님 앞에 나오는 사람들에게 상스러운 언어를 사용하지 않으시고 호감으로 대해 주신 많은 사례들을 성경에서 찾아볼 수 있다.

12년 동안을 혈루증(血漏症)으로 앓고 있던 부정한 여인이 많은 의원에게 괴로움을 받았기 때문에 있던 재물도 다 허비했으나 아무 효험도 없고 도리어 몸은 더 쇠약해지던 차에 예수의 소문을 듣고 무리 가운데 섞여 뒤로 와서 그의 옷에 손을 대면 병에서 회복되리라는 믿음을 가졌다. 그러나 이 혈루증 여인은 유출병이라고 하는 부정한 여인이기 때문에 이것도 맘대로 될 수 있는 일이 아니었다. 왜냐하면 율법(레 15:7-10)에는 이러한 부정(不淨)한 여인은 타인을 만지면 그도 부정해진다고 기록되어 있기 때문이다. 그래서 그 여인은 자기의 손으로 예수님을 직접 만지면 예수님이 부정해질까봐 조심스럽게 예수님의 뒤에서 직접 그 여인의 손이 예수님의 몸에 닿지 않도록 그 옷을 가만히 만졌는데, 즉각 치유되는 역사가 나타났다(막 5:25-29). 이때 "예수께서 그 능력이 자기에게서 나간 줄을 곧 스스로 아시고 무리 가운데서 돌이켜 말씀하시되 누가 내 옷에 손을 대었느냐 하시니"(막 5:30)라고 묻고 계신다. 이렇게 주님이 제자들에게 묻는 이유는 오히려 그 옷에 손을 댄 자를 찾아서 위로와 평안을 주시기 위함이었다. 그때 그 여인이 나타나자 곧 "예수께서 가라사대 딸아 네 믿음이 너를 구원하였으니 평안히 가라 네 병에서 놓여 건강할지어다"(막 5:34)라고 축복해 주셨다. 이렇게 예수님은 이러한 부정(不淨)한 여인도 그 앞에 나와 당신의 옷을 만지는 것을 알고 그 자리에서 소원을 들어주고 축복하셨던 주님이시다.

또 가버나움의 백부장의 하인이 중풍에 걸려 고통을 당했다. 그 주인은 이방인이며 로마의 장교 백부장이었다. 그 백부장은 예수께 나와 치유를 원했다. 예수님께서 곧 그 백부장의 집에 직접 가서 그 하인을 치유해 줄 것을 말씀하셨더니 그 백부장은 여기서 말씀만 하셔도 낫겠다는 믿음을 보였다. 이에 "예수께서 들으시고 기이히 여겨 좇는 자들에게 이르시되 내가 진실로 너희에게 이르노니 이스라엘 중 아무에게서도 이만한 믿음을 만나 보지 못하였노라"(마 8:10)고 칭찬하셨다. 이렇게 주 앞에 나와 간구하는 이방인일지라도 즉각 치유와 그 믿음을 칭찬하셨던 주님이시다.

또한 예수님이 빈 들에서 오병이어(五餠二魚)로 여자와 아이 외에 오천 명을 먹이셨던 사건이 있다(마 14:21). 그런데 예수님 당시 사람 계수 방법이 여자와 아이는 제외하고 계수하는, 즉 여자와 아이들이 무시되는 때에 예수님 앞에 사람들이 안수하고 기도하심을 바라고 어린아이들을 데리고 오자 제자들이 사람들을 꾸짖었다. 그러나 예수님은 "어린아이들을 용납하고 내게 오는 것을 금하지 말라 천국이 이런 자의 것이니라 하시고"(마 19:14) 예수 앞에 나오는 어린이를 거절하시지 않고 즉각 영접해 주셨다. 이렇게 예수님은 사회에서 소외된 자인 여자나 어린이들, 이방인, 병자들을 기꺼이 영접하셨다.

이와 마찬가지로 예수님은 당신에게 다가오는 모든 사람을 영접하며 환대해 주시는 참 하나님의 아들이시다. 이러한 예수님이 가나안 여인에게만 무참(無慘)하게도 '개'라는 용어를 사용하셨다는 것은 어불성설(語不成說)이다.

다음은 우리나라에서 '개'에 대해 부정적인 것으로 표현되어 있는 사례를 인터넷 사이트에 올린 남미에서 겪었던 우리나라 사람의 글이다.

그러다 보니 직업적으로 일을 하는 여성들이 많이 부족했다. 그러던 중 소련에서 온 배에서 선원이 직업여성을 찾았는데 직업여성이 없어 현지인 부인이 그 사람을 상대로 돈을 받고 그 선원을 상대를 하였다. 물론 남편이 없다면 그럴 수도 있다고 생각을 할 것이다. 그런대 남편이 있다. 남편 역시 그런 사실을 알고 있다 하여 내가 그 여인의 남편에게 물어봤다. 아무리 돈이 좋고 또한 직업여성이 없다고 하여도 부인이 모르는 사람에게 몸을 줄 수가 있느냐고, 당신이 이렇게 있는데 그럴 수가 있느냐고 그랬더니 남편의 말이 더 황당하다. 그것은 그 여자 즉 부인의 사생활이란다. 나는 입이 벌어져 더 이상 말을 하지 못하고 멍하니 있었다. 그 이야기를 옆에 듣고 있던 교민 즉 호텔 사장이 그 부인에게 이런 욕을 했다. 너는 똥개 같은 "?"이다. 그런 말을 들은 그 여인은 크게 화를 내었고 그런 다음부터는 호텔 사장이 와도 아는 척도 하지 않고 인사도 잘하지 않는다.263)

이렇게 남미 여자도 똥개라고 했다고 아는 척도 인사도 하지 않는다는데, 어떻게 초면의 이방 여자요 오직 딸아이의 흉악한 병을 치유받기 위하여 찾아온 손님에게 그런 모질고 박절(迫切)한 말을 할 수 있단 말인가?

다시 성경으로 돌아가 요한복음 8장에서 현장에서 율법을 어기고 간음하다가 체포된, 우리나라의 표현대로 말하면 진짜 개 같은 여인도 예수님이 정죄하지 않고 용서를 하셨는데, 죄 없이 간절한 사연을 가지고 찾아와 체면 불구하며 매달리는 가나안 여인에게 어떻게 예수님이 언어폭력적인 개라는 말을 사용할 수가 있을까? 예수님은 오히려 비인격자를 인격자로 만들어 주시는 인격의 주체

263) 바다의 용의 블러그 바다에 용. 2006.10.11. 이럴 수가 있을까?
http://blog.daum.net/maestrear/9988964

이시다. 이러한 분이 가나안 여인에게 이방 여인이라는 것 하나 때문에 이토록 비인격적인 행동과 말을 하실 수가 있단 말인가? 아니다. 이렇게 말한 것이 사실이라면 그 당시에 예수님은 대단한 언어폭력을 여인에게 가한 것이다.

그렇다. 예수님은 가나안 여인에게 결코 개라고 부르지 않으셨다. 예수님은 그녀의 신앙고백적인 태도 때문에 감동되시어 오히려 '개'가 아닌 가정에서 사육하는 애완용인 '강아지'라고 호칭을 하신 것이다. 가나안 여인은 예수님이 메시아요, 다윗의 아들로 오신 유대인의 왕이라 고백하고, 뒤에서 앞으로 나와서 능동적으로 경배의 대상인 예수님께 계속 절하며 일어설 줄 몰랐다. 이렇게 간절하게 매달리는 여인에게 어떻게 개라고 표현한다는 말인가? 아니다. 예수님은 이 가나안 여인에게 개가 아닌 강아지(puppy)라고 표현하신 것이다.

3. 이스라엘 집의 잃어버린 양을 찾는 길에서 예수님은 가나안 여인을 만나게 된다

> "예수께서 대답하여 가라사대 나는 이스라엘 집의 잃어버린 양 외에는 다른 데로 보내심을 받지 아니하였노라 하신대" (마 15:24).

본문 24절의 "이스라엘 집의 잃어버린 양"이란 무엇을 말하는가?

> "이스라엘 집의 잃어버린 양 외에는"이라는 구절은 "이스라엘 집의 잃어버린 양에게로 가라"(10:6)고 제자들에게 주신 예수의 선교 명령의 반복으로서 예수께서 맡으신 사명이 어떠한

것임을 보여 준다. 한편 이것은 구원의 복음이 결코 유대인에게서만 영원히 국한되는 것을 의미하는 것은 아니다. 다만 '구원이 유대인에게서 난다'고 하는 요한복음 4장 22절 말씀처럼 (1) 예수께서는 자신의 민족의 구원 문제를 일차적으로 생각한 것 같다. 왜냐하면 유대인을 중심으로 한 구속사의 전개는 하나님이 직접 작성하신 엄정한 것이기 때문이다. 그래서 이방인들의 사도인 바울도 "첫째는 유대인에게요 또한 헬라인에게라"(롬 2:10)고 하였다. (2) 유대인은 예수를 배척했어도 예수께서는 유대인들을 끝까지 사랑하셨음을 보여 준다. (3) 예수께서는 당신이 주로 유대인 사역에 힘쓰시고 사마리아와 땅끝까지 가서 전도할 사명을 제자들에게 주셨던 바, 제자들은 예수의 뒤를 좇아 힘써 선교해야 할 것이다(요 10:16; 행 1:8). 한편 '이스라엘 집의 잃어버린 양'이란 표현은 선민 이스라엘을 '하나님의 양'이라 표현했던 선지자들의 메시지에서(겔 34:6) 유래한 것으로 이스라엘이 그들의 참 목자 되신 예수를 (요 10:11) 오히려 거부했기 때문에 결국 그들은 '잃어버린 양'이 된 것이다.[264)]

본 절은 예수께서 제자들을 파송하시면서 하신 말씀, 곧 "이방인의 길로도 가지 말고 이스라엘 집의 잃어버린 양에게로 가라"(마 10:5, 6)는 말과 일맥상통하는 말씀으로 메시아에게 맡겨진 사명이 무엇인지 명백히 보여 준다. 즉 예수님께서는 유대인을 중심하여 구속사를 전개하시는 하나님의 뜻에 따라 먼저 유대인을 구원할 사명을 띠고 이 땅에 오신 것이다(요 4:22). 따라서 본 절은 사실상 제자들에게 그들의 말은 바 사명을 다시 한 번 고취시키면서 가나안 여인의 요청을 거절하는 의미를 담고 있다. 그러나 우리는 예수께서 유대인의 구주로 오셨다는 명목하에 가나안 여인의 요청을 일언지하(一言之下)에 거절하셨다기보다는 가나안 여인의 믿음을 시험하기 위

264) BEC 벧엘 컴퓨터, 《할렐루야 9》, 마 15:24 주석.

한 말씀으로 보는 것이 타당하다. 왜냐하면 예수께서는 모든 죄인을 구원하기 위해 오셨을 뿐 아니라 실제로 이방인들에게도 이미 병 고침의 이적을 베푸셨기 때문이다(마 4:24, 25, 8:5-13).[265]

그래서 메시아인 예수님은 잃어버린 양들을 찾아 이들을 구원하는 것이 우선이었던 것이다. 예수님은 그 잃어버린 양을 찾고 계신 것이다. 예수는 이스라엘 집의 잃어버린 양을 찾아서 바로 이곳 이방 땅 베니게에까지 오신 것이다. 그리고 가나안 여인을 만나셨다. 이스라엘 집의 잃어버린 양을 찾다가 뜻밖에 이방 여인 가나안 여자를 만나게 됨으로 새로운 역사가 전개된 것이다.

4. 떡(ἄρτος, 아르토스)에 내포된 예수님의 뜻을 알아야 한다

1) "대답하여 가라사대 자녀의 떡을 취하여 개들에게 던짐이 마땅치 아니하니라" (마 15:26)고 예수님은 가나안 여인에게 또 한 번의 거부를 하셨다.

이는 '자녀의 떡'(ἄρτον τῶν τέκνων)을 개들에게 줄 수 없다는 거절이다. '아르토스(ἄρτος)'는 떡이다. 예수님은 당신의 자녀를 위해 준비한 떡을 함부로 아무에게나 줄 수 없다는 것이다.

그렇기 때문에 예수님은 이스라엘을 위하여 떡을 준비하신 것이다. 자녀들을 위해 준비한 이 떡을 먼저 이스라엘에게 주어야 하기 때문에, 이방인에게 먼저 줄 수는 없다는 것이다. 이러한 의미에서

265) 제자원, 《그랜드 종합주석 12권 마태복음 마가복음》 (서울: 성서교재간행사, 1992), p. 423, 마 15:24 주석.

예수님은 또 한 번의 거절을 가나안 여인에게 하신 것이다. 또한 예수님은 "거룩한 것을 개에게 주지 말며 너희 진주를 돼지 앞에 던지지 말라"(마 7:6)고 말씀하셨다. 앞에서도 말한 것처럼 "개, 돼지는 부정한 동물로 유대인들이 이방인을 가리킨 대명사이다."[266] "'거룩한 것'이란 말은 그리스도의 복음 진리 혹은 그것과 관계 있는 성직(聖職)을 말하는 것이다."[267] 예수님은 개에게 거룩한 것을 주지 말라고 하셨다. 그러나 가나안 여인이 이제 경멸의 대상이 되는 이방인이 아닌 강아지가 되었기 때문에 예수님은 강아지에게 그 거룩한 것을 주기 위해 계속 대화를 통해 그녀의 신앙을 끌어올리신다.

2) 가나안 여인은 귀신 들린 딸을 치유하기 위해 예수님에게 부스러기 떡을 구했다.

그녀가 구한 것은 바로 부스러기 떡이다. 그러면 예수님이 자녀를 위해 준비하신 떡이 무엇인가? 마태복음에서 떡에 대한 상징적인 의미가 무엇인가를 찾아야 한다. "사람이 떡으로만 살 것이 아니요 하나님의 입으로 나오는 모든 말씀(ῥῆμα)으로 살 것이라"(마 4:4)고 했다. 그러면 가나안 여인이 구한 주인의 상에서 떨어지는 떡 부스러기는 '하나님의 입으로부터 나오는 모든 말씀(ῥῆμα)'을 말하고 있다. 떡에 관한 해석을 좀 더 찾아보면 다음과 같다.

> 마태복음 4장 4절의 '말씀'이 사람의 생명을 유지시키는 양식과 관련되면서 예수 자신에게뿐만 아니라 모든 사람들에게도 적용된다. 즉 예수는 '떡'만을 강조하는 사탄에게 땅의 양식과 하늘의 양식을 대조하여 '사람'의 존재 양식(存在樣式), 즉

---

266) 이상근, 《신약주해 마태복음》(서울: 대한예수교장로회총회교육부, 1977), p. 130.
267) BEC 벧엘 컴퓨터, 《할렐루야 9》, 마 7:6 주석.

> 사람의 생명은 창조주 하나님을 떠나서는 지탱할 수 없다는 진리를 들어 공박(攻駁)하신 것이다. 물론 예수께서는 떡으로 '만'(우크 모노)이라는 제한적 용법을 사용하심으로써 육체적 한계에 갇혀 있는 인간에게 '떡'도 필요하다는 사실을 간접적으로 인정하셨다. 그러나 그것보다 인간에게 더 필요한 것은 생명의 근원인 하나님의 말씀이라는 것이다.268)

또 요한복음에 그리스도는 "하늘에서 내린 참 떡"(요 6:31 이하), "생명의 떡"(생명을 주는 떡, 요 6:35)으로 묘사되었다. 이 떡은 육신이 먹는 떡이 아니라 영혼을 살리는 말씀을 가리키는 것이다. 로고스(λόγος)가 아닌 레마(ῥῆμα)이다. 나의 영혼을 거듭나게 하고 살리는 영생의 생명의 떡 부스러기이다. 물이 아무리 많아도 정수기를 통하여 흘러나오는 생수만 나에게 의미가 있는 것처럼, 그 여인은 영혼을 살리는 생수가 되는 생명의 부스러기 떡을 구했다. 그러므로 가나안 여인은 이스라엘의 자녀를 위해 많이 준비된 떡 가운데 부스러기 떡이라도 달라고 구한 것이다. 그녀는 그 영혼에 가장 값진 것을 구한 것이다. 이방 여인이 역사 속에 예수님에게 떡을 구한 사실은 없다. 그러나 가나안 여인은 예수님에게 '오직 자녀를 위해 준비한 떡(ἄρτος, 아르토스)'을 먹이고 남은 부스러기를 구한 것이다. 가장 값진 말씀의 떡이요, 복음이요, 생명의 떡을 구한 것이다.

그럼에도 불구하고 가나안 여인이 귀신 들린 딸아이의 병을 치유받기 위해 예수를 '주 다윗의 자손'이라고 신앙고백적인 호칭을 사용하고 있지만, 아직 예수님은 이 여인에게서 부족을 느끼셨다. 예수님은 가나안 여인의 딸아이가 귀신에게서 놓임을 받기 위해서

---

268) BEC 벧엘 컴퓨터, 《할렐루야 9》 마 4:4 주석.

이 여인과의 계속적인 대화를 통해 그녀의 신앙을 끌어올리셨다. 예수님은 가나안 여인이 부스러기의 떡을 구할 때까지 기다리시며 대화를 이끌어나가신 것이다.

이때 그 여인은 거머리같이 끈질기게 예수님에게 달라붙어 자녀가 먹다 남은 부스러기라도 구한 것이다. 가나안 여인은 끝까지 찰거머리같이 달라붙어 가장 값진 것을 구했다. 예수님은 생명의 말씀인 복음을 구하는 그 여인에게 "네 믿음이 크도다"라는 칭찬과 더불어 딸아이의 귀신을 쫓아내어 온전하게 치유해 주셨다. 이제는 이 두 생명이 참 구원을 얻게 되었다. 이 두 모녀는 이방인이기 때문에 진정 이스라엘의 잃어버린 양이 될 수 없다. 그래서 예수님은 강아지라고 호칭한 가나안 여인과 그녀의 딸을 구원하여 신령한 이스라엘의 새로운 양으로 만드셨다. 그렇다. 개 같은 인생이 하나님께 돌아와 정결한 양이 되는 길은 다른 것으로는 불가능하다. 오직 생명의 떡이요 거룩한 복음을 받아들일 때 놀라운 역사가 일어난다. 예수는 그 강아지로 호칭한 여인으로 하여금 더 큰 믿음의 사람으로 태어나게 하기 위해 계속 대화를 유도하여 나가신 것이다.

드디어 예수님은 부스러기 떡인 생명의 꼴을 구하는 가나안 여인의 이 큰 믿음을 통해 '이스라엘 집의 잃어버린 양'이 아닌, 숨겨져 있는 신령한 이스라엘 여인을 만나게 된 것이다. 그리고 이제는 그 가나안 여인을 새로운 순전한 양이라고 부르기에 조금도 거리낄 것이 없게 만들어 주신 것이다. 예수님은 심지어 이방인의 땅까지 오시어 새로운 큰 믿음의 여인을 낚으므로 '이스라엘 집의 잃어버린 양'이 아닌 '새로운 또 하나의 양'을 얻는 목적을 달성하셨다.

"살몬은 라합에게서 보아스를 낳고 보아스는 룻에게서 오벳을 낳고 오벳은 이새를 낳고"(마 1:5)에서 라합과 룻이라는 여인은 비록 이방 여자들이요 부정한 여인들이지만, 믿음으로 말미암아 예수 그리스도의 구속사의 역사에 삽입된 것처럼 가나안 여인 역시 큰 믿음을 통해 '이스라엘 집의 잃어버린 양'이 아닌 '새로운 이스라엘 집의 진정한 양'으로 등재되었다고 말할 수 있다.

요한복음 4장에서 예수님은 이스라엘 사람들에 의해 이방인과 같이 멸시받는 사마리아 여인에게 물을 달라고 요청하는 대화를 계속함으로 끝내 그 여인으로 하여금 그리스도임을 발견하도록 만드셨다(요 4:25-29). 예수는 가나안 여인도 새로운 한 마리의 양으로 만들기 위해 대화를 통해 신앙을 계속 끌어올리셨다.

가나안 여인이 떡 부스러기를 구하는 순간까지, 아니 예수님의 말문이 막힐 때까지 그 여인의 신앙을 끌어올리신 것이다. 예수 자신이 스스로 패배를 선언하고 무대에서 내려오실 때까지 그녀의 신앙을 끌어올리신 것이다. 그리고 잃어버린 양을 찾은 것이 아니라 가장 큰 믿음의 새로운 또 하나의 진정한 양을 탄생시키신 것이다. 승리는 가나안 여인에게, 그리고 패배는 예수님이, 그러나 패배자는 오히려 승리자인 이방 여인인 '새로운 이스라엘 집의 진정한 양'을 얻었다.

◆ 결론

유대인들은 이방인들을 개와 같이 여겼다. 그러나 예수님은 이방인들을 결코 그렇게 무시하거나 경멸하는 말씀을 하시지 않았다. 예수님은 가버나움에서 이방인 로마 백부장이 찾아와 "주여 내 하인이 중풍 병으로 집에 누워 몹시 괴로워하나이다"라고 한 말만 듣고도 "내가 가서 고쳐 주리라"고 즉시 지체하지 않고 대답하셨다.

그만큼 호감으로 대하는 이방인을 예수님도 더 호감을 갖고 말씀해 주셨다. 그런데 가나안 이방인 여인에게만 예수님이 어떻게 개라고 하신단 말인가? 예수님은 성차별주의자도 아니며, 언어폭력을 이방인들에게 구사하는 분도 아니시다. 오늘날 강단에서 예수님이 가나안 여인에게 개라고 했다고 설교를 하면 천상에서 예수님은 서글퍼하실 것 같다. “내가 언제 개라고 했는가? 강아지라고 했지” 라고 말씀하시지 않을는지……이 글을 쓰면서 공연히 그런 생각이 든다.

가나안 여인은 이방인을 개와 같은 존재로 여기는 사회 분위기 속에서 예수 그리스도에 대한 확실한 지식을 갖고 주(하나님)와 다윗의 자손이라고 고백함으로 예수님으로부터 강아지라는 새로운 호칭을 얻었다. 그리고 또다시 가나안 여인은 주님께 거룩한 것인 떡 부스러기를 구함으로 생명의 떡인 하나님의 영생의 말씀인 복음을 받아 모녀가 구원을 얻었다. 그러나 그 모녀는 이스라엘의 잃어버린 양의 회복이 아니라 새로운 하나님의 진정한 양이 된 것이다. 우리도 가나안 여인처럼 메시아를 영접하고 말씀(복음)으로 다시 태어남으로 하나님의 양이요, 또 하나의 신령한 백성으로 태어나야 한다.

또한 하나님은 기생 라합과 같이 타다 남은 부지깽이처럼 시궁창에 버려진 인생도 들어 쓰셨다는 것이다. 뿐만 아니라 하나님은 외형적인 신앙이 아닌 내면적인 신앙을 더욱 유심히 관심을 가지고 보신다. 히브리서 기자가 천박하다고 말할 기생 라합의 이름을 여리고 멸망 사건에 기록한 의도를 우리는 잘 음미(吟味)해 보아야 한다.

기생 라합과 가나안 여인, 두 여인을 비교하여 차이점과 같은 점을 요약해서 정리함으로 끝을 맺으려 한다.

첫째, 두 여인의 같은 점은 먼저 그녀들은 이방인으로서 구원의 반열에 들어올 수가 없는 처지임에도 불구하고 하나님에 대한 위대한 신앙을 소유한 여인들이며, 그녀들의 첫마디는 주(여호와)였고, 적극적인 행동과 표현으로 구원이 성취될 때까지 포기하지 않고 끈질기게 구한 여인들이다. 본인들의 믿음을 통해 본인뿐만 아니라 그녀들의 가족들까지 구원을 받았다는 것이다.

둘째, 두 여인의 차이점은, 라합은 성경 역사의 핵이 되는 구속사에 들어온 여인이 되었으며, 또한 라합은 팜므 파탈[Femme fatale, 숙명(宿命)의 여인-날 때부터 타고난 정해진 운명. 또는 피할 수 없는 운명]으로서 하나님의 백성인 이스라엘의 정탐꾼을 만나 운명(運命)을 바꾼 여인이 되었다. 그 여인의 뒷이야기(behind story)는 신약에 연결되어 다시 구속사의 족보(마 1:5)에 등재된 인물로 해피엔딩(happy ending)의 역사로 전개된 것을 볼 수 있다. 그러나 가나안 여인은 신약에서 큰 믿음(마 15:28)이라고 칭찬 듣는 두 사람 중 한 사람이다(또 한 사람은 마태복음 8장 10절의 백부장의 믿음이다). 그러나 그 뒤 가나안 여인의 후손들에 관한 이야기는 서두에서 밝힌 대로 2세기말 클레멘트(Clement) 설교에 의하면 가나안 여인의 이름은 '유스타'(Justa)요, 그의 딸은 '베레니케'(Berenice)였다고 전하는 것 외에는 알 수가 없다. 예수님으로부터 큰 믿음이라고 칭찬을 들었던 그 큰 믿음의 여인의 뒷이야기(behind story)가 없는 것이 못내 아쉽다.

제13장
증거궤(언약궤) 안에 들어 있는 것은 무엇인가? (1부)

궤 안에는 두 돌판 외에 아무것도 없으니 이것은 이스라엘 자손이 애굽 땅에서 나온 후 여호와께서 저희와 언약을 세우실 때에 모세가 호렙에서 그 안에 넣은 것이더라(왕상 8:9).

금향로와 사면을 금으로 싼 언약궤가 있고 그 안에 만나를 담은 금항아리와 아론의 싹 난 지팡이와 언약의 비석들이 있고(히 9:4).

여호와의 증거궤 안에 과연 무엇이 들어 있을까? 그 궤 안에 '십계의 두 돌판과 아론의 싹 난 지팡이와 만나를 담은 금 항아리, 이 세 가지'가 들어 있다고 히브리서 9장 4절에 기록되어 있다. 그러면 과연 히브리서 기자의 말과 같이 이 세 가지가 다 들어 있는 것일까? 이 세 가지가 다 들어 있으면 성경 어디에서 여호와의 증거궤 안에 십계의 두 돌판과 아론의 싹 난 지팡이와 만나를 담은 금 항아리 이 세 가지를 다 넣으라고 하나님이 명령하셨을까? 이러한 질문을 해보는 것이다.

결론부터 말하면 필자는 성경에 하나님은 증거궤 안에 이 세 가지를 다 넣으라고 명령한 말씀이 없다는 것이다. 성경은 오직 십계의 두 돌판만 증거궤 안에다 넣으라고 명령했다. 그러면 왜 히브리서 9장 4절에서 이 세 가지가 다 증거궤 안에 들어 있다고 말하는 것일까? 그 이유가 무엇일까? 하나님의 증거궤 안에는, 히브리서 9장 4절의 주석서에는 이렇게 기록하고 있다.

> 출애굽기 16장 34절, 25장 16절, 민수기 17장 10절 등에 의하면 만나가 담긴 금 항아리와 아론의 싹 난 지팡이는 언약궤 안이 아니라 언약궤 앞에 보관되었고 오직 십계명이 기록된 두 돌판만 그 안에 보관되었던 것 같다. 따라서 실제로 십계명 두 돌판만 언약궤 안에 보관되었다면 위의 세 가지가 모두 언약궤 안에 담겨 있었다는 저자의 기록은 유대 랍비들의 전승을 따른 것으로 볼 수 있다(Vincent).[269]

한편 열왕기상 8장 9절의 주석에는 이런 내용이 있다.

---

269) 제자원, 《그랜드 종합주석 16권 히브리서－요한계시록》(서울: 성서교재간행사, 1993), p. 150.

처음부터 궤 안에 무엇이 있었느냐에 대해서는 이견이 있다. ① 궤 안에는 언약의 돌판들을 넣으라는 하나님의 말씀(출 25:16, 40:20)대로 십계명 두 돌판만이 담겨 있었다는 견해(Keil). ② 원래 궤 안에는 두 돌판 외에도 만나를 담은 금 항아리와 아론의 싹 난 지팡이가 있었는데 블레셋인들이 약탈해 갔을 것(삼상 5장)이라는 견해(Alford). 그러나 다른 의문을 차치하고라도 '아무것도 없다'라는 본문(왕상 8:9)의 표현 자체가 과거에 있었던 무엇인가를 전제하고 있다. 그렇다면 현재에는 없어졌지만 과거에 있었던 것은 '만나 항아리'와 '아론의 싹 난 지팡이' 외에 다른 것일 수가 없다. 이러한 사실은 히브리서 기자도 분명히 증거해 주고 있다(히 9:4).[270]

과연 "금향로와 사면을 금으로 싼 언약궤가 있고 그 안에 만나를 담은 금 항아리와 아론의 싹 난 지팡이와 언약의 비석들이 있고"(히 9:4)라고 한 히브리서 기자의 주장대로 실제로 그런지 조사해 보고자 한다.

그렇다. 히브리서 기자는 유독 증거궤 안에 이 세 가지가 다 들어 있다고 주장한다. 그러면 먼저 히브리서 기자의 구약 이해에 대해 생각해 보고자 한다. "실로 본서(히브리서)는 신약에서 가장 많이 구약을 인용한 책으로 그 회수는 무려 74회에 달한다."[271] "히브리서 기자는 구약 이해가 투철하며 사상의 요약이 정확하다. 구약 인용은 단순한 확인 차원이 아니라 이론 전개의 근거로 치밀하다"[272]는 평을 듣고 있다. 또한 "히브리서 구약 인용은 언제나 70인 역에서 온 것"[273]이라고 한다. 이렇게 구약에 정통한 히브리

270) 제자원, 《그랜드 종합주석 6권 열왕기 상하》(서울: 성서교재간행사, 1992), p. 159.
271) 이상근, 《신약주해 갈. 히브리》(서울: 대한예수교장로회, 1977), p. 151.
272) 이상훈, 《신약개론》(서울: 기독교방송, 1983), p. 139.
273) Ibid. p. 148.

서 기자는 증거궤 안에 만나를 담은 금 항아리와 아론의 싹 난 지팡이와 언약의 비석들이 있다고 주장한다. 그럼에도 이에 대하여 필자는 의문을 갖고 연구해 보고자 한다.

I. 증거궤 제작

하나님은 증거궤를 제작하기 전에 만나를 간수하라고 모세에게 명령하셨다. 그렇기 때문에 어떻게 증거궤가 제작되었으며 또한 증거궤에 들어 있다고 하는 이 세 가지는 어떤 경로로 들어가게 되었는지를 찾아보아야 한다. 하나님이 모세에게 세 가지를 보관하는 방법에 대하여 말씀하셨다. ① 만나는 간수하라(출 16:33-34), ② 증거판을 궤 속에 넣으라(출 25:21), ③ 아론의 지팡이는 증거궤 앞으로 도로 가져다가 간직하라(민 17:10)고 하셨다.

그러면 이 세 가지 것들을 간직할 증거궤의 제작이 언제 이루어지고 이 세 가지 물건이 언제 증거궤 안으로 들어갔는지를 시간대별로 조사해 보면 다음과 같다.

1) 성막 제작 연대 [참고로 여기에 사용한 연대는《큰 글자 라이프 성경》(기독지혜사)을 참조했다]

(1) 성막 제작 연대(출 40:2): 출애굽 후 1년이 경과한 제2년(B.C. 1445) 1월 1일이다.[274)]

(2) 증거궤 제작 연대(출 37:1-5): 성막을 먼저 만들고(출 36:8) 다음에 이어서 궤가 만들어진 것 같다. 그리고 증거궤를 지성소에

---

274) 제자원,《그랜드 종합주석 2권 출애굽기 · 레위기》(서울: 성서교재간행사, 1991), P. 500.

안치했다(출 40:20-22). 성막과 증거궤의 제작은 모두 출애굽 후 1년이 경과(출 40:2)한 제2년(B.C. 1445) 1월 1일이다.[275] 그때 성막 제작과 더불어 성막 안에 궤를 안치하면서 그 궤 속에 증거판을 넣었다(출 40:20).

(3) 증거판(십계 두 돌판)의 궤 속 간직 시기

출애굽기 40장 20절에서 성막과 궤를 제작한 후 '증거판'을 궤 속에 넣었다고 한다. 그러나 증거궤 전에 만나가 먼저 내렸고(B.C. 1446년), 또 만나를 간수하도록 명령하셨기 때문에 증거궤를 제작하고 그 안에 증거판을 넣을 때(B.C. 1445년)는 시차적으로 만나를 1년 전에 하나님이 간수하도록 명령하셨기 때문에 증거판을 증거궤에 넣을 때 만나도 함께 넣었어야 하는데 이에 대한 언급이 전혀 없다. 이는 만나가 증거궤 안에 들어가지 못했음을 간접적으로 시사(示唆)하는 것이다.

2) 증거궤를 만든 목적

(1) 성물 중 제일 먼저 증거궤를 제작할 것을 명령하셨다(출 25:10). "궤를 짓되"(출 25:10). 즉 증거궤를 만들라는 뜻이다. 증거궤는 성소에서 가장 중요한 부분으로 생각되었기 때문에 모든 성물 중 제일 먼저 제작할 것을 명령하셨다.

(2) 증거궤라고 부르는 이유는?

"한편 이 궤는 법궤(레 16:2)라는 이름 외에도 언약궤(민 10:33, 14:44; 신 31:9; 히 9:4), 혹은 증거궤(출 26:33)라고도 불렸는데, 그 까닭은 그 궤 안에 하나님의 '증거의 판'이자 '언약의 판'인 십계명 두 돌판을 보관하였기 때문이다(21절)"[276]라고 기록했으며 뿐

275) Ibid.

만 아니라 하나님께서는 '궤'에 대해 말씀하실 때는 거의 '증거 궤'라고 호칭하셨다. 그러나 하나님이 사람과 대면하여 대화할 때 대화자가 "언약궤"라고 호칭하면 하나님도 대화자의 말을 따라 "언약궤"라고 호칭하시기도 했다.

(3) 증거궤 제작의 목적

> "내가 네게 줄 증거판을 궤 속에 둘지며"(출 25:16).
> "속죄소를 궤 위에 얹고 내가 네게 줄 증거판을 궤 속에 넣으라"(출 25:21).
> "네가 깨뜨린 처음 판에 쓴 말을 내가 그 판에 쓰리니 너는 그것을 그 궤에 넣으라 하시기로"(신 10:2).
> "내가 돌이켜 산에서 내려와서 여호와께서 내게 명하신 대로 그 판을 내가 만든 궤에 넣었더니 지금까지 있느니라"(신 10:5).

이렇게 위의 내용을 보면 하나님은 만나가 들어 있는 항아리를 간수(看守)할 때는 '궤' 이야기를 언급하지 않으셨다. 그 이유는 '궤'를 제작하기 전이므로 궤가 존재하지 않았기 때문이다. 그렇기 때문에 그냥 만나를 간수(看守)만 하라고 말씀하셨다. 하나님은 비로소 '궤'를 만드시면서 그 궤는 증거판을 넣기 위해서 만드는 것이며(출 25:21), 또 하나는 "거기서 내가 너와 만나고 속죄소 위 곧 증거궤 위에 있는 두 그룹 사이에서 내가 이스라엘 자손을 위하여 네게 명할 모든 일을 네게 이르리라"(출 25:22)고 말씀하신 것처럼 하나님이 모세와 만나야 할 장소가 바로 그 하나님의 생명의 말씀이 기록된 증거판을 넣은 그 궤 앞이라고 말씀하신다. 즉

---

276) BEC 벧엘 컴퓨터, 《할렐루야 9》, 출 25:10 주석.

증거궤가 필요한 이유는 하나님의 생명의 말씀인 증거판의 보존과 그 증거궤 위 속죄소 앞에서 모세를 만나 말씀(명령)하시기 위해서이다.

3) 증거판(עדות, 에두트)

출애굽기 25장 16절에서 하나님은 모세에게 "내가 네게 줄 증거판을 궤 속에 둘지며"라고 말씀하셨다. 여기서 증거판은 즉 십계명 두 돌판을 가리킨다. 하나님 스스로가 십계판을 증거판이라고 호칭하셨다.

그런데 이것을 '증거판'이라 칭하는 까닭은 증거판(십계명 두 돌)을 거룩히 보존하고자 함에 있는 것이다.

> 두 돌판에 새겨진 십계명이 곧 하나님의 속성을 증거해 주는 것이기 때문이다. 그분께서 인간들에게 원하고 계시는 것이 무엇인지를 계시해 주는 것이기 때문이다. 한편 법궤 제작의 주목적은 바로 이 증거판(십계명 두 돌판)을 거룩히 보존하고자 함에 있었다.277)

4) 증거궤(אֲרוֹן הָעֵדֻת)

성경에서 '궤'의 명칭으로는 "여호와의 궤"(수 4:11), "하나님의 궤"(삼상 3:3), "언약궤"(민 10:33), "증거궤"(출 25:22, 13회), "주의 권능의 궤"(시 132:8), "법궤"(레 16:2, 1회), "거룩한 궤"(대하 35:3, 1회)가 나온다. 블레셋 사람들은 이 궤를 "이스라엘 신의 궤"라고 불렀다(삼상 5:2-11).

히브리어 원전의 에두트(עֵדֻת)에 대하여 우리나라 개역성경에

277) BEC 벧엘 컴퓨터, 《할렐루야 9》, 출 25:16 주석.

증거판으로도 번역하고 또 증거궤로도 번역을 했다. 하에두트(הָעֵדֻת)를 '증거판'이라고 번역한 곳이 6회[278] 나온다. 그러나 문제가 되고 있는 성경구절인 출애굽기 16장 34절에서 "아론이 여호와께서 모세에게 명령하신 대로 그것을 증거판 앞에 두어 간수하게 하였고"라고 했는데, 증거판(הָעֵדֻת) 번역은 앞뒤 문맥상 '증거궤'라고 번역하는 것이 타당하다고 본다. 왜냐하면 이 단어 자체인 하에두트(הָעֵדֻת)는 '증거판'이라는 해석이 옳지만, 성경에서 하에두트(הָעֵדֻת)를 '증거궤'로도 6회[279]씩이나 사용했고, 또 단순하게 '궤(אֲרֹן 아론)라고 하는 단어를 '증거궤'라고 2회[280]번역했다. 그러나 출애굽기 16장 34절의 말씀과 같이 모세에게 명하신 대로 아론이 행했으면, 모세는 아론에게 만나가 든 항아리를 '여호와 앞'에 두라고 했기 때문에 그 만나가 든 항아리의 보관 장소는 '여호와 앞'이어야 하고 '여호와 앞'은 모세가 하나님을 만나는 자리인 것이다. 그 자리는 '증거궤' 위의 뚜껑인 속죄소 앞이며 바로 '증거궤' 앞이다.

또한 아론의 싹 난 지팡이 보관 문제도 똑같은 상황이다. "여호와께서 또 모세에게 이르시되 아론의 지팡이는 증거궤 앞으로 도로 가져다가 거기 간직하여 패역한 자에 대한 표징이 되게 하여 그들로 내게 대한 원망을 그치고 죽지 않게 할지니라"(민 17:10)고 말씀하셨다. 여기서 아론의 싹 난 지팡이를 '증거판(궤)' '하에두트'(הָעֵדֻת) 앞에 간직하라고 여호와께서 명령하실 때 모세가 순종을 한 것이다. 여기서도 그 증거궤가 '하에두트'(הָעֵדֻת)이다. 이 말을 개

278) 출 16:34, 25:16, 25:21, 31:18, 32:15, 40:20.
279) הָעֵדֻת(하에두트)를 '증거궤'로 6회: 출 27:21, 30:36; 레 16:13, 24:3; 민 17:4, 10
280) '궤' 2회: 출 35:12; 민 3:31

역성경에는 증거궤라고 '궤'자를 작은 글씨로 표현했는데 이에 대한 성경의 주석은 "원문에 가입한 작은 글자는 원문의 뜻을 더 밝힘"[281]이라고 적고 있다. 그렇다면 원문은 증거판으로 된 것을 더 밝히기 위하여 증거궤라고 한 것이다.

히브리어로 하에두트(הָעֵדֻת)는 증거판이며 아론(אֲרֹן)은 '궤'라는 뜻이다. 아론 하에두트(אֲרֹן הָעֵדֻת)는 두 개의 단어로 구성된 것이다. 증거판과 궤라는 두 단어로 합성된 구(構)이다. 이 두 단어를 합쳐서 합성어처럼 '증거궤'라고 한다. 개역성경에서 증거궤라고 불리는 단어는 21회[282] 나오는데 그중 증거판(הָעֵדֻת)을 아론(אֲרֹן, 궤)과 두 단어를 같이 합해서 사용한 경우 앞에서도 지적한 대로 '증거궤'라고 번역을 한 것이 6회 나오고, 궤를 증거궤라고 한 경우는 2회[283] 나온다. 아론 하에두트(אֲרֹן הָעֵדֻת) 두 단어를 합쳐서 합성어처럼 '증거궤'라고 한 경우 13회[284] 사용했는데 단어 자체에 작은 글씨로 궤자가 붙어 있지만 맞는 번역이다. 뿐만 아니라 민수기 17장 4절에서 "그 지팡이를 회막 안에서 내가 너희와 만나는 곳인 증거궤(עֵדוּת, 증거판) 앞(לִפְנֵי 리페네)에 두라"고 하나님이 명령하셨다.

그러면 모세가 하나님과 만나는 장소가 '증거궤' 속은 될 수 없고 당연히 증거궤 밖인 것이다. 그렇다. 증거궤 밖이 맞는 말이다. 그렇기 때문에 증거궤 밖은 또 다른 말로 증거궤 앞도 되는 것이다.

---

281) 성경전서, 대한성서공회(성경책 각약자표 범례 참고함.)

282) 개역성경 '증거궤' 21회: 출 25:22, 26:33, 34, 27:21, 30:6, 26, 36, 31:7, 35:12, 39:35, 40:3, 5, 21; 레 16:13, 24:3; 민 3:31, 4:5, 7:89, 17:4, 10; 수 4:16

283) '궤'를 '증거궤'로 번역 2회: 출 35:12; 민 3:31

284) '증거궤' אֲרֹן הָעֵדֻת 13회: 출 25:22, 26:33, 34, 30:6, 26, 31:7, 39:35, 40:3, 5, 21; 민 4:5, 7:89; 수 4:16

출애굽기 25장 20-22절에는 “(20)그룹들은 그 날개를 높이 펴서 그 날개로 속죄소를 덮으며 그 얼굴을 서로 대하여 속죄소를 향하게 하고 (21)속죄소를 궤 위에 얹고 내가 네게 줄 증거판을 궤 속에 넣으라 (22)거기서 내가 너와 만나고 속죄소 위 곧 증거궤 위에 있는 두 그룹 사이에서 내가 이스라엘 자손을 위하여 네게 명할 모든 일을 네게 이르리라”고 기록되어 있다. 그렇다면 출애굽기 25장 22절의 말씀과 같이 하나님이 모세와 만나는 장소는 증거판이 들어가 있는 속죄소 위, 곧 증거궤 위에 있는 두 그룹 사이에서 이스라엘 자손을 위하여 명하는 장소의 앞인 것이다. 바로 그 자리가 여호와 앞이요 증거궤 앞이다.

히브리 원전에서 증거판과 증거궤를 혼용하여 사용한 경우 4개[285]가 있는데, 그것은 분명히 증거궤를 말하면서 아론 에두트(אֲרֹן הָעֵדֻת)라는 용어를 사용치 않고 단지 에두트(עֵדוּת)라고 사용했다. 그러나 에두트(עֵדוּת)는 증거판을 말하는 것이 아니라 아론 에두트(אֲרֹן הָעֵדֻת)인 증거궤를 말하는 것이 확실하다.

2. 만나는 어느 때 내려졌는가?

먼저 증거궤 제작과 만나의 간직 시기에 대한 문제를 살펴보자.

---

285) “아론은 회막 안 **증거궤(증거)** 장 밖에서 저녁부터 아침까지 여호와 앞에 항상 등잔불을 정리할지니 너희 대대로 지킬 영원한 규례라”(레 24:3). “여호와 앞에서 분향하여 향연으로 **증거궤(증거)** 위 속죄소를 가리우게 할지니 그리하면 그가 죽음을 면할 것이며”(레 16:13). “그 향 얼마를 곱게 찧어 내가 너와 만날 회막 안 **증거궤(증거) 앞**에 두라 이 향은 너희에게 지극히 거룩하니라”(출 30:36). “아론과 그 아들들로 회막 안 **증거궤(증거) 앞** 휘장 밖에서 저녁부터 아침까지 항상 여호와 앞에 그 등불을 간검하게 하라 이는 이스라엘 자손의 대대로 영원한 규례니라”(출 27:21).

앞에서도 지적한 대로 하나님이 이 세 가지를 간직하라고 명령하실 때는 이것을 보관 할 궤가 먼저 제작되어 있어야 한다. 그리고 이 궤가 실외에 보관 될 것이 아니라면 이 증거궤를 안치할 장소인 성막이 존재해야 한다. 그런데 하나님은 성막이나 증거궤가 존재하기도 전에 먼저 만나를 간직할 것을 명하실 때 아직 증거궤는 제작 전이기 때문에 하나님은 모세에게 그냥 간직만 하라고 하셨고(출 16:33-34), 모세는 아론에게 여호와 앞에 간수하라고 했다.

그러면 만나는 어느 때 내렸는가?

성경에서 만나가 내린 시기를 이렇게 기록하고 있다. "이스라엘 자손의 온 회중이 엘림에서 떠나 엘림과 시내 산 사이 신 광야에 이르니 애굽에서 나온 후 제이월 십오 일이라"(출 16:1)고 증언한다. 이는 이스라엘이 출애굽한 지 한 달이 경과했음을 말해 준다(출 12:37; 민 33:3). 따라서 애굽에서 가지고 나온 식량이 거의 바닥났을 것이다(3절).[286] 그렇다면 하나님은 십계의 두 돌판을 모세가 하나님으로부터 받기 전에 먼저 만나를 간직하라고 명령하신 것이다. 아직 증거궤도 만들라고 명령하기 전인데 만나를 간직하라는 것이다. 증거궤는 출애굽기 25장 10-16절에서 제작하라고 명하셨다. 만나는 십계명이 기록된 두 돌판을 하나님으로부터 받을 때보다 더 빠른 시기에 일어난 사건이다.

그러면 하나님께서 증거판이든 증거궤든 모세가 받기도 전에 만나 사건이 있었는데, 아론이 모세의 명을 받고 그 만나를 어디에 간직했을까? 성경의 증언을 살펴보자.

먼저 출애굽기 16장 32-34절의 내용 중에서 살펴보자.

---

286) 제자원, 《그랜드 종합주석 2권 출애굽기 레위기》(서울: 성서교재간행사,991), p. 226, 출 16:1 주석.

32절에서 "모세가 가로되 여호와께서 이같이 명하시기를 이것을 오멜에 채워서 너희 대대 후손을 위하여 간수하라 이는 내가 너희를 애굽 땅에서 인도하여 낼 때에 광야에서 너희에게 먹인 양식을 그들에게 보이기 위함이니라 하셨다 하고"라고 했다. 모세가 하나님으로부터 명령을 받은 말씀을 잘 음미해 보면 아직 언약궤가 생기기 전이기 때문에 하나님도 모세에게 "이것(만나)을 오멜에 채워서 너희 대대 후손을 위하여 간수하라"고만 말씀하셨다. 즉 하나님은 모세를 만나 그대로 간수만 하라고 말씀하셨지 만나를 담을 구체적인 용기(容器)나 어떤 구체적인 장소를 말씀하시지 않았다. 왜냐하면 아직 증거궤가 존재하지도 않는 상태이기 때문에 하나님이나 모세가 만나를 증거궤 속에 넣으라고 명령을 할 수가 없기 때문이다.

그렇기 때문에 이 명령을 하나님으로부터 들은 모세는 33절에서 "아론에게 이르되 항아리를 가져다가 그 속에 만나 한 오멜을 담아 여호와 앞에 두어 너희 대대로 간수하라"고 명령했다. 이 모세의 명령도 아직 언약궤가 제작되기 전의 일이기 때문에 아론에게 그냥 항아리를 가져다가 그 속에 만나 한 오멜을 담아 '여호와 앞'에 간수하라고 표현을 했지, 증거궤에 대한 언급 자체가 없는 것이 당연한 것이다. 이것은 성경 기록이 정확하게 맞는다는 것이다. 왜냐하면 앞에서도 말한 것처럼 아직 증거궤의 제작 전이기 때문이다. 그리고 모세는 하나님께서 모세에게 명시하지도 않은 '여호와 앞에' 만나를 간직하라는 말씀과 더불어 만나를 담을 용기인 항아리를 추가해서 말했다. 그리고 좀 더 구체적인 것은 아론이 시행할 때 나타난다. 이 성경의 말씀이 절대적으로 옳은 기록이라는 것이다.

그러나 34절의 말씀에 "아론이 여호와께서 모세에게 명하신 대로 그것을 증거판 앞에 두어 간수하게 하였고"라고 증언하고 있는 것은 시간이 흘러 드디어 언약궤가 만들어진 후에 아론이 그 만나를 증거궤(판) 앞에 두었다는 기록인 것이다. 그러니까 하나님은 원초적으로 모세에게 만나를 넣은 항아리를 증거궤든, 판이든 넣으라는 말씀이 없다는 것이 확실하다. 이 만나가 들어 있는 항아리를 보존시키기 위하여 모세가 아론에게 지시할 때는 그 물건을 보관할 구체적인 장소까지 추가하여 하나님이 말씀도 하지 않은 '여호와 앞에'라는 장소까지 말했다. 이것을 아론이 여호와께서 모세에게 명령하신 대로 그것을 증거판 앞에 두어 간수하게 하였다고 성서는 증언하고 있다(출 16:34). 따라서 성경에서 "아론이 여호와께서 모세에게 명하신 대로"라는 말은 아론이 모세의 명령에 순종했다는 표현인데, 그러면 그 만나가 든 금 항아리는 '여호와 앞에' 다 둔 것이기 때문에 여호와 앞이 증거판인가, 아니면 증거궤인가를 구별해야 하는 것이 우선순위이다. '여호와 앞'은 확실하게 증거궤이지 증거판은 아니다. 그렇기 때문에 원문에 그냥 증거판(עֵדֻת)이라고 쓴 것은 증거궤로 보아야 한다.

모세는 아론에게 만나의 보존을 명령했다. 하나님께서 만나의 보존을 위한 구체적인 장소나 용기에 대해 지시하신 사실이 없는 것을 모세가 단지 항아리를 가져다가 그 속에 만나 한 오멜을 담아서 '여호와 앞'이라는 장소에 간직하라고 명한 것이다.

하나님이 모세에게 출애굽기 25장 10절에서 비로소 증거궤 제작을 명하신다. "조각목으로 궤를 짓되 장이 이 규빗 반, 광이 일 규빗 반, 고가 일 규빗 반이 되게 하고"라고 이제야 증거궤 제작을 명령하셨다. 그리고 출애굽기 25장 21절에서 비로소 하나님은 모세에게 "속죄소를 궤 위에 얹고 내가 네게 줄 증거판을 궤 속에 넣으라"고 증거판을 궤 속에 넣으라는 명령을 하신다. 그러니까 성경의 증언 그대로 믿으면 만나를 간직할 때는 증거궤가 생기기 전인데 만나를 증거궤 안에 넣었다고 하는 기록은 모순이 생긴다. 성막과 증거궤의 제작이 끝난 후(B.C. 1445년) 출애굽기 40장 20절에서 "그(모세)가 또 증거판을 궤 속에 넣고 채를 궤에 꿰고 속죄소를 궤 위에 두고"라고 증언하고 있는데, 증거궤가 만들어진 후에 모세가 증거판만을 넣었다고 분명하게 기록하고 있다.

만약에 하나님이 만나와 십계 두 돌판인 증거판을 궤 속에 넣으라고 명령하셨으면 왜 모세가 증거궤가 완성된 후에 증거판만을 넣었을까? 하나님이 이 두 가지를 다 넣으라고 명령하신 것이 사실이라면 모세는 한 가지인 증거판만을 넣었으니 하나님의 명령에 불순종한 것이 된다. 이것은 비성서적인 말이다. 모세는 하나님의 명령에 순종하여 증거궤 안에 단 한 가지인 증거판만을 넣었다.

3. 아론의 싹 난 지팡이는 언제의 사건인가?

아론의 싹 난 지팡이의 사건은 출애굽 후(B.C. 1446년) 16년이 흐른 후(B.C. 1430년경)의 사건이기 때문에 하나님도 민수기 17장 10절에서 "여호와께서 또 모세에게 이르시되 아론의 지팡이는 증거궤 앞으로 도로 가져다가 거기 간직하여 패역한 자에 대한 표징이 되게 하여 그들로 내게 대한 원망을 그치고 죽지 않게 할지니라"고 만나를 간직할 때와는 다르게 이미 증거궤가 지성소 안에 안치되어 있으니까 지팡이의 보관 장소를 증거궤 앞이라고 명시하여 말씀하신다. 하나님은 비로소 모세에게 아론의 싹 난 지팡이를 그 증거궤 앞에다 놓으라고 명하신 것이다.

4. 여호와의 궤(법궤, 언약궤, 증거궤)에는 오직 두 돌판만 들어 있다

> "내가 네게 줄 증거판을 궤 속에 둘지며"(출 25:16).
>
> "(1)그때에 여호와께서 내게 이르시기를 너는 처음과 같은 두 돌판을 다듬어 가지고 산에 올라 내게로 나아오고 또 나무 궤 하나를 만들라 (2)네가 깨뜨린 처음 판에 쓴 말을 내가 그 판에 쓰리니 너는 그것을 그 궤에 넣으라 하시기로 (3)내가 싯딤 나무로 궤를 만들고 처음 것과 같은 돌판 둘을 다듬어 손에 들고 산에 오르매 (4)여호와께서 그 총회 날에 산 위 불 가운데서 너희에게 이르신 십계명을 처음과 같이 그 판에 쓰시고 그것을 내게 주시기로 (5)내가 돌이켜 산에서 내려와서 여호와께서 내게 명하신 대로 그 판을 내가 만든 궤에 넣었더니 지금까지 있느니라"(신 10:1-5).

모세는 증거판을 하나님의 증거궤에 넣어 두었음을 밝히고 있다. 모세가 명령자인 여호와의 명령대로 시행했음을 성경은 증언하고 있다. 증거판은 십계의 두 돌판, 또는 판(신 10:2)이라고 불리기도 한다. 필자는 증거궤 안에는 십계 두 돌판(증거판)만 들어 있다고 믿는다. 그 이유는 다음과 같다.

1) 명령자인 하나님과 시행자인 모세 사이에 명령자의 말대로 시행자가 분명하게 시행했기 때문이다(신 10:1-5).

(1) "두 돌판을 궤에 넣으라"는 명령이 두 번 나온다(출 25:16; 신 10:2).

> "내가 네게 줄 증거판을 궤 속에 둘지며"(출 25:16).
>
> "네가 깨뜨린 처음 판에 쓴 말을 내가 그 판에 쓰리니 너는

그것을 그 궤에 넣으라 하시기로"(신 10:2).

(2) 그리고 그 궤에다가 십계의 두 돌판을 넣었다는 정확한 기록이 2회 나온다(출 40:20; 신 10:5).

> "그가 또 증거판을 궤 속에 넣고 채를 궤에 꿰고 속죄소를 궤 위에 두고"(출 40:20).
>
> "내가 돌이켜 산에서 내려와서 여호와께서 내게 명하신 대로 그 판을 내가 만든 궤에 넣었더니 지금까지 있느니라"(신 10:5).

이렇게 모세는 하나님으로부터 증거궤 안에 증거판을 넣으라는 명령을 받고 두 번씩이나 증거판을 넣어 두었음을 증언하고 있다. 그리고 두 번째 증언할 때의 연대는 B.C. 1407년경으로 만나와 싹 난 지팡이가 모두 존재할 시점인데도 이에 대한 언급 없이 증거판만을 넣었다고 증언할 때는 더 증거궤 안에 증거판만을 넣어 두었음에 확신이 간다.

참고: 증거궤 안에 들어갈 세 가지 물건에 대하여 명령한 시기 《큰 글자 라이프성경》-기독지혜사 간)

① 만나 보존 명령(출 16:33-34)(B.C. 1446년)

② 증거판 보존 명령(출 25:21)(B.C. 1446년)

③ 성막과 증거궤 제작 후 증거판이 입궤한 때(출 40:20)(B.C. 1445년)이다.

④ 아론의 지팡이 싹 난 사건은(민 17:10)(B.C. 1430년경)이다.

⑤ 모세가 광야생활 근 40년을 마칠 때 모압 평지에서 행한 설교(신 10:5)는 B.C. 1407년경으로 되어 있다.

증거판을 증거궤에 보관해야 될 이유(신 10:5)는 "소중히 보관하기 위함이다. 왜냐하면 그것은 자손 대대로 영구히 전수되어야 할 성격의 것이었기 때문이다."[287] 이렇게 성경대로 십계의 두 돌판이 증거궤에 보관된 것을 부인하는 사람은 없다.

2) 증거궤를 개봉했을 때 확인된 물건이 십계 두 돌판 외에 아무것도 없다고 증언하고 있기 때문이다.

이에 대해 성경은 이렇게 증언하고 있다.

> "궤 안에는 두 돌판 외에 아무것도 없으니 이것은 이스라엘 자손이 애굽 땅에서 나온 후 여호와께서 저희와 언약을 세우실 때에 모세가 호렙에서 그 안에 넣은 것이더라"(왕상 8:9).
>
> "궤 안에는 두 돌판 외에 아무것도 없으니 이것은 이스라엘 자손이 애굽에서 나온 후 여호와께서 저희와 언약을 세우실 때에 모세가 호렙에서 그 안에 넣은 것이더라"(대하 5:10).

이 말씀에서 오직 십계명의 두 돌판만이 법궤 안에 들어 있다고 증언하고 있다.

> 그러나 혹자들은 본래 언약궤 안에는 십계명 두 돌판만 들어 있었을 뿐(출 25:16, 40:20; 신 10:5), 만나 항아리와 싹 난 지팡이는 '여호와 앞에'(출 16:33) 곧 '증거궤 앞에'(민 17:10) 두었다고 본다(Keil, Bahr). 그리고 히브리서 9장 4절의 말은 후대 유대 전승에 기인한 것이라고 주장한다. 이 견해 역시 완전히 배격할 수는 없다.[288]

---

287) BEC 벧엘 컴퓨터, 《할렐루야 9》, 신 10:5 주석.
288) Ibid. 왕상 8:9 주석.

이 기사의 의도는 역시 법궤는 단지 언약의 돌판들만을 넣으라는(출 25:16, 40:20) 율법이 세월의 흐름에도 불구하고 유효했다는 것을 보여 주기 위한 것이다. 카라트[언약을 자르다(맺다)] 앞의 아쉘은 대명사가 아니고 접속사이다. 신 11:6 등에서처럼 그 예, 그때로부터 베리트(언약, 계약, 협정) 없이 카라트[언약을 자르다(맺다)]만 가지고 사무엘상 20장 16절, 22장 8절 등에서처럼 언약을 마쳤음을 의미한다.289)

3) 성경 기록상 하나님의 십계 두 돌판이지만 궤에 넣으라고 하셨을 뿐, 다른 두 가지인 아론의 싹 난 지팡이와 만나는 증거판 앞에 두라고 명령하셨다.

그렇기 때문에 이 두 개의 물건에는 앞에(לִפְנֵי 리페네)라는 전치사가 붙어 있다(출 16:33-34; 민 17:10-11).

(1) "(33)또 아론에게 이르되 항아리를 가져다가 그 속에 만나 한 오멜을 담아 여호와 앞에 두어 너희 대대로 간수하라 (34)아론이 여호와께서 모세에게 명하신 대로 그것을 증거판 앞에 두어 간수하게 하였고"(출 16:33-34).

(2) "(10)여호와께서 또 모세에게 이르시되 아론의 지팡이는 증거궤 앞으로 도로 가져다가 거기 간직하여 패역한 자에 대한 표징이 되게 하여 그들로 내게 대한 원망을 그치고 죽지 않게 할지니라 (11)모세가 곧 그같이 하되 여호와께서 자기에게 명하신 대로 하였더라"(민 17:10-11).

289) 카일 델리취 저/박수암 역, 《구약주석 열왕기(상·하)》(서울: 기독교문화사, 1992), p. 136.

5. 여호와의 증거궤 안에 만나를 담은 금 항아리와 아론의 싹 난 지팡이를 십계의 두 돌판과 함께 보관했다는 학설은 다음과 같다

> "금향로와 사면을 금으로 싼 언약궤가 있고 그 안에 만나를 담은 금 항아리와 아론의 싹 난 지팡이와 언약의 비석들이 있고"(히 9:4).

> 열왕기상 8장 9절에는 "두 돌판 외에 아무것도 없으니"의 "아무것도 없다"라는 본문의 표현 자체가 과거에 있었던 무엇인가를 전제하고 있다. 그렇다면 현재에는 없어졌지만 과거에 있었던 것은 '만나 항아리'와 '아론의 싹 난 지팡이' 외에 다른 것일 수가 없다. 이러한 사실은 히브리서 기자도 분명히 증거해 주고 있다(히 9:4).[290]

이 내용을 다시 정리해 보면 원래는 법궤 안에 세 가지가 다 들어 있었다는 것이다.

> 히브리서 9장 4절에 의하면, 언약궤 안에는 본래 '십계명 두 돌판' 외에도 '만나를 담은 금 항아리'와 '아론의 싹 난 지팡이'가 있었다. 그러나 솔로몬 성전 완공 후(B.C. 959년) 법궤를 지성소에 안치시킬 때 십계명 두 돌판 외에는 아무것도 없는 것을 보면 나머지 것들은 모세 시대 이후 여호수아 시대와 사사 시대, 그리고 사울과 다윗 시대를 거치는 근 500여 년 동안의 어간에 없어진 듯하다. 아마도 엘리 제사장 시절 법궤가 블레셋에게 일시 탈취당했을 때(삼상 4:3-11) 유실된 듯하다(Hammond).[291]

---

290) 제자원, 《그랜드 종합주석 6권 열왕기 상하》(서울: 성서교재간행사, 1992), p. 159.

이렇게 하몬드(Hammond)라는 학자는 히브리서 9장 4절 말씀대로 이 세 가지가 다 들어 있었으나 한 가지만 남고 나머지는 유실되었다고 주장한다.

"궤 안에는 두 돌판 외에 아무것도 없으니……모세가……그 안에 넣은……." 출애굽기 25장 16절, 40장 20절, 신명기 10장 5절의 이 기사는 히브리서 9장 4절과 차이가 있어 보인다. 거기에는 언약궤 안에 '언약의 돌판들'과 더불어 '만나를 담은 금 항아리와 아론의 싹 난 지팡이'를 언급하고 있다. 여기의 본문은 언약궤로부터 이들 유물들을 제외시키고 있지만, 그 외의 다른 성경들은 그들을 포함하고 있음을 주목해야 한다. 출애굽기 16장 34절과 민수기 17장 10절에서 그들은 '증거궤 앞'(리페네 하에두트)에 놓여지도록 명령되어졌다. 그런데 그 말은 오랫동안 '언약궤 안 증거판 앞에'를 의미하는 것으로 의심의 여지없이 받아들여졌다. 그 말들은 '언약궤 앞'이 아니라 '증거판 앞에'임을 관찰해 보라. 그러나 그 말은 지금은 '증거판을 소장한 언약궤 앞에'를 뜻하는 말로 일반적으로 생각되어진다. 우리는 율법책이 '언약궤의 옆'에 놓여졌으며(신 31:26), 여기에서부터 어떤 사람들은 금 항아리나 그 밖의 것들이 유사한 위치에 놓여졌다고 주장한다.

그러나 사도 바울 또는 다른 히브리서의 기자의 분명한 기술-아무리 과소하게 말한다 해도 유대인의 전승을 구현하고 있는-을 생각해 볼 때, 만나를 담은 금 항아리와 아론의 지팡이는 언약궤 안에 있었다는 옛 번역을 취하는 편이 더 나을 것 같다. 본문의 기사를 가지고 왈가왈부하는 것은 현명한 일이 못 된다. 왜냐하면 이 보물들은 블레셋에 의해 없어졌을 것이기 때문이다. 우리가 확인할 수 있는 것은 블레셋 사람들의 처음 생각은 그들의 새 노획물을 열어 보는 것이었으리라는 것

291) BEC 벧엘 컴퓨터, 《할렐루야 9》, 왕상 8:9 주석.

이다. 벧세메스 사람들이 언약궤를 들여다본 목적이 이들 보물이 여전히 그 안에 있는가 보기 위해서였다는 것은 있음직하지 못한 일이다. 만일 금 항아리가 언약궤 안에 있었다면 두 돌판은 쓸모없는 것으로 여겨 남겨 둘 것이나, 그것은 블레셋의 약탈을 면치 못했을 것이다. 실제로 속건제로 드린 금 쥐 등은 그들이 처치해 버린 금 항아리에 대한 반환으로 의도되었을 가능성이 있다.

그리고 본문의 "아무것도 없으니"라는 표현은 거기에 한때는 무엇인가가 있었다는 것을 말하는 것이 아니겠는가!(Alford의 히 9:4을 보라.) 그러므로 금 항아리와 아론의 지팡이는 본래 언약궤 안 '증거판 앞에' 두어졌다는 것이 타당한 것 같다. 그리고 그것들은 노획당한 때에 없어졌다(삼상 5, 6장), 그리고 벧세메스에서는 신성모독죄가 범해졌다(삼상 6:19). 이 마지막 변화는 어떻게 거기에 아무것도 없다는 것을 알게 되었는지 설명해 준다. Rawlinson이 주장하듯이 그 기념할 만한 방문 후에, 솔로몬이 언약궤를 열고 두 기념물을 밖으로 꺼냈다는 것은 있음직하지 못한 일이다. 또한 우리는 시은좌가 그룹들과 함께 그것들 없는 새로운 뚜껑을 갖도록 하기 위해서 제거되었고, 그렇기 때문에 언약궤 내부는 볼 수 있도록 노출되었다는 견해(Stanley)도 아무런 근거가 없는 것이다.[292)]

이렇게 여러 학자의 주장 역시 증거궤 안에는 세 가지가 다 들어 있었는데 두 가지는 분실되고 한 가지만 남아 있다는 견해이다. 그러나 이에 반하여 오직 한 가지만 들어 있었다고 주장하는 학자들도 있다.

---

292) 풀핏 성경주석, 《열왕기상》(대구: 보문출판사, 1980), pp. 206-207.

6. 필자는 상기의 풀핏 성경주석의 증거궤 안에는 십계의 두 돌판 외에 아론의 싹 난 지팡이와 만나를 담은 금 항아리가 함께 있었다는 주장에 대해 반론을 제기한다

1) 싹 난 지팡이의 보관 장소에 대하여는 "여호와께서 또 모세에게 이르시되 아론의 지팡이는 증거궤 앞으로 도로 가져다가 거기 간직하여 패역한 자에 대한 표징이 되게 하여 그들로 내게 대한 원망을 그치고 죽지 않게 할지니라"(민 17:10)고 말씀하고 있다.

민수기 17장 10절에서 그들은 아론의 지팡이가 '증거판 앞'(לִפְנֵי הָעֵדוּת 리프네 하에두트)에 놓여지도록 명령되었다고 한다. 그 말은 오랫동안 '언약궤 안 증거판 앞에'를 의미하는 것으로 의심의 여지없이 받아들여졌다. 그 말들은 "언약궤 앞"이 아니라 '증거판 앞에'임을 관찰해 보라고 이렇게 풀핏 주석은 주장하고 있다. 이에 대한 필자의 반론은 이렇다.

(1) '언약궤 앞'이 아니라 '증거판 앞'(לִפְנֵי הָעֵדוּת 리프네 하에두트)에 놓여지도록 명령되었다고 하는 주장은 잘못된 주장이다.

본문 앞절은 "모세가 그 지팡이 전부를 여호와 앞에서(לִפְנֵי יְהוָה?
מִ 밀리페네 아도나이) 이스라엘 모든 자손에게로 취하여 내매 그들이 보고 각각 자기 지팡이를 취하였더라"(민 17:9)고 증거하고 있다. 싹이 난 지팡이가 있는 장소는 분명히 여호와 앞이라는 것이다. 이 싹 난 지팡이를 여호와께서 민수기 17장 10절에 모세에게 다시 명하여 "도로 가져다가"

[שׁוּב(슈브) הָשֵׁב(히필) 명령 남성 단수, 도로 가져다가][293] 거기에 간직하라는 것이다. 여기서 "도로 가져다가 거기 간직하여"에서 '도

---

293) 《이병철, 바이블 렉스 8.0》(서울: 브니엘성경연구소, 2009), 민 17:10 원전 참조.

로'가 어디인가에 대한 질문이다. 이 장소는 '여호와 앞'이다. 즉 풀핏 주석의 주장대로 '증거판' 앞이 아니라는 것이다. 그렇기 때문에 민수기 17장 10절의 증거판 앞이라는 말은 일방적인 번역이다. 왜냐하면 그 증거판은 증거궤 앞이라고 해석하는 말이 맞는 말이다.

모세는 민수기 17장 7절에서 그 지팡이들의 보관 장소를 "증거의 장막 안 여호와 앞에 두었더라"고 표현했다. 그렇다면 풀핏의 주장대로 도로 가져다 놓을 때의 장소가 '언약궤 앞'이 아니라 '증거판 앞'이라면 모세는 이 싹 난 지팡이의 보관 장소를 증거궤의 안 증거판 앞에 두었다고 기록했어야 한다.

풀핏 주석의 해석대로 이야기를 재구성하면 이런 이야기가 된다. 종족대로 낸 열두 지팡이를 언약궤를 열고 그 안에다 넣었다가 그 이튿날 모세가 장막에 들어가 언약궤를 다시 열어 본즉 레위 지파의 아론의 지팡이에 움이 돋고 꽃이 피어 살구열매가 열려 있어 이것을 다시 전부 언약궤에서 꺼내어 모든 이스라엘 자손에게로 가져와서 보여 주고, 각기 자기의 지팡이를 다시 나누어 주고, 아론의 싹 난 지팡이만 도로 언약궤를 열고 그 지팡이를 넣고 언약궤의 문을 닫았다는 이야기이다. 그렇다고 인정을 하면 누구의 마음대로 지존한 언약궤를 함부로 문을 열었다 닫았다 할 수 있는 건지 의문을 갖게 된다.

> '여호와'란 '증거궤'를 가리킨다. 왜냐하면 이스라엘 백성들은 그 두 존재를 항상 동일시(同一視)하였기 때문이다(출 25:22; 삼상 5:7; 대하 5:2-7; 계 11:19). 그리고 '증거의 장막'이란 증거궤를 모셔둔 '회막'을 가리키는 것으로서, 여호와께서 현존(現存)을 증거하시는 장소임을 강조한 표현이다(출 25:22, 38:21). 따라서 본 구절은 열두 지팡이들을 회막 안 증

거궤 앞에 두었다는 뜻이다(민 17:4).[294]

과연 이 해석대로 하면 아론의 지팡이는 증거궤 앞에다 두었을 때 지팡이에서 싹이 돋아났고 "여호와께서 또 모세에게 이르시되 아론의 지팡이는 증거궤 앞으로 도로 가져다가 거기 간직하여 패역한 자에 대한 표징이 되게 하여 그들로 내게 대한 원망을 그치고 죽지 않게 할지니라"(민 17:10)고 하나님이 말씀하심에 모세는 그대로 그 지팡이를 증거의 장막 안 '여호와 앞'에 보존시킨 것이다. 즉 '증거판' 앞에 보존한 것이 아니라 '증거궤' 앞에 보존했다는 것이다.

> '도로 가져다가'(הָשֵׁב 하쉡)라는 용어를 사용함에 있어서 이 단어가 인간이 주체인 경우가 가장 많다. "내가(아브라함) 아이(이삭)와 함께 저기 가서 경배하고 너희에게로 돌아오리라"(창 22:5). 히필 어간에서는 '되돌리다, 다시 가져가(오)다'라는 의미로 87회 등장한다.[295]

그렇기 때문에 아론의 싹 난 지팡이의 보관 장소는 싹이 났던 장소인 여호와의 앞에 보존해야 하므로 민수기 17장 10절의 '증거궤'가 있는 곳은 바로 여호와 앞이다. 앞에서 밝힌 대로 여호와 앞은 증거궤(언약궤) 앞인 것이다.

그렇기 때문에 아론의 싹 난 지팡이의 보관 장소는 '증거궤' 앞이다. 즉 모세가 하나님의 명령에 순종하여(그같이 하되) 싹 난 지팡이를 '여호와 앞'인 '증거궤' 앞에 두었다는 것이지 풀핏 주석과

294) 제자원, 《그랜드 종합주석 3권 민수기 신명기》(서울: 성서교재간행사, 1991), p. 230, 민 17:7.

295) 이병철, 《바이블 렉스 8.0》(서울: 브니엘성경연구소, 2009), 민 17:10 원전 참조.

같이 '증거판 앞'에 두었다는 것이 아니다.

(2) "'아무것도 없으니'라는 표현은 거기에 한때는 무엇인가가 있었다는 것을 말하는 것이 아니겠는가!(Alford의 히 9:4을 보라.)" 한 말에 대하여 필자는 이러한 풀핏 주석가들의 해석을 다른 뜻으로 생각하고 싶다. 왜냐하면 필자가 추정할 때 이 성경이 기록될 때에 유대인들의 전승으로 내려오는 증거궤 안에 이 세 가지가 다 들어 있다는 주장과 또 아니라는 주장이 있었지만, 그런데 솔로몬이 성전을 완공하고 기왕에 증거궤를 옮기면서 그동안 여러 번 증거궤가 옮겨 다니는 과정에서 혹 증거판이 분실될 우려를 생각하고 증거궤를 개봉하여 확인한 결과 분명히 증거판만 들어 있었기 때문에 하나님의 말씀인 증거판만이 들어 있었음을 확인했다는 뜻으로 "두 돌판 외에 아무것도 없으니"라고 한 것 같다.

2) 만나를 담은 금 항아리의 보관장소 문제에 대하여

> "(33)또 아론에게 이르되 항아리를 가져다가 그 속에 만나 한 오멜을 담아 여호와 앞에 두어 너희 대대로 간수하라 (34)아론이 여호와께서 모세에게 명하신 대로 그것을 증거판 앞에 두어 간수하게 하였고"(출 16:33-34).

'증거궤'라고 하는 원어 '에두트'는 항상 하나님의 증거와 관련하여 사용된다. 이 단어는 가장 빈번히 장막과 함께 사용되어(출 38:21; 민 1:50, 53) '증거막'(tabernacle of testimony)이라는 표현을 낳는다. 또한 궤와 연결되어(출 25:22, 26:33, 34, 30:6, 26) '증거궤'(ark of the testimony)라는 어구를 낳는다. 사실상 몇몇 실례에서는 증거궤를 지칭하는 데 에두트만이 단독으로 사용되어 있다(출 16:34, 27:21, 30:36; 렘 16:13).[296]

그렇다면 본문의 '하에두트'(הָעֵדֻת)라는 단어의 해석을 '증거판'으로 하지 말고 '증거궤'(각주 282 참조)로 우리말로 정확히 번역해야 한다. 그래야 성경의 원문에 대한 충실한 번역이 된다. 이렇게 본문(민 17:10)을 성경 원문대로 번역하면 증거궤 앞에 만나를 담은 금 항아리를 보관했다는 것이고, 아론 역시 하나님의 명령대로 순종한 것이 된다. 그렇지 않으면 아론은 하나님의 명령에 불순종하여 여호와 앞에다 만나를 담은 금 항아리를 두라고 했는데 언약궤 안 증거판(십계의 두 돌판) 앞에 둔 꼴이 되어 아론이 하나님의 명령에 불순종한 것으로 전락한 것이 되므로, 즉각 하나님의 지적과 그에 대한 심판 내지 벌이 가해졌을 것이다.

풀핏 주석가들은 출애굽기 16장 33-34절에서 하나님이 모세에게 만나가 들어 있는 금 항아리는 '여호와(증거궤) 앞'에 보관하라고 지시한 대로 모세는 아론에게 그렇게 하라고 지시를 했고, 그리고 아론은 모세의 명을 받들어 '여호와(증거궤) 앞'이 아니라 '증거판 앞'에 보관했다는 것이다. 풀핏 주석가 말대로 이렇게 '여호와 앞'과 '증거판' 앞이 서로 다른 장소라고 주장을 하면, 이것은 성경의 본 의미와 다른 뜻이 된다.

그러나 먼저 '증거판'과 '증거궤'가 어떻게 다른지 구별해 보면, 앞서도 말했지만 둘은 서로 다른 것이다. 증거궤는 증거판이 들어 있는 궤이고, 증거판은 십계 두 돌판을 말한다. 그리고 두 번째, '증거궤'는 '여호와 앞'(각주 299 참조)을 말하는 것이다. 만약에 아론이 모세의 명을 받들어 지팡이를 보관한 장소가 '여호와 앞'이 아닌 '증거판' 앞이 되면, 이것은 여호와 앞과 증거판 앞이 서로 장소가 다르기 때문에(출 16:34) 대제사장 아론이 여호와께서 모세

296) Ibid.

에게 명하신 대로 한 것이 아니다. 즉 모세가 지시한 장소인 여호와 앞과 '아론이 순종한 증거판'의 위치가 다르면 아론은 출애굽기 16장 34절대로 순종한 것이 아니다. 즉 아론은 불순종한 것이 된다.

뿐만 아니라 하나님의 지존한 증거궤를 덮고 있는 덮개인 속죄소를 개봉했다가 물건을 넣은 후 다시 덮어야 되는데 이러한 일을 모세가 했을까, 아론이 했을까? 신명기 10장 5절에 의하면 분명한 것은 모세가 증거판만을 하나님의 명령대로 하나님의 증거궤에 넣었다.

만약에 출애굽기 16장 33-34절의 해석을 이런 식으로 하면, 아론이 모세의 명을 받들어 시행한 만나를 담은 금 항아리의 보관 장소가 '증거궤 속의 증거판 앞'이라는 해석이 된다. 그러니까 하나님이 모세에게 명령하신 장소인 '여호와 앞'과 아론이 모세의 명령을 받들어 시행하여 그것을 둔 장소인 '증거판 앞'이 완전히 다른 두 장소가 되고 만다.

만약에 아론이 이것을 둔 장소가 '증거궤 안의 증거판 앞'이 맞다고 인정을 하면 모세가 여호와의 명령을 받들어 아론에게 명령한 말보다도 집행자인 아론의 권위를 더 우선하는 비성서적인 결론이 나오게 된다. 이것은 아주 잘못된 해석이다. 본문인 출애굽기 16장 33-34절의 내용은 어찌되었든 아론이 하나님의 명령대로 시행하여 여호와 앞에 두었다고 하는 데 동의를 하면 그 '여호와 앞'은 앞에서도 말한 대로 '증거궤' 앞이 맞는 것이다. 풀핏 주석가는 '증거궤' 앞이라고 해석할 것을 '증거판' 앞이라고 해석함으로 큰 혼동을 가져왔다. 그렇기 때문에 풀핏 주석가의 '증거판 앞'은 '여호와 앞'이라는 것을 인정해야 한다. 그렇지 않으면 아론은 하나님과 모세가 잘못 명한 것을 그가 바로잡아 시정하여 만나가 들어 있는 금 항아리를 '증거판 앞'에 둔 것이 되고 만다. 이것은 하나님보다 모세보다 아론이 더 우선한다는 결과를 가져오는 해석이 된다.

3) 이 보물들은 블레셋에 의해 없어졌을 것이라고 하는 주장에 대한 반론이다.

블레셋에게 일시 탈취당했을 때(삼상 4:3-11) 유실된 듯하다(Hammond)는 주장은 하나님의 능력을 약화시키는 말이다. 성경에서 하나님의 열심으로 증거궤를 지키고 계시다는 사실을 명확하게 여러 곳에서 증언하고 있다.

이 사건의 진상은 사무엘상 5장에서 6장을 보면 알 수 있는 사실이다.

> 하나님은 언약궤를 탈취한 블레셋 사람들을 심판하셨다. 즉 하나님께서는 탈취한 언약궤를 다곤의 신상 앞에 두니 블레셋(아스돗)의 우상 다곤 신상을 하나님이 파괴했다(삼상 5:1-5). 그럼에도 여전히 하나님의 역사하심을 깨닫지 못하고 파괴된 우상의 머리가 놓인 문지방까지 신성시하는 아스돗 지방의 사람들을 독종으로 쳐서 망하게 하시는가 하면(6, 7절), 이후 언약궤가 옮겨지는 지방마다 역시 죽음과 독종의 재앙을 내리셨다(삼상 5:8-12).[297]

그 증거궤가 처음 있었던 아스다롯에서 가드, 그리고 다시 에그론으로 옮기었으나 재앙이 계속 따라다녔다. 사무엘상 6장에서는 블레셋 사람들이 증거궤를 벧세메스로 옮길 때 금 보물 담긴 상자(삼상 6:15)까지 함께 이스라엘 땅으로 보냈다. 이렇게 '하나님의

---

297) 제자원, 《그랜드 종합주석 5권 사무엘 상하》(서울: 성서교재간행사, 1991), p. 95.

궤'를 두려워하는 블레셋 사람들에게 하나님은 재앙을 내리심으로 그들이 죽음을 당했다. 그리고 행여 재앙으로 죽지 아니한 사람들을 하나님이 독종으로 치시매 성읍의 부르짖음이 하늘에 사무쳤더라(삼상 5:12)고 할 만큼 무서워한 '여호와의 궤'인데 그들이 어떻게 만나를 담은 금 항아리를 탈취한다는 말인가? 필자는 이해가 되지 않는다.

4) 하나님은 자신이 언약궤를 보호하시고 지키셨다.

"벧세메스 사람들이 여호와의 궤를 들여다본 고로 그들을 치사 (오만) 칠십 인을 죽이신지라 여호와께서 백성을 쳐서 크게 살육하셨으므로 백성이 애곡하였더라"(삼상 6:19)고 성서는 증언하고 있다.

하나님은 이스라엘 사람들도 여호와의 증거궤를 들여다본 고로 치셨는데 더구나 블레셋 사람들은 이방 사람들로서 법궤를 열고 들여다보고 그 안의 것을 탈취해 갔는데도 그들이 무사했다는 말인가? 이스라엘에 내리시는 재앙으로 볼 때 만약 블레셋 사람들이 증거궤를 열었다면 그 자리에서 큰 벌과 재앙을 내리셨을 것이다. 뿐만 아니라 성경 내용의 정황으로는 블레셋 사람들이 증거궤를 두려워하여 근처에 얼씬도 못하고, 더구나 재앙을 만날까봐 두려워서 건드리지도 못했는데 어떻게 블레셋 사람들이 증거궤를 열고 그 안의 물건을 탈취한다는 말인가? 만약 그때 블레셋 사람들이 여호와의 증거궤를 열었다면 그 안에 무엇이 들어 있는지 판명이 되었을 것이다. 그 재앙으로 70명이나 죽은 관계로 무엇이 거기에 들어 있는지 확인되지 않았다가 솔로몬 성전 완공 후 증거궤를 옮긴 후 확인 해 본 결과 '궤 안에는 두 돌판 외에는 아무것도 없는 것'으로 판명 된 것이다.

그동안 증거궤를 취했던 블레셋 사람들이 많은 재앙을 당했고, 하나님의 증거궤를 두려워하여 블레셋 사람들이 다시 이스라엘로 보내는 지경에 이르렀는데, 어떻게 하나님의 재앙을 두려워하면서 블레셋 사람들이 증거궤를 열고 만나를 담은 금 항아리와 별로 유용하지도 않은 지팡이까지 취하여 가고 돌판만 남겨 놓았겠는가? 도둑이나 호기심에 의하여 열어 보았으면 모두 다 가지고 가든지 하지, 선별하여 훔쳐 갔다는 것이 이해하기 어렵다. 이것은 어불성설(語不成說)이다. 하나님은 스스로 증거궤를 지키셨고 그 누구도 증거궤를 열어 볼 수도 없었다. 왜냐하면 레위인 가운데 고핫 자손이나 제사장 가문 외에는 증거궤를 만질 수도 없는 것을 누가 열어서 그 안에 들어 있는 것들을 가져간다는 말인가? 삼상 5-6장의 이야기를 성경 그대로 믿는 사람들은 블레셋 사람들이 '여호와의 궤' 안에 들어 있는 것을 탈취해 갔다는 무리한 해석을 받아들일 수가 없다. 증거궤를 빼앗아 간 블레셋 땅 중간에서 이러한 재앙을 만나고도 증거궤의 물건을 탈취했다는 것은 상식적으로 맞지 않는 이야기다.

또 다윗 왕 때 증거궤를 운반하다가 나곤의 타작마당에서 소들이 뛰므로 제사장이나 레위인이 아닌 운반책이었던 웃사가 손을 들어 하나님의 궤를 붙들었다가 하나님이 치시니 저가 그곳 하나님의 궤 곁에서 죽었다고(삼하 6:6-7) 말할 만큼 제사장만 건드릴 수 있는 증거궤를 누가 무엇 때문에 열고 그 안의 물건을 탈취한다는 말인가?

또 앞에서 지적한 대로 벧세메스 사람들이 여호와의 궤를 들여다본 고로 그들을 치사 70인이 죽은 사건(삼상 6:19) 등은 여호와의 언약궤는 아무도 함부로 열어 볼 수 없는 것으로 우리들에게 시사해 주는 바가 크다고 할 것이다.

이렇게 엄한 하나님의 증거궤 앞에서 자의적(恣意的: 일정한 질서를 무시하고 제멋대로 하는, 또는 그런 것)으로 행동을 취하여 함부로 여호와의 증거궤를 열고 물건을 탈취한다거나 또 하나님이 이 '증거궤'에 다른 것을 넣으라는 명령도 하시지 않았는데 다른 것들을 '증거궤 안'에 넣을 수도 없는 것으로 본다. 또한 이러한 내용을 알고 있는 제사장들이라면 감히 하나님의 증거궤를 열 수도 없었을 것이다.

이상 1부에서 성경적으로 증거궤 안에는 오직 증거판만 들어 있음을 여러 측면으로 생각해 보았다. 다시 2부에서 일반적인 측면에서 증거궤 안에는 증거판인 십계의 두 돌판만 들어 있었음을 정리해 보려고 한다.

제14장
증거궤(언약궤) 안에 들어 있는 것은 무엇인가? (2부)

1부에서는 증거궤 안에 무엇이 들어 있는가에 대하여 주로 성경의 말씀을 가지고 오직 증거판 하나만 들어 있다는 열왕기상 8장 9절의 "궤 안에는 두 돌판 외에 아무것도 없으니 이것은 이스라엘 자손이 애굽 땅에서 나온 후 여호와께서 저희와 언약을 세우실 때에 모세가 호렙에서 그 안에 넣은 것이더라"와 또 히브리서 9장 4절에서 증거궤 안에는 "금향로와 사면을 금으로 싼 언약궤가 있고 그 안에 만나를 담은 금항아리와 아론의 싹 난 지팡이와 언약의 비석들이 있고"라는 두 말씀에 대하여 어느 것이 더 성서적인가에 대해 여러 학자들의 주장을 비교해 가면서 필자의 주장을 피력했다. 즉 증거궤 안에는 오직 증거판 하나만 처음부터(솔로몬 왕이 성전을 건축하고 증거궤를 지성소에 옮기어 개봉한 결과대로) 있었다고 주장을 하며 다시 일반적인 내용으로 더 확실하게 증거궤 안에는 증거판만 들어 있음을 밝히려 한다.

1. 증거궤 안에 들어 있는 세 가지 중 가장 가치 있는 것은 무엇인가?

1) 증거판(십계 두 돌판)

증거판은 하나님이 모세에게 두 번씩이나 써 주실 만큼 중요했다. 하나님은 모세가 깨뜨린 처음의 돌판과 같은 두 돌판을 다듬어 가지고 산 위로 올라오라고 명하셨다. 그리고 하나님은 모세가 깨뜨린 처음 판의 십계명을 다시 써 주시면서 그것을 궤에 넣어 보관하라고 명하셨다. 증거판이 얼마나 중요했으면 하나님이 모세가 깨뜨린 것을 다시 써주셨을까(신 10:1–5)? 증거판을 여호와의 언약궤에 다 보관해야 할 이유(신 10:5)는 무엇인가? 앞에서도 밝힌 대로 "소중히 보관하기 위함이다. 왜냐하면 그것은 자손 대대로 영구히 전수되어야 할 성격의 것이었기 때문이다."[298] 이렇게 중요한 것이기 때문에 하나님은 이것을 보관하라고 모세에게 명령하셨다. 십계명이 중요한 것은 인간을 구원하는 생명의 말씀인 하나님의 말씀을 친히 하나님이 쓰신(출 34:1; 신 10:4) 하나님의 초유의 글씨이기 때문이다. 뿐만 아니라 십계명은 구약 율법을 축약한 것이다. 그 밖의 모든 것이 어디 이만한 가치가 있을까? 이 십계의 두 돌판의 가치는 두 개의 가치 즉 만나를 담은 항아리나 아론의 싹 난 지팡이와는 결코 비교할 수 없을 만큼 큰 가치가 있다.

2) 만나를 담은 금 항아리와 아론의 싹 난 지팡이는 기적의 산물이다.

만나를 담은 금 항아리와 아론의 싹 난 지팡이는 기적의 산물이지 그 자체가 인간을 구원하는 자료가 되지는 못한다. 그러나 세속

298) BEC 벧엘 컴퓨터, 《할렐루야 9》, 신 10:5 주석.

(世俗)의 가치는 만나를 담은 금 항아리가 최고의 가치가 될 수 있는지도 모른다. 또 아론의 싹 난 지팡이도 죽은 나무 지팡이에서 움이 돋았던 나무라 대단한 가치를 가지고 있다고 인정하는지 모르겠으나 하나님께서 보신 가치는 달랐다고 본다. 증거궤 안에 들어 있다고 말하는 세 개의 가치를 동일시하고 싶지도 않은 것이 하나님의 관심이 아니었나 생각된다. 이렇게 하나님께서 보신 최고의 가치는 하나님의 말씀이 담긴 십계의 두 돌판이기 때문에 기적의 지팡이와 만나를 담은 금 항아리 두 개보다 증거궤 안에 증거판만을 보존하라고 명령하셨을 것으로 본다.

2. '여호와 앞'은 과연 어디를 말하는가?

'여호와 앞'은 어디인가를 먼저 규명해야 한다. 1부에서 기록한 것을 다시 한 번 참조하여 적으면 이렇다.

> 민수기 17장 7절에서 모세가 그 지팡이들을 "증거의 장막 안 여호와 앞에 두었더라"고 기록했다. 여기서 '여호와'란 증거궤를 가리킨다. 왜냐하면 이스라엘 백성들은 그 두 존재를 항상 동일시(同一視)하였기 때문이다(출 25:22; 삼상 5:7; 대하 5:2-7; 계 11:19). 이와 같이 '여호와 앞'은 '증거궤' 앞이다. 그렇기 때문에 출애굽기 17장 10절의 아론의 싹 난 지팡이는 증거궤 앞에다 두었다.[299]

여호와 앞은 속죄소(출 25:17)를 말하고 있다.

---

299) 제자원, 《그랜드 종합주석 3권 민수기 신명기》(서울: 성서교재간행사, 1991), p. 230.

속죄소는 장이 이 규빗 반, 광이 일 규빗 반으로 제작되었다. 1규빗(Cubit)을 약 45.6cm라고 볼 때 속죄소의 크기는 각각 가로 114cm, 세로 68.4cm 가량이다. 속죄소는 법궤를 덮고 있는 법궤 뚜껑을 가리킨다. 이 말은 '덮는다'는 뜻의 '카파르'에서 유래했는데, 이 단어는 상징적으로 '속죄하다', '용서하다'는 뜻을 지닌다. 이밖에 '카파르'란 단어 속에는 '칠하다', '제거하다'는 뜻도 있는데 이는 곧 죄를 덮어 보이지 않게 함으로써 마치 제거한 것인 양 간주하여 용서한다는 의미이다. 따라서 속죄소(贖罪所)란 인간의 죄를 덮어(용서해) 주는 장소란 뜻이다. 이런 의미에서 대부분의 영어 성경은 이를 '자비의 자리'(a mercy sea t)로 번역하고 있다. 동시에 속죄소는 그런 목적으로 하나님이 강림하시는 자리로도 언급되고 있다(출 25:22; 레 16:2; 민 7:8 9).[300)]

한편 궤를 덮는 뚜껑은 백성의 죄를 사하는 은혜의 초소인 시은소(mercy seat), 곧 속죄소를 이루는데(출 25:17, 22) 이 곳은 하나님의 임재 처소이자(레 16:2) 하나님의 통치의 핵으로 여겨졌다(출 37:1-9 개요).[301)]

"(20)그룹들은 그 날개를 높이 펴서 그 날개로 속죄소를 덮으며 그 얼굴을 서로 대하여 속죄소를 향하게 하고 (21)속죄소를 궤 위에 얹고 내가 네게 줄 증거판을 궤 속에 넣으라 (22)거기서 내가 너와 만나고 속죄소 위 곧 증거궤 위에 있는 두 그룹 사이에서 내가 이스라엘 자손을 위하여 네게 명할 모든 일을 네게 이르리라"(출 25:20-22).

"……그 속죄소는 내가 너와 만날 곳이며"(출 30:6).

---

300) BEC 벧엘 컴퓨터, 《할렐루야 9》, 출 25:17 주석.

301) 기독지혜사, 《큰 글자 라이프 성경》(서울: 기독지혜사, 1997), p. 123, 출 25:10-22 법궤의 식양 해설 참조.

바로 그 속죄소는 하나님과 만나는 장소이며 임재를 상징하는 처소이다(출 25:22).

증거궤가 어디에 놓여지느냐 하는 문제는 중요하다. 왜냐하면 그 앞이 여호와를 만나는 장소이기 때문이다. 하나님이든 사람이든 만날 때는 면전에서 만나는 것이다. 하나님은 출애굽기 25장 20-22절에서 말씀하셨다. 하나님이 말씀하실 때는 증거궤 위 속죄소의 두 그룹 사이에서 명령하신다고 기록하고 있다. 모세가 하나님을 뵙는 그 자리, 바로 거기가 하나님 앞인 것이다. 또 레위기 16장 2절에 "여호와께서 모세에게 이르시되 네 형 아론에게 이르라 성소의 장 안 법궤 위 속죄소 앞에 무시로 들어오지 말아서 사망을 면하라 내가 구름 가운데서 속죄소 위에 나타남이니라"고 말씀하셨는데 "구름 가운데서 속죄소 위에 나타남이니라"는 뜻은 "곧 법궤 위 속죄소가 하나님의 지상 거처임을 암시한다(Keil, Matthew, Lange)"[302]고 말한다.

> 민수기 17장 7절에서 "모세가 그 지팡이들을 증거의 장막 안 여호와 앞에 두었더라"고 했는데 앞에서 지적한 대로 여기서 '여호와'란 '증거궤'를 가리킨다. 왜냐하면 앞에서도 말한 것처럼 이스라엘 백성들은 그 두 존재를 항상 동일시(同一視)하였기 때문이다(출 25:22; 삼상 5:7; 대하 5:2-7; 계 11:19).[303]

히브리서 9장 4절 말씀대로 만나가 들어 있는 장소가 증거궤 속(안)이라면 그 만나는 여호와 앞에가 아니라 여호와 밑에 둔 것이

302) BEC 벧엘 컴퓨터, 《할렐루야 9》 레 16:2 주석 참고.
303) 제자원, 《그랜드 종합주석 3권 민수기 신명기》 (서울: 성서교재간행사, 1991), P. 230.

된다. 왜냐하면 모세가 하나님을 만나는 장소가 어디냐 하는 것은 출애굽기 25장 20-22절에서 '여호와 앞'이요 '증거궤' 앞이기 때문이다. 여호와와 모세가 만나는 장소가 속죄소의 위에 있는 두 그룹 사이에서 하나님이 이스라엘 백성을 위하여 명하시는 장소인 하나님이 계신 곳이고, 바로 그곳이 여호와 앞이다. 그래야 모세가 하나님의 명을 그 앞에서 들을 수 있지 않았겠는가? 모세는 바로 '여호와 앞'이요 '증거궤' 앞인 장소에서 하나님을 만났다. 그 장소가 하나님을 의인화시키면 임금이 앉는 보좌 앞이라는 것이다. 여기에 모세는 그 만나를 담은 항아리를 두어서 너희 대대로 간수하라고 명했던 것이다. 아론이 모세의 말대로 순종을 했으면 모세가 하나님을 만나는 장소가 여호와 앞이니까 모세가 하나님과 만나는 장소인 증거궤(여호와) 앞에 만나를 담은 항아리를 보관해야 맞는다는 것이다. 이래야 아론이 모세가 명한 대로 행한 것이 된다. 만약 히브리서 9장 4절대로 증거궤 안에다 보존했으면 그 장소는 여호와 앞이 아니고 여호와 밑이 된다. 이것은 잘못 간수한 것이고 모세가 지시한 대로 아론이 행한 것도 아니다. 또한 하나님 편에서도 볼 때 '왜 내가 증거판만 그 궤에다가 넣으라고 했지, 누가 만나까지 넣으라고 했나' 하고 반문하실 것 같다. 열왕기상 8장 9절대로 만나가 없다니 다행스러운 일이다.

3. 하나님은 왜 그 궤를 증거궤라고 명명하셨을까?

하나님과 이스라엘 백성 간에 체결한 계약판(契約板)인 십계명(十誡命)을 새긴 두 장의 돌판을 넣어 놓았기 때문에 '계약의 궤'라고 부르게 되었고, 또 십계명의 돌판인 '증거판'(6회)[304]이 들어 있었으므로 '율법의 궤' 또는 '법궤'(레 16:2)라고도 한다. 또 '언약궤'(렘 3:16), '하나님의 궤'(삼상 3:3, 4:11), '증거궤'(출 25:22)[305] 라고 부르는데, 하나님의 율법은 그의 증거이다. 왜냐하면 그것은 바로 그 자신의 인격과 목적과 관련된 하나님 자신의 증언(affirmation)이기 때문이다. 구약에서 증거는 기록된 말씀으로 이루어지지만 신약에서 증거의 핵심은 바로 복음의 선포이다.[306]

개역성경에서 증거궤(אֲרֹן הָעֵדֻת)라고 번역한 21개 중 1부에서도 지적한 대로 에두트(עֵדוּת) 한 단어를 증거궤라고 번역한 것이 6개이고, 단순히 궤(אֲרֹן)를 증거궤라고 번역한 것이 2개(출 35:12, 민 3:31)나 된다. 그러면 두 단어인 에두트(עֵדוּת)와 아론(אָרוֹן)이라는 단어를 합하여 증거궤(אֲרֹן הָעֵדֻת)라고 합성어로 사용한 경우는 13개이다. 13개의 증거궤 중 하나님이 증거궤라고 호칭하신 것은 히브리 구약성경 원전에는 10회[307]이고, 나머지 3회[308]는 개역성경 번역자가 증거궤라고 호칭을 했다. 하나님은 스스로 법궤나 언약궤라는 용어를 거의 사용하지 않고 증거궤라고 호칭하셨다. 또한 언약궤라고 호칭한 사용 빈도수를 조사해 보면 다음과 같다. 언약궤라는 단어는 구약성경에서 38회[309] 사용되었다. 이 언약궤도 하나님이 호칭을 한 것보다는 거의 선지자나 성경기록자

---

304) הָעֵדֻת(하에두트)를 '증거판'으로 6회: 출 16:34, 25:16, 21, 31:18, 32:15, 40:20.

305) 개역성경 '증거궤' 21회: 출 25:22, 26:33, 34, 27:21, 30:6, 26, 36, 31:7, 35:12, 39:35, 40:3, 5, 21; 레 16:13, 24:3; 민 3:31, 4:5, 7:89, 17:4, 10; 수 4:16

306) 이병철, 《바이블 렉스 8.0》 (서울: 브니엘성경연구소 2009) 출 16:34 스트롱 번호: 5715 에두트

307) 출 25:22, 26:33, 34, 30:6, 26, 31:7, 40:3, 5; 민 4:5; 수 4:16

308) 출 39:35, 40:21; 민 7:89

309) 민 10:33, 14:44; 신 10:8, 31:9, 25, 26; 수 3:3, 6, 8, 11, 14, 17, 4:9, 18, 6:4, 8; 삿 20:27; 삼상 4:3, 4, 5; 삼하 15:24; 왕상 3:15, 6:19, 8:1, 6; 대상 15:25, 26, 28, 29, 16:6, 37, 17:1, 22:19, 28:2, 18; 대하 5:2, 7; 렘 3:16

가 언약궤라고 불렀다. 예외적으로 2회[310]는 하나님도 언약궤라는 용어를 사용하셨다. 이상과 같이 하나님은 거의 증거궤라고 호칭하시고 언약궤라는 용어는 거의 사용하지 않으셨다. 그래서 증거궤로 하나님이 호칭을 하셨기 때문에 증거궤로 부른다.

그러면 하나님은 왜 증거궤라고 부르셨을까? 앞에서 말한 대로 증거판이 들어 있기 때문이다. 이렇게 십계명의 돌판이 들어 있다고 해서 걸맞은 이름인 '증거궤'라는 이름을 갖고 있다. 용기 안의 내용물인 실체가 무엇이냐에 따라 이름이 주어지는 것이다.

그렇다. 대개 용기 안에 담긴 실체가 무엇이냐에 따라 용기의 이름이 작명된다. 예를 들면 빈병에다가 물을 넣으면 물병이고, 술을 넣으면 술병이고, 맥주를 넣으면 맥주병이고, 콜라를 넣으면 콜라병이다. 이 '증거궤'는 아무것도 안 들은 비어 있는 상태였을 때는 그냥 '궤'(신 1:2-5)라고 불렸고, 하나님이 '나무궤'(신 10:1)를 만들라 말씀하심으로 조각목으로 궤를 만드니 '나무궤'라고 불렀는데 '나무궤'는 단지 1회 사용되었다. 앞서 말한 것처럼 이때까지는 아직 궤가 비어 있기 때문에 '나무궤' 또는 '궤'라고 불린 것이다. 여기에 무엇을 넣느냐에 따라서 그 용기의 이름이 정해지는데 십계명의 두 돌판인 증거판이 들어가 있으므로 이에 걸맞은 이름인 '법궤(1회), 증거궤(21회), 언약궤(44회)'라고 하나님의 말씀과 관계된 이름으로 불린 것이다. 다시 부연하면 이렇다.

하나님이 증거궤로 부르신 이유는 그 궤 안에 오직 증거판이 들어 있기 때문에 '증거궤'라고 부르신 것인데, 그 밖에 다른 말로 '언약궤'로도 부르는 것은 하나님의 언약의 말씀인 증거판이 들어 있기 때문에 그 증거판과 유사한 말로 '언약궤'라고 표현되는 것이

310) 수 3:8; 렘 3:16

다. 또 법궤(레 16:2)는 하나님의 말씀의 법인 십계명이 들어 있기 때문이다. '하나님의 궤'(삼상 3:3, 4:11)는 법궤의 주인이 곧 능력 있으신 엘로힘(하나님)이기 때문이다. 그리고 '여호와의 궤'(수 3:13)라고 불린 것은 '여호와의 궤' 위는 속죄소로서 하나님의 임재를 상징하는 장소이기 때문에[311] '여호와의 궤'라고 불린 것이다. 증거판이 들어 있는 증거궤에서 만약에 만나가 들어 있는 것이 중요했으면 혹 하나님도 그 궤를 '만나궤'라고 호칭하셨을 것이다. 또 지팡이가 중요했으면 '지팡이궤'라고 호칭했을지도 모른다. 그러나 성경 어느 곳에서도 하나님은 '증거궤'를 별도로 '만나궤' 또는 '지팡이궤'라고 부르신 적이 없다. 만약에 증거궤 안에 세 종류가 들어 있는데 한 종류의 이름만 계속 부른다고 하는 것은 불공평한 일이다. 세 가지가 다 들어 있는 것이 사실이라면 '만나궤', '지팡이궤'라고 부른다고 해도 이의를 제기하기 어렵지 않겠나 생각된다. 그러나 이렇게 부르지 않는 이유는 그 물건(지팡이, 만나) 자체가 그 궤 안에 없었기 때문이다.

4. 증거궤의 사이즈(size)와 싹 난 지팡이의 길이에 대한 문제

증거궤가 과연 지팡이를 넣을 수 있는 높이와 길이인가를 조사해 보았다. 성경에서 증거궤를 만든 것은 이렇다(출 25:10, 37:1). "브살렐이 조각목으로 궤를 만들었으니 길이가 두 규빗 반, 너비가 한 규빗 반, 높이가 한 규빗 반이며"라고 했다. "그렇다면 이 치수를

---

311) "거기서 내가 너와 만나고 속죄소 위 곧 증거궤 위에 있는 두 그룹 사이에서 내가 이스라엘 자손을 위하여 네게 명할 모든 일을 네게 이르리라"(출 25:22).

미터법으로 환산하면 1규빗은 약 45cm이므로 따라서 증거궤는 가로 112.5cm, 세로 67.5cm, 높이 67.5cm의 직육면체다."[312)]

그러면 모세 당시 열두 지파의 지팡이의 길이가 몇 센티미터나 될까? 하는 의문이다. 이 지팡이가 광야길을 걸을 때 도보에 도움이 되기 위해서 준비를 했는지는 정확히 알 수 없지만 확실한 것은 등산용 지팡이인 단장은 아닐 것이다. 현재 사용하고 있는 지팡이 부분을 인터넷을 통하여 그 길이를 알아보았다. 지팡이 "길이는 130cm 정도 되는 것을 사용합니다(체형에 따라서 적당히 조절). 보통 3단형이 많이 나와 있습니다."[313)] "성서시대 생활과 풍습9 목축 - 지팡이"라는 인터넷 블로그에서 "목자는 지팡이도 가지고 있었다. 때로 무기로 사용되기도 하였지만, 그것은 무기가 아니었다. 지팡이 길이는 약 2미터 정도였고, 한쪽 끝이 둥글게 구부러져 있기도 했다."[314)] 지팡이가 긴 것은 2미터가 된다는 것이다. "단장은 1200mm 이내의 길이로 하고 행장은 1200mm 이상 1500mm 이내로 하면 된다."[315)] 진산 메디칼 2단 지팡이/2단 T형 손잡이/10단 높이 조절/재질:알루미늄/99cm 출시일:2008.07[316)]로 조사되었다.

또 필자가 조사한 바로는 단장이 85-120센티미터였고 보편적으로 행장으로 사용하는 지팡이라면 120센티미터 이상이었다. 그렇

---

312) 제자원, 《그랜드 종합주석 2권 출애굽기 레위기》(서울: 성서교재간행사, 1991), p. 333, 출 25:10 주석.

313) http://k.daum.net/qna/view.html?category_id=QJK004&qid=2gbua&q=%C1%F6%C6%CE%C0%CC%C0%C7+%B1%E6%C0%CC%B4%C2&srchid=NKS2gbua 2010.02.02

314) http://blog.naver.com/world700/90069288505 2010.02.02

315) http://cafe.daum.net/jweps/XriO/209?docid=1FkPr|XriO|209|20090218204825&q=%C1%F6%C6%CE%C0%CC%C0%C7%20%B1%E6%C0%CC%B4%C2&srchid=CCB1FkPr|XriO|209|20090218204825 2010.02.02

316) http://search.auction.co.kr/product/productdetail.aspx?catalog=694255 2010.02.02

다면 광야길을 행군하는 두령들의 지팡이의 길이는 아마 120센티미터 이상이 되었으리라 보인다. 증거궤는 가로 112.5센티미터, 세로 67.5센티미터, 높이 67.5센티미터이기 때문에 어떤 단장도 넣을 수가 없으며, 또한 지팡이를 증거궤 안에 뉘어서 둔다고 해도 지팡이의 길이가 길어서 들어갈 수가 없다. 다만 지팡이를 길이로도 짧기 때문에 대각선으로 뉘어서 두어야 한다. 증거궤의 대각선의 길이는 약 132센티미터정도 된다.

그런데 열두 개의 지팡이를 처음에 대각선으로 두어서 싹이 나게 했다는 것도 부자연스럽다. 그리고 지팡이를 둔다는 개념은 지팡이를 뉘어 두는 것이 아니라 세워 두는 것이기 때문에 뉘어 둔다는 것은 무리한 해석이요, 또 지팡이를 세워 둘 수 없어 뉘어 둔다고 해도 역시 증거궤의 길이(가로)가 짧다. 지팡이를 뉘어 두었으면 지팡이를 대각선으로 두어야 한다. 뿐만 아니라 싹 난 지팡이를 생각해 보면 어떻게 뉘어서 싹이 났을까? 싹이 수직으로 났을까, 아니면 약간 비스듬히 났을까, 또 열매는 어떻게 달려 있었을까를 생각해 본다. 이러한 것을 추론해 볼 때 지팡이에서 싹이 날 만한 장소로 그 좁은 증거궤 안을 하나님이 선택하셨을까 하는 의문이 든다. 또 더러운 지팡이들이 증거궤 안으로 들어갔다 나왔다 하는 것도 좀처럼 받아들이기 어려운데, 여기에다가 지팡이를 보관해서 지팡이에서 싹이 났다는 것은 있을 수 없는 일이다. 성경 그대로 증거궤 앞으로 도로 가져다가 거기 간직하라는 말과 같이 증거궤 앞에다 두었지 증거판 앞이 아니다. 이러한 사실을 조사해 보면 아론의 싹 난 지팡이를 증거궤 안에 보관했다는 것은 이해가 되지 않는다.

그리고 이튿날 모세가 증거의 장막에 들어가 본즉 레위 집을 위하여 낸 아론의 지팡이에 움이 돋고 순이 나고 꽃이 피어서 살구 열매가 열렸다(민 17:8)고 말씀하고 있는데 "본즉"이라는 용어는 הִנֵּה(힌네) '보라, 자'인데 람딘(T. O. Lambdin)에 의하면 힌네(hin neh)는 존재를 서술하는 말로 사용된다. "이 단어는 상황의 급박성, 즉 '바로 지금 여기'를 강조한다는 점에서 예쉬(yesh)와 다르다"[317] 라고 말하고 있다.

이 말은 모세가 증거 장막 안에 들어갔을 때 여호와 앞에 둔(민 17:7) 지팡이를 '바로 지금 여기서' 보았다는 것이다. 즉 증거 장막 안에 들어가자마자 아론의 싹 난 지팡이를 보았다는 말이다. 이 말은 직접 현장에서 다른 무엇을 거치지 않고 변화된 지팡이를 '바로 지금 여기서' 보았다는 뜻이다. 그러나 만약에 증거궤 안에 들어가 있는 지팡이라면 이러한 순서가 맞지 않는다. '모세는 증거 장막 안에 들어가 증거궤의 속죄소를 열고 본즉……'이라고 기록해야 한다. 그렇게 기록하면 '본즉'이라는 הִנֵּה(힌네)의 의미는 살아나지 못한다.

5. 전치사 '속'(אֶל, 엘, 출 40:20)과 '앞'(לִפְנֵי 리페네, 민 17:7) 사용 문제에 대해서

십계판을 증거궤에 넣을 때만 '속'(אֶל)이라는 단어를 사용했고, 지팡이(민 17:10)와 만나를 담은 항아리(출 16:34)를 넣을 때는 '앞에'(לִפְנֵי 리페네)라는 단어를 사용했다. 즉 아론의 싹 난 지팡이와 만나를 담은 금 항아리는 증거궤 속에 넣으라는 지시가 없고

317) 이병철, 《바이블 렉스 8.0》(서울: 브니엘성경연구소, 2009), 민 17:8, 스트롱 번호: 2009 힌네 참조.

앞에다가 놓으라고 했다. 왜 굳이 속에 넣을 것을 '앞'이라는 단어를 사용했을까? 그 이유는 그 증거궤 안에 들어가서는 안 되기 때문에 '앞에'라는 단어를 사용했다고 본다. 그렇기 때문에 만나와 지팡이는 증거궤 안에 보관되어 있지 않다고 본다.

6. 동사 ① 넣다(나탄, נָתַן, 5414 출 25:21) ② 두다 (야나흐, יָנַח, 3240, 출 16:34) ③ 간수하라(미쉬메레트, 4931 מִשְׁמֶרֶת) 사용 문제(* 여기서 나오는 숫자는 스트롱 번호 임)

1) 넣다 נָתַן(나탄, 5414, 출 25:21) 넣으라

> "속죄소를 궤 위에 얹고 내가 네게 줄 증거판을 궤 속에 넣으라"

> 주다, 두다, 놓다, 세우다, 만들다. 나탄(동사)은 기본어근이며, '주다(give), 두다, 놓다, 세우다, 만들다(put, set)'를 의미한다. 구약성경에서 이 단어는 약 2,000회 나오며, 칼, 니팔, 호팔형으로 사용되었다.[318)]

우리나라 국어사전은 "한정된 공간 속으로 들게 하다. 가방에 책을 넣다. 편지를 봉투에 넣다"로 되어 있다. 즉 넣는 것은 공간에다 넣는 의미가 강하다. 증거판은 증거궤라는 공간 안에 넣으라는 것이다.

2) 두다 יָנַח (야나흐, 3240, 출 16:34)

---

318) 이병철, 《바이블 렉스 8.0》(서울: 브니엘성경연구소, 2009), 출 25:21, 원전 스트롱 번호 5414 나탄.

“아론이 여호와께서 모세에게 명령하신 대로 그것을 증거판 앞에 두어 간수하게 하였고”

‘쉬다, 휴식하다, 정착하다’라는 야나흐(동사)는 누아흐(נוּחַ, 쉬다, 휴식하다)와 동일하며, ‘쉬다, 휴식하다, 정착하다’를 의미한다. 이 어근은 움직임이 없는 것뿐만 아니라 특별한 장소(실재하는 장소나 추상적인 장소)에 정착되는 것, 기본적으로 누아흐(נוּחַ)는 공간적인 행동을 하지 않음 및 안전함과 관련된다.[319]

우리나라 국어사전에서 “일정한 곳에 놓다, 어떤 상황이나 상태 속에 놓다, 가져가거나 데려가지 않고 남기거나 버리다, 두다”라는 표현은 일정한 장소를 말한다고 보여진다. 만나나 지팡이는 공간이 아니라 장소에 잘 보관하라는 것이다.

3) 간수하라(מִשְׁמֶרֶת, 미쉬메레트, 4931, לְמִשְׁמֶרֶת, 전치사-명사 여성 단수, 거기 간직하여)(출 16:32; 민 17:10)라는 말은 만나와 싹 난 지팡이를 보관할 때만 사용된 단어이다.

“모세가 가로되 여호와께서 이같이 명하시기를 이것을 오멜에 채워서 너희 대대 후손을 위하여 간수하라 이는 내가 너희를 애굽 땅에서 인도하여 낼 때에 광야에서 너희에게 먹인 양식을 그들에게 보이기 위함이니라 하셨다 하고”(출 16:32).

“여호와께서 또 모세에게 이르시되 아론의 지팡이는 증거궤 앞으로 도로 가져다가 거기 간직하여 패역한 자에 대한 표징이 되게 하여 그들로 내게 대한 원망을 그치고 죽지 않게 할지니라”(민 17:10).

---

319) 이병철, 《바이블 렉스 8.0》 (서울: 브니엘성경연구소, 2009), 출 16:34, 원전 스트롱 번호 3240 야나흐.

증거판을 궤 속에 넣을 때는 보존하라는 말이 없고 '넣으라'(נָתַן)(나탄 출 25:21)라고만 했다. 이렇게 두 개의 보관 방식이 다르게 표현된 것은 우선 증거궤 속에 넣는 것 자체가 간직하는 일이기 때문에 구태여 '간수'하라는 말이 필요치 않았을 것이다. 그러나 만나를 담은 항아리나 싹 난 지팡이를 증거궤 앞에 두면 이것은 간수하라고 해야 맞는 표현이라고 본다. "(b)이 단어는 유월절 어린 양(출 12:6), 만나(출 16:32-34), 붉은 암송아지의 재(민 19:9) 등과 같이 간직하거나 보존하는 것을 묘사한다."[320] 우리나라 국어사전의 '간수하다'라는 말은 물건 따위를 잘 거두어 보호하거나 보관함을 말하고 있다.

7. 여호와 앞에 설 수(둘 수) 있는 것 셋이 있다

1) 모세는 여호와 앞에 직접 만나는 사람이다.

"(21)속죄소를 궤 위에 얹고 내가 네게 줄 증거판을 궤 속에 넣으라 (22)거기서 내가 너와 만나고 속죄소 위 곧 증거궤 위에 있는 두 그룹 사이에서 내가 이스라엘 자손을 위하여 네게 명할 모든 일을 네게 이르리라"(출 25:21-22).

"여호와께서 모세에게 이르시되 네 형 아론에게 이르라 성소의 장 안 법궤[321] 위 속죄소 앞에 무시로 들어오지 말아서 사망을 면하라 내가 구름 가운데서 속죄소 위에 나타남이니

---

320) 이병철, 《바이블 렉스 8.0》(서울: 브니엘성경연구소, 2009), 출 16:32, 원전 스트롱 번호 4931 미쉬메레트.

321) 여호와의 법궤가 안치된 성소의 장 안, 즉 지성소는 하나님께서 임재해 계시는 장소로 일반인은 물론 제사장들의 출입도 금지되었으며 오직 1년에 한 번, 속죄일(유대 종교력 7월 10일)에만 대제사장이 희생 짐승의 피를 가지고 들어가서 속죄제를 드릴 수 있었다.

라"(레 16:2).

"……그 속죄소는 내가 너와 만날 곳이며"(출 30:6).

2) 만나는 증거궤(여호와) 앞에 두었다.

"(33)또 아론에게 이르되 항아리를 가져다가 그 속에 만나 한 오멜을 담아 여호와 앞에 두어 너희 대대로 간수하라 (34) 아론이 여호와께서 모세에게 명하신 대로 그것을 증거판 앞에 두어 간수하게 하였고"(출 16:33-34).

3) 아론의 싹 난 지팡이는 여호와 앞(증거궤 앞)에 두라.

"(10)여호와께서 또 모세에게 이르시되 아론의 지팡이는 증거궤 앞으로 도로 가져다가 거기 간직하여 패역한 자에 대한 표징이 되게 하여 그들로 내게 대한 원망을 그치고 죽지 않게 할지니라(11) 모세가 곧 그같이 하되 여호와께서 자기에게 명하신 대로 하였더라"(민 17:10-11).

8. 여호와의 증거궤 속과 앞과 옆에 둔 것

이것을 다시 알기 쉽게 정리해 보면 이렇다. 성경에는 여호와의 증거궤 안에 들어가는 것 한 가지, 그 증거궤 앞에 둘 것 두 가지, 그리고 그 곁에 둘 것 한 가지가 있다.

1) 증거궤 속에 둔 것 - 오직 십계의 두 돌판

"(1)그때에 여호와께서 내게 이르시기를 너는 처음과 같은 두 돌판을 다듬어 가지고 산에 올라 내게로 나아오고 또 나무

궤 하나를 만들라 (2)네가 깨뜨린 처음 판에 쓴 말을 내가 그 판에 쓰리니 너는 그것을 그 궤에 넣으라 하시기로 (3)내가 싯딤나무로 궤를 만들고 처음 것과 같은 돌판 둘을 다듬어 손에 들고 산에 오르매 (4)여호와께서 그 총회 날에 산 위 불 가운데서 너희에게 이르신 십계명을 처음과 같이 그 판에 쓰시고 그것을 내게 주시기로 (5)내가 돌이켜 산에서 내려와서 여호와께서 내게 명하신 대로 그 판을 내가 만든 궤에 넣었더니 지금까지 있느니라"(신 10:1-5).

"궤 안에는 두 돌판 외에 아무것도 없으니 이것은 이스라엘 자손이 애굽 땅에서 나온 후 여호와께서 저희와 언약을 세우실 때에 모세가 호렙에서 그 안에 넣은 것이더라"(왕상 8:9).

2) 증거궤 앞에 둔 것

(1) 아론의 싹 난 지팡이(민 17:10)

"여호와께서 또 모세에게 이르시되 아론의 지팡이는 증거궤 앞으로 도로 가져다가 거기 간직하여 패역한 자에 대한 표징이 되게 하여 그들로 내게 대한 원망을 그치고 죽지 않게 할지니라"(민 17:10).

(2) 만나(출 16:34)

"(33)또 아론에게 이르되 항아리를 가져다가 그 속에 만나 한 오멜을 담아 여호와 앞에 두어 너희 대대로 간수하라 (34)아론이 여호와께서 모세에게 명하신 대로 그것을 증거판 앞에 두어 간수하게 하였고"(출 16:33-34).

3) 언약궤 곁에(6654, 신 31:26)(전치사-옆, 측면, 곁 side)둔 것

증거궤 곁에 둔 율법책(신 31:26)은 십계명의 해설서로서 '제2의 법궤'라고 부르며 "이 율법책을 가져다가 너희 하나님 여호와의 언약궤 곁에 두어 너희에게 증거가 되게 하라"(신 31:26)고 말씀하셨으나 등사(복사본)(신 17:18)는 왕의 옆에 둘 것이라고 말씀하셨다.

> "(18)그가 왕위에 오르거든 레위 사람 제사장 앞에 보관한 이 율법서를 등사하여 (19)평생에 자기 옆에 두고 읽어서 그 하나님 여호와 경외하기를 배우며 이 율법의 모든 말과 이 규례를 지켜 행할 것이라"(신 17:18-19).

9. 증거궤 안에 십계의 두 돌판만을 넣어 보관한 이유는 무엇인가?

하나님께서 증거궤 안에 십계의 두 돌판만을 넣어 보관하라고 하신 이유가 무엇일까?

1) 십계의 두 돌판은 "성소에서 가장 중요한 부분이요"[322] 또한 가장 중요한 가치가 있는 것이다.

이 두 돌판은 하나님이 직접 기록하신 하나님의 말씀이요, 하나님의 말씀의 권위인 것이다. 또한 십계명의 하나님의 말씀은 인간에게는 구원의 말씀이기 때문에 가장 중요한 것이다. 이에 비해서 아론의 싹 난 지팡이나 만나는 하나님의 기적의 산물이다. 하나님이 직접 기록하신 십계의 두 돌판(출 34:28)과는 비교될 수 없는 가치이다. 하나님의 기적은 중요하지만 그 기적 자체는 인간들에게 하나님이 하나님 되심을 보여 줌으로써 믿음을 갖게 하기 위한

322) 제자원, 《그랜드 종합주석 2권 출애굽기》(서울: 성서교재간행사, 1991), p. 333, 출 25:10 주석.

방편이다.

하나님은 하나님이 친히 친수로 쓰신 인간의 구원을 위한 생명의 말씀인 십계명의 두 돌판에 최고 가치를 두셨다. 하나님은 심지어 증거궤 곁에는 율법책인 십계명의 해설서를 두도록 명령하셨고(신 31:26), "이 율법책을 상자에 따로 만들어 보관했기에 이 궤를 '제2의 법궤'로 지칭하기도 한다."[323] 또 하나님은 율법책의 등사(복사본)(신 17:18)를 왕의 앞에 두도록 명령하셨다. 이것은 하나님이 그만큼 말씀을 중요시하셨기 때문이다. 이렇게 중요한 하나님의 말씀의 기록인 모세의 오경인 율법서도 그 후에 증거궤 안에 들어가지 못했는데 하물며 기적의 산물이 증거궤 안에 들어갔다는 것은 이해할 수 없는 일이다.

2) 예수도 율법과 십계명의 내용을 한마디로 축약해서 사랑을 말씀하시고, 이것을 강조하셨다.

그리고 예수 자신이 그 사랑의 삶을 실천하셨다. 그 사랑의 결정체가 십자가이다. 구약의 십계명은 사랑에 대한 이론이요, 신약의 예수 그리스도는 그 사랑에 대한 실천으로 십자가에서 죽으셨다. 구약에서는 십계명이 중요하고, 신약에서는 예수의 삶의 결정체인 십자가가 중요하기에 하나님은 증거궤 안에 오직 십계 두 돌판만을 넣으라 하신 것이다.

3) 그러므로 필자는 히브리서 기자가(히브리서 9장 4절의 내용) 탐구 없이 '유대 전승을 받아들였다'[324]고 생각한다.

---

323) BEC 벧엘 컴퓨터, 《할렐루야 9》, 신 31:26 주석.
324) Ibid. 왕상 8:9 주석.

히브리서 기자가 이러한 하나님의 깊은 뜻을 이해하지 못하고 유대인의 전승 그대로 인용하여 이 내용을 삽입한 것은 퍽 아쉬움을 주고 있으나, "금향로와 사면을 금으로 싼 언약궤가 있고 그 안에 만나를 담은 금 항아리와 아론의 싹 난 지팡이와 언약의 비석들이 있고"(히 9:4)라는 기록에 관한 그의 배경을 이렇게 추정해 본다. 가나안 땅을 정복하고 또한 이방 민족과의 수많은 전쟁 중에 증거궤를 이동하면서 만나를 담은 항아리와 지팡이를 함께 혹 증거궤 안에 넣어서 이동했을 것이라는 가능성도 열어 놓는다.

10. 유대인들은 종교심이 강하고 기적을 좋아한다

1) 모세가 잠깐 산으로 기도하러 간 40일 동안도 참지 못하고 금송아지 우상을 만들어 섬길 만큼 유대인들은 종교심이 강하다.

> "(1)백성이 모세가 산에서 내려옴이 더딤을 보고 모여 아론에게 이르러 가로되 일어나라 우리를 인도할 신을 우리를 위하여 만들라 이 모세 곧 우리를 애굽 땅에서 인도하여 낸 사람은 어찌 되었는지 알지 못함이니라 (2)아론이 그들에게 이르되 너희 아내와 자녀의 귀의 금고리를 빼어 내게로 가져오라 (3)모든 백성이 그 귀에서 금고리를 빼어 아론에게로 가져오매 (4)아론이 그들의 손에서 그 고리를 받아 부어서 각도로 새겨 송아지 형상을 만드니 그들이 말하되 이스라엘아 이는 너희를 애굽 땅에서 인도하여 낸 너희 신이로다 하는지라 (5)아론이 보고 그 앞에 단을 쌓고 이에 공포하여 가로되 내일은 여호와의 절일이니라 하니 (6)이튿날에 그들이 일찍이 일어나 번제를 드리며 화목제를 드리고 앉아서 먹고 마시며 일어나서 뛰놀더라"(출 32:1-6).

2) 예수 당시에도 유대인들은 표적을 좋아했다.

"이에 유대인들이 대답하여 예수께 말하기를 네가 이런 일을 행하니 무슨 표적을 우리에게 보이겠느뇨"(요 2:18).

유대인들은 예수님을 불신앙하는 태도로 이렇게 표적을 구하였다. 인간은 이렇게 그 불신앙 때문에 하나님의 나타내신 권위를 알아볼 줄 모르고 자기들의 호기심을 만족시킬 기이한 일을 요구하는 법이다. 이렇게 인간의 호기심을 만족시키기 위한 요구에 대하여는, 하나님께서 응답하시지 않는 법이다.[325)]

3) 바울도 유대인들이 표적을 좋아하는 것을 인정하고 있다.

"유대인은 표적을 구하고 헬라인은 지혜를 찾으나"(고전 1:22).

'표적'은 구체적으로 눈으로 볼 수 있는 기이한 현상을 의미하는데 유대인들은 종종 예수께 찾아와 표적을 구하였다(마 12:38, 16:1; 막 8:11, 12; 요 6:30). 그들은 항상 증거를 요구했고 현상적인 것에 관심이 있어서 하나님을 생각할 때에도 역사 속에 표적과 큰 능력과 기사로 자신을 나타내시는 분으로 여겼다. 그러므로 십자가에 못 박혀 저주 아래 있게 된 예수가 그리스도라는 사실을 받아들일 수 없었다.[326)]

4) 하나님의 기적의 산물인 광야에서 만들어진 놋뱀을 숭배했다.

모세 때 만들어진 놋뱀에 관한 이야기는 민수기 21장 4-9절에 기록되어 있는데 그 후에 이 놋뱀을 히스기야 왕 때까지 유대인이

---

325) BEC 벧엘 컴퓨터, 《할렐루야 9》 요 2:18의 주석
326) Ibid. 고전 1:22의 주석

실제로 숭배했다.

> "여러 산당을 제하며 주상을 깨뜨리며 아세라 목상을 찍으며 모세가 만들었던 놋뱀을 이스라엘 자손이 이때까지 향하여 분향하므로 그것을 부수고 느후스단이라 일컬었더라"(왕하 18:4).

히스기야 왕 때까지 모세 때 사용된 놋뱀을 숭배하여 분향할 정도로 히브리인들은 기적의 산물을 숭상했다. 이러한 히브리 사람들의 종교성 때문에 만약에 아론의 싹 난 지팡이가 존재했다면 그들은 그것을 우상으로 섬겼을 것이다. 뿐만 아니라 만나 역시 그렇게 했을 것이다. 또 광야에서 만들어진 놋뱀도 잘 보존하여 섬겼던 그들이 아론의 싹 난 지팡이와 만나가 든 항아리를 분실했다는 것이 이해가 되지 않는다.

11. 증거궤 안의 세 가지 물건이 놓여진 순서의 배열은?

증거궤 안에 이 세 가지가 어떻게 보관되어 있는가를 형태적으로 고찰해 보면 히브리서 9장 4절에 "금향로와 사면을 금으로 싼 언약궤가 있고 그 안에 만나를 담은 금 항아리와 아론의 싹 난 지팡이와 언약의 비석들이 있고"라고 했다. 히브리서 기자의 말과 같이 이 세 가지가 증거궤 안에 다 들어가 있으면 이러한 추정을 해볼 수 있다. 증거판 앞에 만나를 담은 금 항아리와 아론의 싹 난 지팡이와 언약의 돌판 두 개가 다 놓여진 것이다. 그렇다면 과연 이들이 놓여진 형태와 순서는 증거판이 먼저 들어가 있고 그 앞에 만나를 담은 금 항아리와 또 하나 아론의 싹 난 지팡이가 나란히 증거판 앞에 두 개가 있다는 것이다.

그렇다면 질문이 생긴다. 먼저 하나님이 이 셋 중 가장 중요하게 보시는 것은 무엇이며, 두 번째는 하나님이 보편적으로 물건을 선택하여 제일 앞에다 놓으시는 순서는 무엇인가 하는 것을 성경으로 답해야 한다.

먼저 하나님이 이 셋 중 가장 중요하다고 보시는 것은 앞에서 밝힌 대로 증거판이요, 십계판이다. 그렇기 때문에 명칭도 '증거판'이 들어 있어서 '증거궤'라고 부르고 있다. 뿐만 아니라 증거판은 가장 중요한 하나님의 말씀을 하나님이 친히 손으로 직접 쓰신 것이다.

둘째로 하나님이 물건을 선택하여 제일 앞에다 놓는 순서는 이렇다. 성경에서 물건을 배열할 때 가장 중요하고 고귀한 것을 반드시 앞에다 놓았다. 예를 들면 은금(銀金)이라고 할 때는 그 당시 은값이 금값보다 더 귀하고 값이 비쌀 때이므로 금은이라 하지 않고 은금으로 표현했다. 지금 금은(金銀)이라고 표현하는 것은 금이 더 귀하고 값도 더 비싸기 때문이다. 또 이종(異種)의 동물들의 수를 표현할 때도 항상 큰 짐승을 먼저 표기했다. 가장 값지기 때문이다.

그렇다면 증거궤 안에 들어 있는 세 가지 중에서 제일 앞에 놓여 있는 것은 증거판이고 증거판 뒤에 나머지 만나를 담은 금 항아리와 아론의 싹 난 지팡이를 두어야 한다. 이 만나를 담은 금 항아리와 싹 난 지팡이는 증거판 앞이 아니라 증거판 뒤에 있어야 된다.

그런데 이 구약의 물건 배열법에 어긋난 것이 증거궤 안의 물건들이다. 과연 히브리서 9장 4절 식으로 "금향로와 사면을 금으로 싼 언약궤가 있고 그 안에 만나를 담은 금 항아리와 아론의 싹 난 지팡이와 언약의 비석들이 있고"라는 말대로 보존되어 있었을까 하는 의문이다. 만약에 히브리서 기자의 증언대로 증거궤 안에 세 가지 물건이 들어 있다면 히브리서 기자가 증언하는 그 배열의 순서인 "만나를 담은 금 항아리 아론의 싹 난 지팡이와 언약의 비석들이"(히 9:4)있다는 것은 맞는 순서이다.

왜냐하면 그들이 주장하는 대로 증거판 앞에 제일 먼저 만나를 담은 금 항아리(출 16:33-34)를 증거판 앞에다 두었기 때문이다. 그리고 두 번째는 아론의 싹 난 지팡이(민 17:7)를 그 증거판 앞에 두었기 때문에 히브리서 기자가 히브리서 9장 4절에서 증언하는 순서대로 증거궤 안에 진열되었다고 보아야 한다.

그러나 구약에서 여러 물건을 순열(順列)할 때 맨 앞의 순서는 많은 것, 큰 것, 선하고, 좋은 것, 옳은 것, 주체가 되는 것 등이 소개되고 다음으로 열등한 순서로 물건을 순열한다. 그러나 히브리서 기자의 물건 순서 순열은 구약에서 사용하지 않는 소개 방법이다. 히브리서 기자의 말대로라면 만나를 담은 금 항아리가 가장 가치가 있고, 그 다음에 아론의 싹 난 지팡이요, 맨 끝에 가치가 가장 떨어지는 것이 증거판이 되는 결과를 가져온다. 이것은 잘못된 물건 소개 방법이다. 십계명이 기록되어 있는 증거판이 가장 가치 있고 귀하다는 것은 불변하다. 그렇다면 증거판이 맨 앞에 있어야 하는데, 히브리서 9장 4절을 보면 맨 앞에 만나가 든 항아리, 다음에 지팡이, 그리고 제일 뒤에 증거판이 있다. 이런 물건 순열방법은 구약성경에서 좀처럼 찾아볼 수 없다. 만약에 증거궤 안에 세 가지를 다 넣어야 하면 맨 앞에는 증거판이 있어야 하고, 그 다음에 나머지를 배열해야 한다. 그 예를 찾으면 다음과 같다.

> "다윗이 마루턱을 조금 지나니 므비보셋의 사환 시바가 안장 지운 두 나귀에 떡 이백과 건포도 일백 송이와 여름 실과 일백과 포도주 한 가죽 부대를 싣고 다윗을 맞는지라"(삼하 16:1).
>
> "말이 칠백삼십육이요 노새가 이백사십오요"(스 2:66).

"유다 왕 히스기야가 라기스로 보내어 앗수르 왕에게 이르되 내가 범죄하였나이다 나를 떠나 돌아가소서 왕이 내게 지우시는 것을 내가 당하리이다 하였더니 앗수르 왕이 곧 은 삼백 달란트와 금 삼십 달란트를 정하여 유다 왕 히스기야로 내게 한지라"(왕하 18:14).

12. 증거판 앞에다 다른 것을 놓는 것은 증거판을 폄하(貶下) 시키는 것이다

하나님은 모세에게 증거판을 궤 속에 간직하라고 명하셨다(출 25:21). 그리고 모세는 하나님의 명대로 여기에 간직했다(신 10:5; 출 40:20). 감히 지존한 하나님의 생명의 말씀이 들어 있는 증거궤 안과 또 증거궤 위에는 속죄소가 있어 하나님이 직접 임하시고 말씀하시는 거룩한 장소인데 그 밑에 만나를 담은 항아리와 싹 난 지팡이를 넣을 수는 없는 것이다. 증거판 외의 물건은 증거궤 밖인 증거궤 앞에 간직했다는 것이 더 타당하다고 본다.

13. 명령자의 지시에 시행자는 순종했는가?

명령자와 시행자 사이에서 시행자는 명령자에게 순종했느냐는 것이다. 여기서 명령자는 하나님이시고 시행자는 모세 또는 아론이다. 시행자는 명령자의 명을 받들어 반드시 그 명령대로 시행해야 할 의무와 책임이 있다. 하나님이 모세에게 명령하시고 또 모세는 그 하나님의 명령을 다시 아론에게 지시할 때 모세든 아론이든 하나님의 명령대로 시행을 했느냐, 아니 했느냐가 중요하다. 성경은 명령자의 명령대로 시행자들이 시행했을 경우에는 별 문제없는 것이지만, 시행 후 하나님의 책망이나 징계가 있을 때는 하나님의 명령대로 시행자가 시행치 않은 것이다. 즉 불순종을 한 것이다. 이런 경우는 하나님의 벌이나 책망이 곧 따른다.

예를 들면, 모세의 불순종(민 20:10-12), 여호수아의 명령(수 6:18)과 아간의 불순종(수 7:1-15)에 대해서 하나님의 벌이 내려진 것을 보았다. 그러나 그들이 오직 법궤 안에 두 돌판만 두었어도 별 문제 없이 넘어갔으면 시행자가 명령자의 말대로 순종한 것으로 보아야 한다. 그렇다면 아론은 하나님의 명령대로 만나를 담은 금 항아리를 '여호와 앞' 즉 '증거궤 앞'에 보관한 것이지 '증거판 앞'에 보관한 것이 아니다. 이 방법으로 문제를 쉽게 풀 수 있다. 모세든 아론이든 모두 하나님의 명령에 그대로 순종한 것을 인정하면, 증거판은 '증거궤(언약궤)' 안에 보관되고 아론의 싹 난 지팡이와 만나를 담은 금 항아리는 '증거궤(언약궤) 앞'에 보존된 것이 확실하다. 또한 성경은 모세와 아론 모두 하나님의 명령에 순종한 것으로 보고 있기 때문에 이 문제를 푸는 데는 별 문제가 되지 않는 것을 잘못 해석하여 공연(空然)히 아론이 그것들을 증거궤 앞에 둔 것을 증거판 앞에 둔 것(출 16:34)으로 해석한 오해로 빚은 결과인 것 같다.

14. 이 문제를 정리해 보면 언약궤 안에 무엇이 들어 있느냐 하는 문제를 풀어가는 열쇠는 세 가지가 있다

언약궤 안에 과연 히브리서 9장 4절 "금향로와 사면을 금으로 싼 언약궤가 있고 그 안에 만나를 담은 금 항아리와 아론의 싹 난 지팡이와 언약의 비석들이 있고"라는 말씀처럼 이 세 가지가 다 들어 있는 것이 맞는 것인가? 아니면 열왕기상 8장 9절의 "궤 안에는 두 돌판 외에 아무것도 없으니 이것은 이스라엘 자손이 애굽 땅에서 나온 후 여호와께서 저희와 언약을 세우실 때에 모세가 호렙에서 그 안에 넣은 것이더라"는 말씀이 맞는 것인지에 대해서 푸는 세 가지 열쇠는 다음과 같다.

1) 여호와 앞(증거궤 앞)이 어디인가이다.

2) 명령자의 지시에 시행자는 순종했느냐는 것이다.

3) '증거판'에 대한 해석이다.

이상 이 세 가지 문제를 앞에서 상세히 모두 다루었다.

◆ 결론

그동안 학계에는 하나님의 증거궤 안에는 처음부터 십계 두 돌판만 들어 있었다(왕상 8:9)는 학설과, 만나를 담은 금 항아리와 아론의 싹 난 지팡이와 언약의 비석들(히 9:4)인 세 가지가 다 들어 있었다는 양론의 주장이 있었다.

구약과 신약이 서로 상이(相異)할 때는 구약에 대한 신약의 해석 같은 것이 아니라면 신약의 확실한 내용의 기초적인 근거는 구약을 근거해서 보아야 한다. 즉 구약성경에서 다루고 있는 사건의 실체가 장소나 때나 물건 등을 말할 때는 신약성경에서 그 실체가 변할 수는 없는 것이다. 때에 따라서는 정통주의 신학(E. J. 카아넬)에서는 구약의 해석의 방법으로 구약을 신약이 해석을 한다고 하나, 이것은 해석이지 물질의 존재와 실체 문제는 아니다. 이것을 해석방법으로 여기에 적용할 수는 없는 것이다.

증거궤 안에는 오직 하나인 십계 두 돌판만 들어 있는 것인지 또한 다른 두 가지가 더 있었는지, 이 두 가지 중 어느 것이 맞느냐는 것을 푸는 열쇠는 앞에서 말한 대로 세 가지이다. 1) 여호와 앞(증거궤)의 앞이 어디인가이다. 2) 명령자의 지시에 시행자는 순종했느냐는 것이다. 3) '증거판'에 대한 해석이다. 즉 증거판의 각 구절에 따른 해석이다. 이 세 가지를 살펴볼 때에 바른 해답이 되리라 본다. 구약에서는 상기 기술한 바와 같이 여호와의 증거궤 안에는 이 세 가지가 다 들어 있다고 명료하게 주장할 만한 근거가 없다.

필자는 이에 대한 연구로 위에서 기술한 것처럼, 여호와의 증거궤 안에는 증거판만이 들어 있는 것으로 확신한다. 여호와의 증거궤는 하나님이 지키시기 때문에 그 안에 들어 있는 아무것도 탈취될 수도 없는 것이며, 잃어버린 것도 없다는 것이다. 처음부터 그 증거궤 안에는 오직 증거판(두 개의 십계 돌판)만이 들어 있었을 뿐이었다. 왜냐하면 증거판은 하나님의 말씀에 대한 권위로서 다른 그 무엇과도 비교할 수 없는 가치가 있기 때문이라고 필자는 주장하고 싶다. 그러나 본 필자는 원본에 대한 성서무오설(聖書無誤說)을 믿고 있다. 그렇기 때문에 열왕기상 8장 9절의 말씀과 히브리서 9장 4절의 말씀이 서로 대치되는 부분은, 히브리서 9장 4절의 의미를 더 연구해 보기로 하고 숙제로 남겨 놓는다.

제15장
열왕기서에 나타난 왕의 모친의 이름에 관한 연구

(1)이스라엘 왕 여호아하스의 아들 요아스 이 년에 유다 왕 요아스의 아들 아마샤가 왕이 되니 (2)위에 나아갈 때에 나이 이십오 세라 예루살렘에서 이십구 년을 치리하니라 그 모친의 이름은 여호앗단이라 예루살렘 사람이더라(왕하 14:1-2).

본 주제를 연구한 이유는 열왕기서에서 '왕의 모친'이라는 용어가 많이 등장하기 때문이다. 열왕기하 14장 1-2절을 그랜드 종합주석(6권 622쪽) 주석가는 왕의 모친의 이름이 밝혀져 있다고 특이하다고 기록하고 있으나, 왕의 모친의 이름이 밝혀져 있는 것 자체가 특이한 것은 아니다. 왜냐하면 열왕기서에는 17명의 왕의 모친의 이름이 기록되어 있기 때문이다. 이런 특이한 사실을 설명하기 위해서 우리는 먼저 유대 사회의 왕정제도를 살펴보려고 한다.

1. 유대 나라의 왕정제도

1) 하나님은 왕정제도에 대한 언급을 하셨다.

신명기 17장 14-20절의 내용은 가나안 땅에 들어가 주위 민족을 보고 왕을 구하고 세울 때는 왕이 될 자격과(신 17:15) 왕이 지켜야 할 것 세 가지(신 17:16-17)와 율법서를 복사하여 평생 곁에 두고 ① 읽어 하나님 여호와 경외하기를 배우고 ② 율법의 모든 말과 이 규례를 지키고 ③ 율법의 모든 말과 이 규례를 행하라고 되어 있다.

> "(14)네가 네 하나님 여호와께서 네게 주시는 땅에 이르러서 그 땅을 얻어 거할 때에 만일 우리도 우리 주위의 열국같이 우리 위에 왕을 세우리라는 뜻이 나거든 (15)반드시 네 하나님 여호와의 택하신 자를 네 위에 왕으로 세울 것이며 네 위에 왕을 세우려면 네 형제 중에서 한 사람으로 할 것이요 네 형제 아닌 타국인을 네 위에 세우지 말 것이며 (16)왕 된 자는 말을 많이 두지 말 것이요 말을 많이 얻으려고 그 백성을 애굽으로 돌아가게 말 것이니 이는 여호와께서 너희에게 이르시기를 너희가 이후에는 그 길로 다시 돌아가지 말 것이라 하셨음이며 (17)아내를 많이 두어서 그 마음이 미혹되게 말 것이며 은금을 자

기를 위하여 많이 쌓지 말 것이니라 (18)그가 왕위에 오르거든 레위 사람 제사장 앞에 보관한 이 율법서를 등사하여 (19)평생에 자기 옆에 두고 읽어서 그 하나님 여호와 경외하기를 배우며 이 율법의 모든 말과 이 규례를 지켜 행할 것이라 (20)그리하면 그의 마음이 그 형제 위에 교만하지 아니하고 이 명령에서 떠나 좌로나 우로나 치우치지 아니하리니 이스라엘 중에서 그와 그의 자손의 왕위에 있는 날이 장구하리라"(신 17:14-20).

2) 이스라엘 왕정제도의 태동

이스라엘의 왕정제도는 이렇게 시작되었다.

"(4)이스라엘 모든 장로가 모여 라마에 있는 사무엘에게 나아가서 (5)그에게 이르되 보소서 당신은 늙고 당신의 아들들은 당신의 행위를 따르지 아니하니 열방과 같이 우리에게 왕을 세워 우리를 다스리게 하소서 한지라 (6)우리에게 왕을 주어 우리를 다스리게 하라 한 그것을 사무엘이 기뻐하지 아니하여 여호와께 기도하매"(삼상 8:4-6).

"(19)백성이 사무엘의 말 듣기를 거절하여 가로되 아니로소이다 우리도 우리 왕이 있어야 하리니 (20)우리도 열방과 같이 되어 우리 왕이 우리를 다스리며 우리 앞에 나가서 우리의 싸움을 싸워야 할 것이니이다"(삼상 8:19-20).

이렇게 이스라엘 백성들이 먼저 사무엘 선지자에게 왕을 세울 것을 요청했다. 그러나 사무엘이 처음에는 거절하다가 하나님의 말씀을 듣고 허락하게 된다(삼상 8:8-9).

그럼 하나님이 왕정제도에 관하여 미리 말씀하신 내용을 살펴보자.

"(16)왕 된 자는 말을 많이 두지 말 것이요 말을 많이 얻으려고 그 백성을 애굽으로 돌아가게 말 것이니 이는 여호와께서 너희에게 이르시기를 너희가 이후에는 그 길로 다시 돌아가지 말 것이라 하셨음이며 (17)아내를 많이 두어서 그 마음이 미혹되게 말 것이며 은금을 자기를 위하여 많이 쌓지 말 것이니라"(신 17:16-17).

이렇게 하나님께서 왕 된 자는 아내를 많이 두지 말라고 하신 율법의 말씀에 얼마나 순종했느냐는 것이다.

3) 초대왕인 사울 왕의 선출

사울의 선출에 관한 이야기는 두 가지(아마 원래는 세 가지)의 병행적인 설화로 우리에게 전해지고 있는데, 하나는 왕정에 대하여 암암리에 호의를 갖고 있고, 다른 하나는 몹시 적의를 품고 반대하고 있다. 전자(삼상 9:1-10:16)는 사울이 라마(Ramah)에서 사무엘에게 사적으로 도유축성을 받은 경위를 이야기하고 있다. 그리고 이 이야기는 사무엘기 상권 13:3b, 4b-15에서 다시 계속된다. 그런데 원래는 따로 분리되어 있었던 별개의 이야기가 그 사이에 삽입되어 앞의 설화와 연결되었는데, 그것은 사울이 암몬족과 싸워 이기고 그 후 길갈(Gilgal)에서 백성들에게 임금으로서 기대의 환영을 받은 이야기이다(11장). 한편 다른 줄거리의 설화(사무엘상 8장, 10:17-27, 12장)는 사무엘이 민중의 요구에 분노하여 반론을 내세우면서도 마지못해 양보하고, 미쓰파(Mizpah)에서 사울을 왕으로 뽑는 일을 주재한 경위를 전하고 있다. 이와 같이 서로 어긋나는 이야기들을 한데 묶어 편집해 놓았기 때문에, 여러 사건들을 순차적으로 일관성 있게 재구성해 볼 수가 없다. 그러나 이제까지 많은 학자들이 그렇게 해왔듯이, 이 설화들을 단지, 후에 왕정으로 말미암아 겪게 된 쓰라린 경험을 반영시킨 이야기로만 처리해 버리는 것은 건전하지 못하다.[327]

이렇게 이스라엘에 왕정제도가 태동되었다. 그 왕들이 얼마나 율법의 말씀인 "아내를 많이 두어서 그 마음이 미혹되게 말 것이며 은금을 자기를 위하여 많이 쌓지 말 것이니라"(신 17:17)고 한 말씀에 순종했으며 하나님은 어떻게 처리하셨는지 연구해 보고자 한다.

2. 통일왕국의 세 왕의 비빈 관계는 어떠했는가?

이스라엘의 통일 왕국 시대에는 초대 사울 왕, 2대 다윗 왕, 3대 솔로몬 왕, 세 왕이 있었다. 이들의 비빈(妃嬪) 관계는 다음과 같다.

1) 사울은 두 명의 처첩이 있다. 처는 아히노암(삼상 14:50)이고 첩은 리스바(삼하 3:7)이다.

> "사울의 아내의 이름은 아히노암이니 아히마아스의 딸이요 그 군장의 이름은 아브넬이니 사울의 숙부 넬의 아들이며"(삼상 14:50.)
>
> "사울에게 첩이 있었으니 이름은 리스바요 아야의 딸이더라 이스보셋이 아브넬에게 이르되 네가 어찌하여 내 아버지의 첩을 통간하였느냐"(삼하 3:07)

2) 다윗은 10명 이상의 아내를 두었다.

> "(2)다윗이 헤브론에서 아들들을 낳았으되 맏아들은 암논이라 이스르엘 여인 아히노암의 소생이요 (3)둘째는 길르압이라 갈멜 사람 나발의 아내 되었던 아비가일의 소생이요 셋째는 압살롬이라 그술 왕 달매의 딸 마아가의 아들이요 (4)넷째는 아도니야라 학깃의 아들이요 다섯째는 스바댜라 아비달의 아들

327) 존 브라이트 저/김윤주 역, 《이스라엘의 歷史 上卷》(경북: 분도출판사), p. 286.

이요 (5)여섯째는 이드르암이라 다윗의 아내 에글라의 소생이 니 이는 다윗이 헤브론에서 낳은 자들이더라"(삼하 3:2-5).

이를 다시 정리하면 다윗의 처첩의 이름은 ① 미갈 ② 아히노암 ③ 아비가일 ④ 마아가 ⑤ 학깃 ⑥ 아비달 ⑦ 에글라 ⑧ 밧세바 ⑨ 기타 아내들 ⑩ 첩들[328]이다.

3) 솔로몬 왕은 비빈이 일천 명이나 되었다.

"왕은(솔로몬 왕) 후비가 칠백 인이요 빈장이 삼백 인이라 왕비들이 왕의 마음을 돌이켰더라"(왕상 11:3).

3. 열왕기서에 유대 왕의 모친으로 이름이 기록된 자 17명이 나온다

성경이 밝히고 있는 왕들의 비빈들의 내역은 다음과 같다.
열왕기서와 역대서에 나타난 왕의 모친의 이름을 찾아보자.

1) 왕의 모친의 이름 17명의 명단만 다시 기록해 보면 다음과 같다.
보기: 왕의 이름/모친의 이름
① 1대 르호보암/나아마(왕상 14:21,31) ② 2대 아비얌/마아가(왕상 15:1-2) ③ 3대 아사/마아가(왕상 15:9-10) ④ 4대 여호사밧/아수바(왕상 22:41-42) ⑤ 6대 아하시야/아달랴(왕하 8:26) ⑥ 8대 요아스/시비아(왕하 12:1) ⑦ 9대 아마샤/여호앗단(왕하 14:1

328) 제자원, 《그랜드 종합주석 5권 사무엘 상 사무엘 하》(서울: 성서교재간행사, 1992), p. 541. 연구자료, 다윗의 가계도.

−2) ⑧ 10대 아사랴/여골리야(왕하 15:1−2) ⑨ 11대 요담/여루사(왕하 15:32−33) ⑩ 13대 히스기야/아비(왕하 18:1−2) ⑪ 14대 므낫세/헵시바(왕하 21:1) ⑫ 15대 아몬/므슬레멧(왕하 21:19) ⑬ 16대 요시야/여디다(왕하 22:1) ⑭ 17대 여호아하스/하무달(왕하 23:31) ⑮ 18대 여호야김/스비다(왕하 23:36) ⑯ 19대 여호야긴/느후스다(왕하 24:8) ⑰ 20대 시드기야/하무달(왕하 24:18)

2) 역대기서에서는 유대나라 아홉 왕의 모친만 이름이 남아 있다.
① 르호보암(대하 12:13) ② 아비야(대하 13:1−2) ③ 여호사밧(대하 20:31) ④ 아하시야(대하 22:2) ⑤ 요아스(대하 24:1) ⑥ 아마샤(대하 25:1) ⑦ 웃시야(대하 26:3) ⑧ 요담(대하 27:1) ⑨ 히스기야(대하 29:1)

3) 왕의 모친들을 다시 상세히 조사해 보면 다음과 같다.
(1) 나아마: 르호보암 왕의 모친
남왕국의 종교 정책에 영향을 준 여자이다. 밀곰을 섬겼다. 르호보암의 우상숭배는 모친의 우상숭배 때문이다.[329]

> "르호보암이 그 열조와 함께 자니 그 열조와 함께 다윗 성에 장사되니라 그 모친의 이름은 나아마라 암몬 사람이더라 그 아들 아비얌이 대신하여 왕이 되니라"(왕상 14:31).

르호보암은 18명의 아내와 60명의 첩이 있었다(대하 11:21). 또 그 자손은 "아들 28명과 딸 60명을 낳았다"고 한다.[330] 그런데

329) 제자원, 《그랜드 종합주석 6권 열왕기 상하》(서울: 성서교재간행사, 1992), p. 264의 내용을 축약함.

아비얌이 왕이 된 것은 어머니 마아가를 르호보암이 총애함으로 그의 아들 아비얌이 왕이 될 수가 있었다.

(2) 마아가(미가야): 아비야 왕의 모친

열왕기상 15장 2절과 역대하 11장 20절에는 '마아가'로 되어 있으므로, 역대하 13장 2절의 '미가야'는 오기일 가능성이 크다.[331]

> "(1)느밧의 아들 여로보암 왕 제십팔년에 아비얌이 유다 왕이 되고 (2)예루살렘에서 삼 년을 치리하니라 그 모친의 이름은 마아가라 아비살롬의 딸이더라"(왕상 15:1-2).

> "(1)……아비야가 유다 왕이 되고 (2)……그 모친의 이름은 미가야라"(대하 13:12).

(3) 마아가: 아사 왕의 모친

아사 왕의 어머니가 폐위 또는 요절해 2대 왕 아비얌의 모친인 마아가가 아사 왕의 모친처럼 섭정했을 것으로 추측된다.[332]

> "(9)이스라엘 왕 여로보암 제이십 년에 아사가 유다 왕이 되어 (10)예루살렘에서 사십일 년을 치리하니라 그 모친의 이름은 마아가라 아비살롬의 딸이더라"(왕상 15:9-10).

4) 아수바: 여호사밧의 모친

> "(41)이스라엘 왕 아합 제사년에 아사의 아들 여호사밧이

---

330) 제자원, 《그랜드 종합주석 7권 역대상-에스더》(서울: 성서교재간행사, 1992), p. 451.

331) Ibid. p. 276.

332) Ibid. p. 277.

유다 왕이 되니 (42)여호사밧이 왕이 될 때에 나이 삼십오 세라 예루살렘에서 이십오 년을 치리하니라 그 모친의 이름은 아수바라 실히의 딸이더라"(왕상 22:41-42).

5) 아달랴: 아하시야 왕의 모친

북이스라엘 왕국의 네 번째 왕조를 창시한 오므리(B.C. 885-874)의 손녀이자 북이스라엘에 바알 종교를 공식 도입한 아합(B.C. 874-853)의 딸로, 여호람의 부친 여호사밧과 아합 사이에 혼인 동맹을 맺음으로써 여호람의 아내가 된 여인이다.

"아하시야가 위에 나아갈 때에 나이 이십이 세라 예루살렘에서 일 년을 치리하니라 그 모친의 이름은 아달랴라 이스라엘 왕 오므리의 손녀더라"(왕하 8:26).

그녀는 사악했던 그녀의 어머니 이세벨과 우상숭배의 대명사처럼 되어 버린 아합의 딸답게 여호람의 아내가 된 이후 여호람을 부추겨 남유다에 바알 종교를 도입하게 했고 유다 사람들로 하여금 바알을 숭배하도록 여호람에게 압력을 행사하게 했다(대하 21:6). 또한 그녀는 여호람 사후에는 여호람의 아들들 가운데 유일한 생존자였던 아하시야를 제치고 왕권을 찬탈하려다 예루살렘 거민들에 의해 실패하기는 했으나, 아하시야가 왕위에 오른 지 채 1년도 못 되어 예후에 의해 죽임을 당하자 이때를 이용하여 다윗의 씨이자 그녀의 손자들이었던 왕자들을 살해하고 왕권을 찬탈하여 6년(B.C. 841-835) 동안 유다를 통치한다. 그러나 그녀가 왕자들을 살해할 때 제사장 여호야다의 아내에 의해 살아남은 요아스와 여호야다에 의해 죽임을 당하고 만다(왕하 11:15-16; 대하 23:14-15).[333]

---

333) 제자원, 《그랜드 종합주석 7권 역대상-에스더》(서울: 성서교재간행사, 1992), p. 560.

(6) 시비아: 요아스 왕의 모친

브엘세바(창 21:32)에서 성장했던 요아스(대하 24:1)의 모친 시비아는 아달랴의 우상숭배 정책에 영향을 받지 않은 경건한 여인이었을 것이다. 이와 같이 요아스는 아하시야와는 다른 경건한 성장 배경을 가지고 있었는데, 그것이 그의 초기 선정에 많은 영향을 주었을 것이다.[334]

"예후의 칠 년에 요아스가 위에 올라 예루살렘에서 사십 년을 치리하니라 그 모친의 이름은 시비아라 브엘세바 사람이더라"(왕하 12:1).

제사장 여호야다는 요아스 왕의 고모 여호세바의 남편으로 제사장이 되었고, 그 여호세바는 역대기에 나오는 '여호사브앗'과 동일인으로 그녀는 여호람 왕의 딸이자 아하시야 왕의 누이였으며 제사장 여호야다의 아내였다(대하 22:11). 한편 요세푸스는 그녀를 '요사베태'로 부르고 있는데 그에 의하면 그녀는 여호람과 아달랴 사이에서 난 딸이 아니라 후궁의 소생이었다고 한다.[335]

"여호야다가 왕으로 두 아내에게 장가들게 하였더니 자녀를 낳았더라"(대하 24:3).

고모부이며 제사장인 여호야다는

친히 아비 된 심정으로 요아스의 아내를 간택해 주는 등 요아스의 결혼 전반에도 깊숙이 개입하였다. 이는 여호야다가 왕실의 잘못된 결혼이 얼마나 무서운 결과를 초래하였는지 몸

334) Ibid., p. 578.
335) 제자원, 《그랜드 종합주석 6권 열왕기 상하》(서울: 성서교재간행사, 1992), 581.

소 체험하였기 때문에 다시는 그와 같은 비극이 일어나지 않도록 하기 위함이었을 것이다. 그러나 그가 요아스로 하여금 두 여인에게 장가들도록 한 것은 왕손의 번성을 위하여 어쩔 수 없는 조처였다 할지라도 하나님의 정하신 결혼제도를 무시했다는 점에서는 과오를 범했다고 아니 할 수 없다.[336]

(7) 여호앗단: 아마샤 왕의 모친

'여호앗단'은 '여호와는 기쁨'이라는 뜻으로, 역대 왕들과 달리 아마샤를 소개함에 있어서 그 모친의 이름이 언급되고 있음은 특이한데 아마도 아마샤가 여호와 보시기에 정직히 행하도록 영향을 준 자가 여호앗단이었으므로 언급된 듯하다.[337]

"(1)이스라엘 왕 여호아하스의 아들 요아스 이 년에 유다 왕 요아스의 아들 아마샤가 왕이 되니 (2)위에 나아갈 때에 나이 이십오 세라 예루살렘에서 이십구 년을 치리하니라 그 모친의 이름은 여호앗단이라 예루살렘 사람이더라"(왕하 14:1-2).

그러나 필자가 앞서도 지적한 대로 주석가가 왕의 모친의 이름이 밝혀져 있다고 특이하다고 하나 사실은 그렇지 않다. 왜냐하면 열왕기서에는 17명 왕의 모친의 이름이 기록되어 있기 때문이다.

(8) 여골리아: 아사랴 왕의 모친

열왕기하 15장 2절에는 '여골리야'로 표기되어 있는데 히브리 원문상으로는 동일하다. 한편 이 이름의 뜻은 '여호와께서 지배하신다'는 뜻으로, 그녀가 하나님의 절대주권을 인정하는

336) 제자원, 《그랜드 종합주석 7권 역대상-에스더》(서울: 성서교재간행사, 1992), p. 579.

337) 제자원, 《그랜드 종합주석 6권 열왕기 상하》(서울: 성서교재간행사, 1992), p. 622.

신실한 신앙인이었던 것으로 추정된다. 그렇다면 아사랴(웃시야)의 정직했던 초기 통치 자세는 그의 모친의 경건한 신앙에서 영향을 받았을 것이다.[338]

"(1)이스라엘 왕 여로보암 이십칠 년에 유다 왕 아마샤의 아들 아사랴가 왕이 되니 (2)위에 나아갈 때에 나이 십육 세라 예루살렘에서 오십이 년을 치리하니라 그 모친의 이름은 여골리야라 예루살렘 사람이더라"(왕하 15:1-2).

(9) 여루사: 요담 왕의 모친

'소유'라는 뜻의 이름으로, 사독의 딸로 소개되고 있으나 여기서 '사독'이 다윗과 솔로몬 시대의 대제사장 사독(삼하 20:25; 왕상 1:8)인지 여부는 확실하지 않다. 만약 본절의 사독이 대제사장 사독과 동일인이라면 여루사는 사독의 딸이 아니라 후손일 것이다.[339]

"(32)이스라엘 왕 르말랴의 아들 베가 이 년에 유다 왕 웃시야의 아들 요담이 왕이 되니 (33)위에 나아갈 때에 나이 이십오 세라 예루살렘에서 십육 년을 치리하니라 그 모친의 이름은 여루사라 사독의 딸이더라"(왕하 15:32-33).

(10) 아비(아비야): 히스기야 왕의 모친

아비야는 열왕기에서 '아비'로도 불리는데(왕하 18:2) '아비'는 아비야의 축약형이다.[340]

---

338) 제자원, 《그랜드 종합주석 7권 역대상－에스더》(서울: 성서교재간행사, 1992), p. 602.

339) Ibid. p. 611.

“(1)이스라엘 왕 엘라의 아들 호세아 삼 년에 유다 왕 아하스의 아들 히스기야가 왕이 되니 (2)위에 나아갈 때에 나이 이십오 세라 예루살렘에서 이십구 년을 치리하니라 그 모친의 이름은 아비라 스가리야의 딸이더라”(왕하 18:1-2).

(11) 헵시바: 므낫세 왕의 모친

‘나의 기쁨이 그녀에게 있다’라는 뜻으로 장차 재건될 예루살렘 성에 이사야가 붙인 이름이기도 하다(사 62:4). 유대 전승에 따르면 므낫세의 모친 헵시바(Hephzibah)가 선지자 이사야의 딸이라고도 하는데 확실한 근거는 없다(Young).[341]

“므낫세가 위에 나아갈 때에 나이 십이 세라 예루살렘에서 오십오 년을 치리하니라 그 모친의 이름은 헵시바더라”(왕하 21:1).

(12) 므술레멧: 아몬 왕의 모친

“아몬이 위에 나아갈 때에 나이 이십이 세라 예루살렘에서 이 년을 치리하니라 그 모친의 이름은 므술레멧이라 욧바 하루스의 딸이더라”(왕하 21:19).

(13) 여디다: 요시야 왕의 모친

⑬ “요시야가 위에 나아갈 때에 나이 팔 세라 예루살렘에서 삼십일 년을 치리하니라 그 모친의 이름은 여디다라 보스갓 아다야의 딸이더라”(왕하 22:1).

---

340) Ibid., p. 632.
341) 제자원, 《그랜드 종합주석 6권 열왕기 상하》(서울: 성서교재간행사, 1992), p. 733.

요시야 왕에게는 적어도 두 명의 왕후가 있었다. 여호아하스(왕하 23:31)와 시드기야(왕하 24:18) 왕을 낳은 하무달이라는 왕후와 여호야김(왕하 23:36)을 낳은 스비다라는 왕후이다.

(14) 하무달: 여호아하스 왕의 모친

"여호아하스가 위에 나아갈 때에 나이 이십삼 세라 예루살렘에서 석 달을 치리하니라 그 모친의 이름은 하무달이라 립나 예레미야의 딸이더라"(왕하 23:31).

(15) 스비다: 여호야김 왕의 모친

"여호야김이 왕이 될 때에 나이 이십오 세라 예루살렘에서 십일 년을 치리하니라 그 모친의 이름은 스비다라 루마 브다야의 딸이더라"(왕하 23:36).

(16) 느후스다: 여호야긴 왕의 모친

"여호야긴이 위에 나아갈 때에 나이 십팔 세라 예루살렘에서 석 달을 치리하니라 그 모친의 이름은 느후스다라 예루살렘 엘라단의 딸이더라"(왕하 24:8).

(17) 하무달: 시드기야 왕의 모친

열왕기하 24장 18절은 시드기야가 여호아하스와 동복(同腹) 형제임을 알려 주는 구절이다.[342)]

---

342) 제자원, 《그랜드 종합주석 6권 열왕기 상하》(서울: 성서교재간행사, 1992), 779.

"시드기야가 위에 나아갈 때에 나이 이십일 세라 예루살렘 에서 십일 년을 치리하니라 그 모친의 이름은 하무달이라 립나 예레마의 딸이더라"(왕하 24:18).

"(15)요시야의 아들들은 맏아들 요하난과 둘째 여호야김과 셋째 시드기야와 넷째 살룸이요 (16)여호야김의 아들들은 그 아들 여고냐, 그 아들 시드기야요"(대상 3:15-16).

위의 구절과 열왕기하 23장 30절에서 24장 17절을 종합하면 이때 족보는 다음과 같다.

유다의 마지막 다섯 왕들[343]

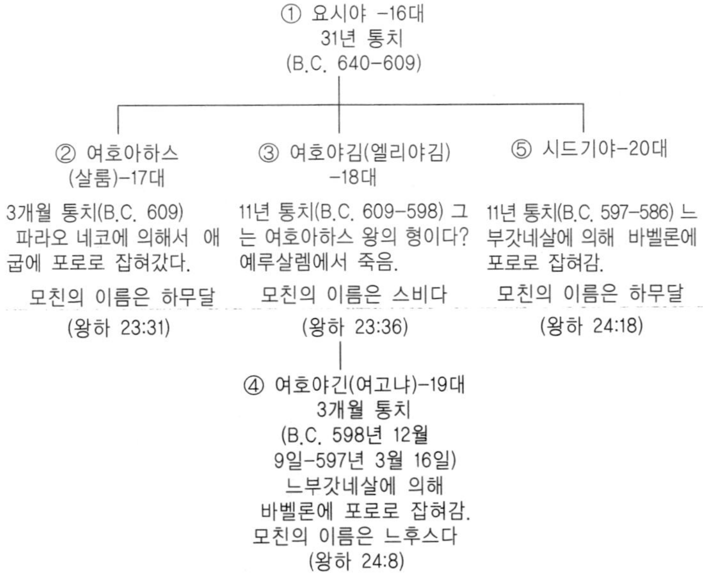

343) 토머스 칸스터블 저 / 문동학,이명준 역 《열왕기상 · 하6》(서울: 도서출판 두란노, 1994), p. 259.

4. 정리

1) 열왕기서 기자는 남왕국 유다 왕의 모친 이름만을 기록했고, 북왕국 이스라엘 왕의 모친의 이름은 제외시켰다.

① 1대 르호보암(왕상 14:31) ② 2대 아비얌(왕상 15:1-2) ③ 3대 아사(왕상 15:9-10) ④ 4대 여호사밧(왕상 22:41-42) ⑤ 6대 아하시야(왕하 8:26) ⑥ 8대 요아스(왕하 12:1) ⑦ 9대 아마샤(왕하 14:1-2) ⑧ 10대 아사랴(왕하 15:1-2) ⑨ 11대 요담(왕하 15:32-33) ⑩ 13대 히스기야(왕하 18:1-2) ⑪ 14대 므낫세(왕하 21:1) ⑫ 15대 아몬(왕하 21:19) ⑬ 16대 요시야(왕하 22:1) ⑭ 17대 여호아하스(왕하 23:31) ⑮ 18대 여호야김(왕하 23:36) ⑯ 19대 여호야긴(왕하 24:8) ⑰ 20대 시드기야(왕하 24:18)

2) 열왕기서 기자가 북왕국 왕의 모친의 이름을 왜 제외시켰는가?

본 성서 기자가 사용한 자료에 의하면 북왕국 이스라엘은 여로보암이 우상을 벧엘과 단에 세우고 음란하게 200년 동안 섬겼기 때문에 처음부터 마지막 왕까지 모두 여호와 하나님께 범죄한 왕으로 애초부터 건국되지 말았어야 할 나라라고 생각을 한 것이다. 그래서 정직한 왕 8명은 오직 남왕국에만 존재하고 북왕국에는 정직한 왕을 인정하지 않은 것처럼, 역시 북왕국 이스라엘 왕의 모친의 이름까지 쓸 이유가 없었다고 생각한 것 같다. 그래서 왕의 모친의 이름을 역사 속에서 제외시킨 것 같다.

3) 남왕국 유다의 왕 중 모친의 이름이 빠진 왕과 그 이유는 무엇인가?

(1) 모친의 이름이 빠진 왕이 3명 있다.

① 5대 여호람(왕하 8:16-19)

"(16)이스라엘 왕 아합의 아들 요람 제오년에 유다 왕 여호사밧이 오히려 위에 있을 때에 그 아들 여호람이 왕이 되니라 (17)여호람이 위에 나아갈 때에 나이 삼십이 세라 예루살렘에서 팔 년을 치리하니라 (18)저가 이스라엘 왕들의 길로 행하여 아합의 집과 같이 하였으니 이는 아합의 딸이 그 아내가 되었음이라 저가 여호와 보시기에 악을 행하였으나 (19)여호와께서 그 종 다윗을 위하여 유다 멸하기를 즐겨 하지 아니하셨으니 이는 저와 그 자손에게 항상 등불을 주겠다고 허하셨음이더라" (왕하 8:16-19).

② 7대 아달랴(남왕국의 여왕, 아합의 딸)

여왕 아달랴의 모친은 당연히 아합 임금의 처였기 때문에 이세벨이나 역사에서는 제외시켰다.

③ 12대 아하스(왕하 16:1-4)

"(1)르말랴의 아들 베가 십칠 년에 유다 왕 요담의 아들 아하스가 왕이 되니 (2)아하스가 위에 나아갈 때에 나이 이십 세라 예루살렘에서 십육 년을 치리하였으나 그 조상 다윗과 같지 아니하여 그 하나님 여호와 보시기에 정직히 행치 아니하고 (3)이스라엘 열왕의 길로 행하며 또 여호와께서 이스라엘 자손 앞에서 쫓아내신 이방 사람의 가증한 일을 본받아 자기 아들을 불 가운데로 지나가게 하며 (4)또 산당과 작은 산 위와 모든 푸른 나무 아래서 제사를 드리며 분향하였더라"(왕하 16:1-4).

(2) 3명[① 5대 여호람 ② 7대 아달랴(여왕) ③ 12대 아하스] 왕들의 모친 이름이 빠진 이유는 무엇일까?

악한 왕의 모친의 이름은 제외시키고 선한 왕의 모친만 기록했기 때문이라는 것이다. 그러나 남왕국 유다에는 20명의 왕이 존재했는데 그중 선한 왕은 8명이 있다. 그 명단을 밝히면 다음과 같다. ① 3대 아사 ② 4대 여호사밧 ③ 8대 요아스 ④ 9대 아마샤 ⑤ 10대 아사랴(웃시야) ⑥ 11대 요람 ⑦ 13대 히스기야 ⑧ 16대 요시야이다. 그러나 17명 왕의 모친 이름 중 선한 왕 8명이 다 들어 있지만 꼭 그렇지만은 않은 것 같다. 예를 들면 14대 므낫세 왕은 "므낫세의 행위는 그의 부친 히스기야의 행위와 완전히 정반대로 나타난다. 따라서 히스기야를 다윗에 비긴다면(왕하 18:3) 므낫세는 아합에 비길 수 있을 것이다(왕하 21:3)"[344]라고 기록할 만큼 유대 나라에서 가장 악한 왕으로 통치 기간도 55년으로 가장 길었던 왕인데도 므낫세를 낳은 모친 헵시바(왕하 21:1)의 이름이 기록되어 있다. 뿐만 아니라 악한 왕인 아하시야는 가장 악한 여인인 모친 아달랴의 이름이 기록되어 있다. 그렇기 때문에 왕의 모친의 이름이 기록에서 제외된 이유가 왕이 선하고 악한 데 있지 않다고 본다.

> "아하시야가 위에 나아갈 때에 나이 이십이 세라 예루살렘에서 일 년을 치리하니라 그 모친의 이름은 아달랴라 이스라엘 왕 오므리의 손녀더라"(왕하 8:26).
>
> "므낫세가 위에 나아갈 때에 나이 십이 세라 예루살렘에서 오십오 년을 치리하니라 그 모친의 이름은 헵시바더라"(왕하 21:1).

4) 성경의 기록상만으로는 유대 나라에는 2명 이상의 왕후를 거느린 왕의 명단이 4명만이 나온다.

성경상의 기록으로 2명 이상의 여자를 취한 4명의 왕은 다음과

---

344) BEC 벧엘 컴퓨터, 《할렐루야 9》, 왕하 21:9 주석.

같다.

(1) 1대 르호보암 왕은 18명의 아내와 60명의 첩이 있었다(대하 11:21).

(2) 2대 "아비야(아비얌)는 점점 강성하며 아내 열넷을 취하여 아들 스물둘과 딸 열여섯을 낳았더라"(대하 13:21).

(3) 8대 요아스 왕은 (제사장)"여호야다가 왕으로 두 아내에게 장가들게 하였더니 자녀를 낳았더라"(대하 24:3).

(4) 16대 왕인 요시야 왕은 적어도 두 명의 왕후가 있었다. 여호아하스(왕하 23:31)와 시드기야(왕하 24:18) 왕을 낳은 하무달이라는 왕후와 여호야김(왕하 23:36)을 낳은 스비다라는 왕후이다.

5) 열왕기서 기자가 유대 나라 왕의 모친의 이름을 밝히는 이유는 무엇인가?

(1) 필자의 주관적인 입장은 유대 나라에 왕이 거느린 왕후가 많기 때문이라는 견해이다. 그렇기 때문에 그 자녀가 누구의 소생이라는 것을 역사 기록상 밝히지 않으면 세월이 흘러 오랜 시간이 경과되면 과연 그 부왕(父王) 자녀가 누구의 자녀였는지 알 수가 없기 때문에 모친의 이름을 밝혔다는 것이다. 만약에 왕의 모친의 이름을 밝히지 아니하면 그 왕이 부왕(父王)인 아버지는 한 분이고 어머니인 왕후는 많기 때문에 어느 비빈의 소생인지, 누구의 자식인지 분간할 수가 없으므로 역사에는 분명하게 기록해야만 하는 족보이기에 모친의 이름을 밝혔다고 본다. 이런 예가 역대상 3장 1-10절과 사무엘하 3장 2-5절에 있다.

> "(2)다윗이 헤브론에서 아들들을 낳았으되 맏아들은 암논이라 이스르엘 여인 아히노암의 소생이요 (3)둘째는 길르압이라

갈멜 사람 나발의 아내 되었던 아비가일의 소생이요 셋째는 압살롬이라 그술 왕 달매의 딸 마아가의 아들이요 (4)넷째는 아도니야라 학깃의 아들이요 다섯째는 스바댜라 아비달의 아들이요 (5)여섯째는 이드르암이라 다윗의 아내 에글라의 소생이니 이는 다윗이 헤브론에서 낳은 자들이더라"(삼하 3:2-5).

물론 성경에서 여인의 이름이 족보에 나타나고 있는 예외적인 경우가 있기는 하다(예를 들면 대상 3:1-10). 그러나 거기서는 다윗의 다섯 아들을 각각 설명하기 위해 그 다섯 아들을 낳은 다섯 어머니를 따로따로 언급해야 하는 어쩔 수 없는 필요성 때문이었다.[345]

이와 마찬가지로 왕의 많은 왕자 가운데 세자로 책봉된 왕세자는 누구의 소생인지를 족보에 밝혀야 그의 뿌리를 알 수 있는 것이기 때문에 왕세자들은 선왕의 많은 비빈 가운데 왕세자를 낳은 모친의 이름을 밝힘으로써 왕에 대한 뿌리를 확실히 밝히고 있다고 할 것이다.

그러나 필자의 견해에 의하면 소생과 모친에 관한 용어 사용의 구별을 다음과 같이 지적하겠다.

열왕기서에서는 소생이라는 용어를 사용하지 않고 모친이라는 용어를 사용했다. 모친(אֵם, 엠, his mother's name)의 기본적 의미는 '어머니'이며, 때로는 상징적 의미로 사용되었다. 엠은 구약 히브리 성경에서 220회 나오며 모든 시대의 기록에 나타난다.[346] 소생(所生)이란 말은 주로 여자 본인이 낳은 자녀를 일컫는 단어이

345) 김득중, 《복음서 신학》(서울: 컨콜디아사), p. 56.

346) 이병철, 《바이블 렉스 8.0》(서울: 브니엘성경연구소, 2009), 왕하 14:2 스트롱 번호: 517 모친.

다. 뿐만 아니라 소생(所生)이라는 말을 사용할 때는 반드시 부인이 둘 이상일 때 사용했다. 어느 부인 소생이라고 밝힌다. 그러나 소생이라는 말을 부인이 아닌 예외로 사용한 경우는 남자에게 소생이라고 할 때가 있다(창 24:15; 대상 20:6, 8; 삼하 21:16; 욥 1:2). 이렇게 소생이라는 말을 남자에게 사용된 때는 첩이 없고 아내가 하나일 때에 남자의 소생으로 사용했다. 욥기 1장 2절에서 욥의 자녀들을 언급했다. 그러나 욥기 2장 9절 사건 후에 욥의 아내는 도망을 갔는지 아니면 죽었는지 알 수가 없으며, 또한 욥이 노년에 복을 얻었을 때 두 번째 얻은 자녀들도(욥 42:13) 누구에게서 즉 어떤 여자에게서 낳았는지 정확히 알 수 없다.[347] 그러나 번역할 때 여자에게 소생에 해당된다는 말을 할 때는 부인이 둘 이상일 때만 사용한 것이 분명하다.

- 히브리어를 개역성경에서 소생으로 번역한 경우
  1. ① 벤 בֵּן (스트롱 번호: 1121) 아들, 아이, 손자[348]
  2. ② 바트 בַּת (스트롱 번호: 1323) 명사 여성 단수 연계, 소생, 딸[349]
  3. ③ 알라드 יָלַד (스트롱 번호: 3205)[350] 낳다, 생기게 하다,

347) BEC 벧엘 컴퓨터, 《할렐루야 9》, 욥 42:13 주석.

348) 이병철, 《바이블 렉스 8.0》(서울: 브니엘연구소), 왕상 1:17 주석 참고. 스트롱 번호: 1121, 아들, 아이, 손자. 구약성경에서 이 단어는 약 5,000번 나온다- 기본적으로 부모의 남자 자식을 가리킨다(창 21:9, 23, 24, 25, 26, 46:10; 출 6:15).

349) Ibid. 바트는 여자가 낳은 여식(창 30:21, 34:1, 6:2 등), 여자 일반(창 30:13; 잠 31:29; 아 2:2, 6:9; 단 11:17), 젊은 처녀(창 27:46), 며느리(룻 1:11, 13), 여식을 낳았을 경우에도 소생이라는 용어를 사용했다(창 36:2; 대하 11:18).

350) Ibid. [3205, 야라드-야라드(동사)는 기본어근이며, '(아이를) 낳다, 생기게 하다, 산고를 겪다, 진통하다'를 의미한다.] 단순하게 남자에게 사용할 경우는 처가 하나일 경우에 야라드를 사용했다? (창 22:23, 24:15; 대상 7:14, 20:6, 8; 삼하 21:16;

산고를 겪다.

(2) 단순하게 왕의 모친의 이름을 밝히기 위하여 모친의 이름을 기록했다는 견해이다. 그러나 이것은 설득력이 약하다. 왜냐하면 왕이 누구의 소생이라고 구분할 때는 한 사람 이상의 모친이 존재한다는 전제하에 시작되기 때문이다.

(3) 악한 왕의 모친은 빼고 선한 왕이기 때문에 모친의 이름을 기록했다는 견해이다.

이 내용은 앞에서 설명하였다.

이상 세 가지의 경우를 가정해 볼 때, 유대 나라에 왕이 거느린 왕후가 많기 때문에 세자에 대해 누구의 소생인가를 구별하기 위해서라는 것이 가장 타당한 이유일 것 같다. 왜냐하면 그 당시 근동의 왕들은 많은 왕후와 비빈들을 거느렸기 때문에 자연히 이스라엘의 이방의 영향을 받은 왕정제도하에서 이스라엘의 왕들도 비와 빈을 많이 거느렸을 것으로 보인다. 성군 다윗도 10명 이상의 아내가 있었고, 솔로몬도 비빈이 1000 명이나 되었기 때문에(왕상 11:3)그의 후대의 왕들도 자연스럽게 본받았을 가능성이 많다.

6) 그러면 왜 왕들이 율법을 어기면서까지 후궁 및 비빈을 많이 거느렸을까? 그리고 이것을 거의 정당시하고 율법에 따라 묻지 않는 이유는 무엇인가?

(1) 다윗 계약의 성취를 위하여 왕이 절손이 되지 않도록 후궁(後宮)을 두어서라도 하나님의 뜻을 이루려고 하는 유대인의 하나님의 약속에 대한 열정 때문인 것 같다. 첩에 대해서 조사해 보면 당시 첩(妾)은 그 주인의 합법적인 재산이었다. 그리고 왕이 재위

욥 1:2).

중에 첩을 거느리는 것은 하나의 특권이었다(Lange). 물론 이스라엘의 왕의 경우에는 하나님께서 율법으로 금지하고 계시지만(신 17:17), 고대 동양에서 이는 보편적 현상이었다.[351]

"고대 근동 지방에서 정권(政權)이 교체될 때 정복 군주가 이전 군주의 후궁들을 모두 거느렸던 당시의 관습이 있다."[352]

(2) 위대한 다윗 왕도 이러했기 때문에 왕이 율법을 어겨 후궁(後宮)을 둔 것을 문제시하지 않았다.

사실 고대 세계에서 다산(多産)은 곧 번영의 척도가 되었다(욥 1:2, 42:13). 따라서 다윗이 헤브론에 거하는 동안 6명의 아들을 낳았다는 것은 다윗 왕가가 매우 번성하고 있음을 보여 준다. 이는 실로 다윗 왕조가 사울 왕가를 누르고 이스라엘 통일 왕국을 건설할 때가 멀지 않았음을 예시해 주는 것이라 하겠다. 그런데 여기서 주목할 점은 다윗이 결코 한 아내에게서 이처럼 많은 아들을 낳은 것은 아니라는 사실이다. 실상 그에게는 아들의 수만큼이나 아내의 수도 많았다(삼하 3:2-6, 5:13-16). 물론 당시는 왕이 많은 아내를 거느리는 것이 보편화된 현상이었다. 그러나 그러한 일부다처제가 성경이 제시하는 결혼 제도는 아니었다. 성경은 어디까지나 일부일처의 결혼 제도를 제시하고 있다(창 2:24). 따라서 다윗의 결혼은 결코 성경적인 것이라 할 수 없다. 그러기에 다윗은 훗날 이 일로 인하여 엄청난 가정적 불화와 고통을 겪게 된다(삼하 13-18장).[353]

왕의 소유에 대한 절대적인 권한이 있었다. 왕은 모든 것에 대해서 가질 수가 있었다. 심지어 남의 유부녀도 자기의 처로

351) 대우인력 김진규 2008.02.23 http://blog.daum.net/dw7055/14154946 삼하 3:7 주석.
352) Ibid.(삼하 12:8 주석.)
353) 제자원, 《그랜드 종합주석 5권 사무엘상하》(서울: 성서교재간행사, 1992), p. 529.

삼을 수가 있었다고 한다. 주변 국가의 왕이라면, 이 정도의 일은 아무런 거리낌 없이 했을 것이다. 그리고 어느 누구도 왕의 이런 행위에 대하여 이의를 제기할 수 없었을 것이다.354)

그러나 이에 대한 필자의 견해를 피력(披瀝)하면 다음과 같다. 신명기서 기자의 입장에서는 왕도 율법을 지켜야 하고, 설령 왕이 손을 이루지 못할 경우에도 하나님의 뜻을 물어서 정해야 했음에도 불구하고 인간적인 노력에 의하여 인간의 수단과 방법을 통해 대를 이어갈 때 율법에 대한 불순종인 것이다. 그럼에도 불구하고 왕이 후궁을 많이 둔 것에 대해서는 선지자들도 지적하지 않고 묵인하고 있다.

7) 왕의 일부다처제 또는 축첩제도의 부당성

현대에서 축첩제도처럼 생소한 제도도 별로 없을 것이다. 첩은 가족 구성원의 일부였다. 첩은 가장 또는 그의 아들과 한 집안에서 살았지만 사회적 지위는 제2의 부인, 포로 또는 노예의 신분이었다. 첩은 집안의 안주인인 정실에게 복종했다.

그럼에도 불구하고 첩을 판다는 것은 불명예스러운 행동이었으며 특히 아이를 낳았을 경우에는 더욱 그러했다. 신명기의 율법은 일부다처제와 노예제도를 모두 인정하고 있지만 한 사람 이상의 아내를 거느린다는 것은 경제적으로 부담이 되었다. 그러나 첩을 두는 데는 두 가지 목적이 있었다. 노동을 제공하고 아이를 생산하는 것이 그것인데 첩의 자식도 적자로 간주되었다.

시대가 지남에 따라 첩을 많이 거느리는 것 즉 하렘을 꾸미는

354) 한국교회 교육목회협의회편 《TBC 성서연구 학생용》(서울: 한국교회교육목회협의회, 1990), p. 134.

것이 지위의 상징이 되었다. 다윗은 10명의 후비를 거느렸고, 솔로몬은 300명의 후비, 르호보암은 60명의 후비를 데리고 살았다. 하렘에서는 일반적으로 내시가 시중을 들었다. 왕의 첩과 동침하는 행위는 왕권 찬탈을 기도하는 대역죄에 해당되었다.

솔로몬의 형 아도니야가 아버지 다윗의 첩인 수넴 여인 아비삭을 자기 후실로 달라고 요구했을 때 솔로몬이 아도니야를 사형에 처한 것은 이러한 까닭에서였다.[355]

성경에서 일부다처제의 효시와 이것이 왕들에게 어떻게 발전해 나갔는지를 조사해 보면 다음과 같다.

(1) 창세기 4장 19절의 성경 기록상 라멕은 하나님께서 정하신 일부일처의 신성한 결혼제도를 육신의 안목과 정욕으로써 파괴시킨 최초의 인물이었다(Keil). 곧 하나님께서는 창조 시 한 남자를 위해 한 여자를 돕는 배필로 짝지어 주셨다(창 2:18-25). 따라서 일부일처(一夫一妻)의 결혼제도는 하나님의 창조 질서요, 장차 그리스도와 교회의 합일이라는 구속사의 거룩한 섭리가 깃든 신성한 제도였다(엡 5:31-32). 하지만 타락한 인간 문화는 라멕 이후 자신의 이기적 욕망과 정욕을 좇아 일부다처(一夫多妻)의 길로 접어들고 말았다.[356]

(2) 믿음의 조상 아브라함도 첩을 두었다. 본 부인 사라의 몸종 하갈이다.

사라의 본 이름은 사래인데 하나님이 친히 사래를 사라로 개명해 주셨다(창 17:15).

---

355) 동아출판사 편집부 저, 《성서 속의 불가사의》(서울: 동아출판사, 1991), p. 132.
356) 제자원, 《그랜드 종합주석 1권 창세기》(서울: 성서교재간행사, 1991), p. 376.

"사래가 아브람에게 이르되 여호와께서 나의 생산을 허락지 아니하셨으니 원컨대 나의 여종과 동침하라 내가 혹 그로 말미암아 자녀를 얻을까 하노라 하매 아브람이 사래의 말을 들으니라"(창 16:2).

"자녀를 얻을까 하노라." 여기에 사래가 하갈이 낳은 아이로 인해 계속해서 집안을 세워나갈 수 있기를 갈망한다는 의미가 함축되어 있다. 즉, 당시 축첩제도가 유행하던 시대에는 첩이 낳은 아이도 본 부인의 자녀로 간주되었다. 따라서 본 절(창 16:2)은 당시의 결혼제도와 축첩제도의 한 단면을 보여 준다 하겠다. 한편 당시의 이런 제도들은 성경의 결혼 원리인 일부일처제도(창 2:24; 막 10:5-9)와는 상반된다. 그럼에도 불구하고 율법 이전 시대 구약의 여러 족장들 사이에 일부다처가 유행한 것은 이를 하나님께서 적극적 측면에서 인정하신 것이 아니라 율법이 정례화되기 이전 시대까지 제한적으로 묵허해 주신 것뿐이다. 한편 이들 족장들이 일부다처로 인해 오히려 가정적으로 불화를 겪었다.[357]

(3) 사사들의 일부다처(一夫多妻)

아내가 많은 사사는 기드온이며(삿 8:30-31), 자녀를 30명 이상 낳은 사사가 세 명인데 한 여자가 자녀를 30명 이상을 낳을 수는 없고 아마 많은 처첩을 거느렸을 것으로 추정한다. 그들은 야일(삿 10:4), 입산(삿 12:8-9), 압돈(삿 12:13-14)이다.

(4) 예수 그리스도의 족보에 유독 "이새는 다윗 왕을 낳으니라"고 했다. 다윗은 족보에 유일하게 왕으로 명기해 줄 정도로 성군으로 자리 잡고 있는데 그도 많은 비빈을 거느렸다.

"다윗이 헤브론에서 아들들을 낳았으되 맏아들은 암논이라

357) Ibid., p. 509

이스르엘 여인 아히노암의 소생이요"(삼하 3:2).

그(다윗)의 아내들의 증가와 그로 인한 자녀의 증가가 다윗의 번영의 증거로서 언급되고 있는 부분이다. 한편 이러한 일부다처 현상은 분명히 모세 율법에는 위배되지만, 왕의 경우는 특별히 그의 권력의 상징으로서 묵과되는 실정이었다. 즉 막강한 힘을 가진 왕일수록 많은 아내를 거느리고 많은 자녀를 두었던 것이다. 사사들 중에서 어느 왕에 못지않은 힘을 가졌던 기드온이 많은 아내와 자녀를 두었던 것도 그러한 경우였다(삿 8:30). 그러나 이는 결코 정당화될 수 없는 그릇된 행위이다. 실제로 다윗에 있어서 생애의 마지막 20년의 고통은 바로 이 일부다처로 인한 자식들 간의 음모와 적대 행위에 기인했다. 이처럼 하나님의 창조 질서를 무너뜨리는 것은 결국 인간 스스로 불행을 자초하는 일일 뿐이다.[358]

(5) 정략결혼에 의해서 왕이 비빈을 많이 거느린 경우도 하나님이 기뻐하시지 않으며 율법을 어기는 일이었다.

다윗 가와 정략결혼한 것을 볼 때 당시 그만큼 다윗이 막강한 세력을 확보했음을 알 수 있다. 하지만 훗날 달매의 딸 마아가가 낳은 아들인 압살롬이 다윗에게 반역한 사실은 그 같은 정략결혼과 일부다처제가 결코 하나님께서 기뻐하시는 형태의 결혼제도가 아님을 시사해 준다.[359]

(6) "첩이란 왕실의 권위와 힘의 상징인데, 그것은 왕실의 권위가 남성다움, 다산, 그리고 성적(性的) 기능의 왕성함 등에서 나온다고 확신한 데서 유래하였다."[360]

---

358) 제자원, 《그랜드 종합주석 5권. 사무엘 상하》(서울: 성서교재간행사, 1992), p. 529.

359) Ibid., p. 530.

"그 여인을 바로의 궁으로 취하여 들인지라"(창 12:15)는 뜻은 "고대 근동 및 애굽의 세도가들은 여러 첩들을 거느렸으며 특히 왕들은 수십, 수백 명의 후궁(後宮)들을 거느리는 것이 관례였다"고 말하고 있다.[361]

(7) 왕이 많은 아내(후궁)를 거느린다는 것은 곧 국가를 다스리고 백성들을 보살피기보다는 개인의 향락에 더 몰두한다는 것을 뜻한다. 또한 정치적 목적을 위하여 주변 국가의 왕녀(王女)들을 후비로 맞아들이는 정략(政略) 결혼을 일삼는다는 뜻도 된다. 그러나 이스라엘의 왕은 하나님을 대리하는 자로서 백성들의 신실한 공복(公僕)의 임무를 다해야 하며, 또한 온갖 방법을 동원하여 이웃과의 유대 관계를 도모함으로 국력의 근원으로 삼아야 할 책임자였다. 따라서 하나님께서는 왕이 많은 아내를 두는 것을 금하셨던 것이다. 그런데 이는 또한 근본적으로 하나님께서 세우신 결혼제도는 일부일처제(一夫一妻制)임을 시사해 주기도 한다(창 2:18-25).

한편 이처럼 왕에 대하여 건전한 윤리성을 요구한 것은 이스라엘 왕이 여타 이방 국가의 왕처럼 그 위에 아무도 없는 전제 군주가 아니라, 다만 그는 하나님의 대리자임을 거듭 상기시키기 위해서였다. 이렇게 볼 때 하나님께서 앞서 되도록 왕정을 회피시키신 것은 그 제도 자체가 절대적으로 악해서가 아니라, 상대적으로 비효율적이었기 때문이었다.

한편 고등 비평가들은 이상과 같이 이스라엘 왕 된 자에게 제시된 금지 규례는 솔로몬의 실정(失政) 이후에 기록된 것이라는 견해를 편 뒤 신명기의 후대(B.C. 5-6세기) 저작설을 주장한다(the Internation Critical Commentary, deuteronomy). 그러나 애굽 회귀(回歸)를 특별히 염려하여 금지한 점(신

---

360) 월터 브루그만(Walter Brueggemann) 저/차종순 역, 《사무엘 상하》(서울: 한국장로교 출판사, 2000), p. 337.

361) BEC 벧엘 컴퓨터, 《할렐루야 9》, 창 12:15 주석.

17:16)이라든지 금지 규례의 간결 보편성 등은 분명 실제적인 왕정(王政)이 시작되기 전의 모세의 사상이요 신명기적 사상이다(G. T. Manley, The Book of the Law).[362]

8) 구약성서에 기록된 왕의 비빈제도와 비교해서 타 민족의 역사에는 왕의 비빈제도가 없는지를 살펴보았다.

(1) 중국

춘추전국시대 이래로 제후들은 저마다 왕이라 자칭하며 여러 면에서 천자를 흉내냈다. 후비제도 역시 예외가 아니었다. 사실상 그들이 소유한 처첩의 수는 서주시기의 천자를 넘어선 지 오래였다. 맹자는 당시의 대인(大人)들이 "거느리는 첩이 수백 명"(《孟子》〈盡心〉)이라 했고, 관자는 "제양공(齊襄公)은 수천의 첩을 두었다"(《管子》〈小匡〉)고 했으며, 묵자는 "지금 세상에서 큰 나라는 수천 명, 작은 나라는 수백 명의 여자를 잡아둔다"(《墨子》〈辭過〉)고 했다.[363]

또한 천자에게는 부인이 세 사람, 빈이 아홉 사람, 세부가 27명, 어처가 81명이며, 첩은 그 수를 헤아릴 수 없었다고 한다. 흔히들 그것을 삼천궁녀라는 말로 표현하는데, 실로 천문학적인 숫자가 아닐 수 없다. 그렇다면 중국의 역대 제왕(帝王)들은 이토록 많고 많은 후궁(後宮) 비빈(妃嬪)들과의 무리 없는 스케줄(?) 안배를 위하여 어떤 규칙을 적용하였을까?[364]

주대의 후비제도: 주대에는 황제의 후비제도가 아직 정형화

362) BEC 벧엘 컴퓨터, 《할렐루야 9》, 신 17:17 주석.

363) 상해고적출판사 편저, 박소정 편역, 《문답으로 엮은 교양 중국사》(2005), pp. 29-32.
http://www.yeesan.co.kr/ttmall/skin/user/yeesan/book-all/yb39-con.html

364) 옛 황제들은 3천 궁녀와 이렇게 잤다/공부 2004/04/18
http://blog.naver.com/zuingon?Redirect=Log&logNo=120001828449

되지 않았다. 《춘추공양전》(春秋公羊傳) 《성공(成公)10년》의 하휴(何休) 주에 보이는 "오직 천자만이 12명의 아내를 맞이할 수 있다"는 기록은 학계에서 비교적 인정하는 사료이다. 왜 12명이었을까? 이는 주나라 사람들에게 '12'라는 수가 '하늘의 큰 수'(《左傳》〈哀公 7年〉)였기 때문이다. 제후의 경우는 9명의 부인을 둘 수 있었다. 천자의 열두 후비 가운데 한 사람은 왕후(后)가 되었는데, 서주의 왕들은 모두 1명의 왕후를 두었다.[365]

(2) 하렘

이슬람 이전의 앗시리아 · 페르시아 · 이집트에서 대부분의 왕궁 내에 하렘을 두었고, 통치자의 부인들, 첩, 시녀와 환관들이 거주했다.[366]

고대 근동 및 애굽의 세도가들은 여러 첩들을 거느렸으며 특히 왕들은 수십, 수백 명의 후궁(後宮)들을 거느리는 것이 관례였다. 따라서 바로가 사래를 궁전으로 불러들인 것은 곧 그 같은 후궁 중의 하나로 삼기 위함이었음을 알 수 있다.[367]

(3) 우리나라

이러한 제도가 우리나라에는 삼국 시대에 이미 수입이 되어 있었다. 즉 고구려 유리왕에게는 왕비 송씨 이외에 화희(禾姬)와 치희(雉姬)라는 두 첩이 있었다. 왕비가 죽자 화희는 치희를 시샘하여 모욕을 주었다. 치희가 고국인 한(漢)나라로 돌아가자 왕은 슬퍼한

---

365) 박소정 편역, 《문답으로 엮은 교양 중국사》(상해고적출판사 편저, 2005), pp. 29-32.
http://www.yeesan.co.kr/ttmall/skin/user/yeesan/book-all/yb39-con.html

366) 출처:브리태니커 하렘(이슬람 풍습)[harem]
http://enc.daum.net/dic100/contents.do?query1=b24h1885a

367) BEC 벧엘 컴퓨터, 《할렐루야 9》, 창 12:15 주석.

나머지에 “황조가”를 지었다는 사화(史話)[368]가 있다.

9) 그렇다면 왕이 많은 비빈을 거느리는 문제에 대한 신학적인 문제는 무엇인가?

(1) 제사장들도 하나님의 뜻을 거역하여 중혼(重婚)을 시켰다.

남왕국 여호야다는 요아스 왕의 고모부이며 제사장이다. 그런데 조카인 요아스 왕의 결혼에, 앞에서 밝힌 대로 깊숙이 개입하였다.

> 친히 아비 된 심정으로 요아스의 아내를 간택해 주는데 개입하였다. 이는 여호야다가 왕실의 잘못된 결혼이 얼마나 무서운 결과를 초래하였는지 몸소 체험하였기 때문에 다시는 그와 같은 비극이 일어나지 않도록 하기 위함이었을 것이다. 그러나 그가 요아스로 하여금 두 여인에게 장가들도록 한 것은 왕손의 번성을 위하여 어쩔 수 없는 조처였다 할지라도 하나님의 정하신 결혼제도를 무시했다는 점에서는 과오를 범했다고 아니 할 수 없다.[369]

왜 제사장마저 하나님의 율법의 말씀을 이행하지 않았는지 아쉽게 느껴진다.

(2) 선지자들의 반응

① 오직 나단 선지자만 다윗의 간음죄와 살인죄를 책망했다.

> “(7)나단이 다윗에게 이르되 당신이 그 사람이라 이스라엘의 하나님 여호와께서 이처럼 이르시기를 내가 너로 이스라엘

---

368) 임종국 저/ 한국 문학의 사회사 중에서 족보 관련문(30) 첩의 역사 족보 관련 2020.0515 http://blog.daum.net/009448/16139290

369) 제자원, 《그랜드 종합주석 7권 역대상-에스더》(서울: 성서교재간행사, 1992), p. 579.

왕을 삼기 위하여 네게 기름을 붓고 너를 사울의 손에서 구원하고 (8)네 주인의 집을 네게 주고 네 주인의 처들을 네 품에 두고 이스라엘과 유다 족속을 네게 맡겼느니라 만일 그것이 부족하였을 것 같으면 내가 네게 이것저것을 더 주었으리라 (9)그러한데 어찌하여 네가 여호와의 말씀을 업신여기고 나 보기에 악을 행하였느뇨 네가 칼로 헷 사람 우리아를 죽이되 암몬 자손의 칼로 죽이고 그 처를 빼앗아 네 처를 삼았도다 (10)이제 네가 나를 업신여기고 헷 사람 우리아의 처를 빼앗아 네 처를 삼았은즉 칼이 네 집에 영영히 떠나지 아니하리라 하셨고 (11)여호와께서 또 이처럼 이르시기를 내가 네 집에 재화를 일으키고 내가 네 처들을 가져 네 눈앞에서 다른 사람에게 주리니 그 사람이 네 처들로 더불어 백주에 동침하리라 (12)너는 은밀히 행하였으나 나는 이스라엘 무리 앞 백주에 이 일을 행하리라 하셨나이다"(삼하 12:7-12).

왜 하나님은 다윗이 우리야를 죽인 다음에 의로운 나단 선지자를 보내시어 다윗을 책망하도록 하셨을까? 우리야를 죽이기 전에는 왜 하나님은 침묵하고 계셨을까?

② 유다의 선지자들은 왜 왕의 처첩제도를 책망하지 않았는가?

하나님은 인간에게 일부일처제를 허락하셨다. 그런데 근동이나 아시아의 중국 등 모든 나라들의 과거 역사들을 살펴보았을 때 왕들은 모두 많은 후궁과 비빈들을 거느렸음을 역사가 증언하고 있다. 심지어 이 제도에 이스라엘까지 오염이 되어 이스라엘의 초대 왕부터 유대 나라 20명의 왕 가운데 성서가 모친을 밝히는 왕만도 17명이나 된다. 거기에다 초대 사울 왕과 2대 다윗과 3대 솔로몬 왕에 이르기까지 모두 처첩을 거느렸다. 그러고 보면 유대 나라와 통일왕국 때 왕 3명을 합하면 20명의 왕들이 후궁이 있었다는 결론이다. 그런데 성경은 이러한 후궁 및 비빈제도에 관하여 하나님도 묵인하신 것처럼 보이고 있다. 성경 어디에도 왕들에 대해 일부일처제를 요구하고 있지 않기 때문이다. 그러나 성경원리로서 원래 인간들에게 주어진 제도는 일부일처제이기 때문에 왕도 예외일 수 없다. 하지만 인간의 연약성과 안목의 정욕 등에 의해 왕들은 근동 왕가들의 처첩제도를 받아들여 많은 처첩을 거느린 관계로 하나님의 징계를 재촉하였다고 본다.

이상의 내용을 전개하였음에도 우리가 생각해야 할 문제점은 다음과 같다.

1. 성경 어디에도 왕의 비빈제도를 금하는 말씀이 없다는 것, 즉 왕이 꼭 일부일처제를 지켜야 한다는 금지 규정이 없다.

> "(16)왕 된 자는 말을 많이 두지 말 것이요 말을 많이 얻으려고 그 백성을 애굽으로 돌아가게 말 것이니 이는 여호와께서 너희에게 이르시기를 너희가 이후에는 그 길로 다시 돌아가지 말 것이라 하셨음이며 (17)아내를 많이 두어서 그 마음이 미혹되게 말 것이며 은금을 자기를 위하여 많이 쌓지 말 것이니라"(신 17:16-17).

마치 비빈을 많이 두지만 않으면 허락되는 사항처럼 보이는 데 문제가 있다고 본다.

2. 또한 하나님도 다윗이 우리야의 아내 밧세바를 취했을 때도 지적이 없다가 다윗이 밧세바의 남편 우리야를 교사죄(教唆罪)로 죽인 이후에 다윗이 범죄(犯罪)한 두 가지 사실을 나단 선지자를 통해 지적하셨다(삼하 12:7-17).

3. 선지자들도 왕들의 비빈제도가 과연 율법이나 하나님의 금지

명령을 어겼으면 지적을 했어야 하는데 그 어떤 선지자도 왕들의 비빈제도에 관하여 지적이나 책망이 없다. 심지어 제사장인 여호야다(대하 24:1-3)는 조카 요아스 왕을 위하여 두 명의 여인을 간택하여 줄 정도로 왕에 대한 일부일처제는 묵인 내지 금지규정이 아닌 것처럼 보이나 필자는 하나님의 말씀은 누구에게라도 예외는 없다고 본다. 아담과 하와에게 일부일처였던 것처럼 왕들도 의당(宜當) 일부일처제를 지켰어야 한다고 주장한다.

◆ 결론

많은 왕들이 본 부인과 많은 첩을 함께 두어 가정의 갈등을 일으켰음에도 불구하고 결혼에 대한 성경의 가르침은 다음과 같다. 결혼은 하나님께서 정하신 창조원리에 의한 것이므로 존엄한 것으로 마땅히 지켜야 할 도리이다(창 2:24). 그러나 왕들은 정욕과 권세 등에 이끌려 일부다처(一夫多妻)제를 즐겼다. 이러한 제도는 하나님의 결혼원리에서 어긋나는 것이다(창 1:27). 그럼에도 불구하고 역사는 일부일처에서 일부다처로 변화되면서 이스라엘 왕들의 역사 속에서 이 제도가 지켜지지 않았음을 볼 수 있다.

그러나 북왕국 이스라엘이나 남왕국 유다의 역사나 공히 모두 왕들은 아내를 많이 두어서 그 마음이 미혹된 왕도 있고, 또한 왕자의 난처럼 골육상쟁(骨肉相爭)의 비극을 연출한 가정도 있다.

열왕기서 기자와 역대기서 기자는 역사를 기록할 때 분명한 자료를 남겨야겠기에 그 책봉된 왕이 부왕의 많은 비빈 가운데 누구의 아들인지 왕의 모친의 이름을 밝혀 적음으로 왕족의 가문을 알리고자 했던 것이다.

더구나 앞에서 지적한 대로 통일 왕국 시 세 명의 왕들마저 모두 처첩을 거느렸다. 그리고 남유다 20명의 왕 중에 17명 왕의 모친의 이름을 밝히고 있는 것은 모두 비빈을 많이 거느렸기 때문에 누구의 후손인지 정확히 밝힐 필요 때문이었을 것이다. 그러고 보면 왕들이 비빈을 거느린 것이 끝내 하나님의 말씀인 율법에 대한 불순종도 된 것이다.

왕들의 무분별한 비빈제도에 대하여 사가(史家)들의 지적은 불행하게도 없지만, 필자는 결론적으로 유대 나라의 멸망의 원인 중 하나가 왕들이 문란하게 비빈을 취한 것에 기인한다고 본다. 결국은 왕이라는 지도자들이 일반적인 하나님 말씀의 원리인 일부일처제(一夫一妻制)(창 2:22-24; 마 19:3-6)에 대해 불순종한 것이다. 그리고 이에 대해 선지자들이나 제사장 그룹마저 묵인한 상태로 역사가 진행되었기 때문에 하나님 단독적인 심판으로 유대 나라는 멸망되었다고 본다. 성경은 우리들에게 결혼의 일반적인 원리들에 대해 잘 순종할 것을 강조하고 있다고 본다.

성경에 물어봐!

2011년 1월 10일 인쇄
2011년 1월 15일 발행

지은이 | 김윤기
발행인 | 이형규
발행처 | 쿰란출판사

주소 | 서울 종로구 이화동 184-3
TEL | 02-745-1007, 745-1301, 747-1212, 743-1300
영업부 | 02-747-1004, FAX / 02-745-8490
본사평생전화번호 | 0502-756-1004
홈페이지 | http://www.qumran.co.kr
E-mail | qumran@hitel.net
qumran@paran.com
한글인터넷주소 | 쿰란, 쿰란출판사

등록 | 제1-670호(1988.2.27)

책임교열 | 박은아·권혁신

값 12,000원

ISBN 978-89-6562-047-1 93230